SECRETOS DE LAS CRIPTOMONEDAS

BITCOIN

COLIN RIVERS

COMO CREAR TU PROPIO NEGOCIO DEL BITCOIN

LIBRO QUE TE DARÁ LIBERTAD E INDEPENDENCIA ECONÓMICA

PORTADA: COLIN RIVAS
DISEÑO Y REIMPRESIÓN: COLIN RIVAS
IMPRIME: LULU Y AMAZON SRL EUROPE
DEPÓSITO LEGAL: HECHO E IMPRESO EN ESPAÑA Y EEUU — MADE AND PRINTED IN SPAIN,
POLLAND AND THE USA

ISBN: 9781689397971

ÍNDICE

DE IDEA A REALIDAD

«¡DADME EL CONTROL DEL SUMINISTRO DE DINERO DE UNA NACIÓN
Y NO ME IMPORTARÁ QUIÉN HAGA SUS LEYES!»
Mayer Amschel Bauer Rothschild.

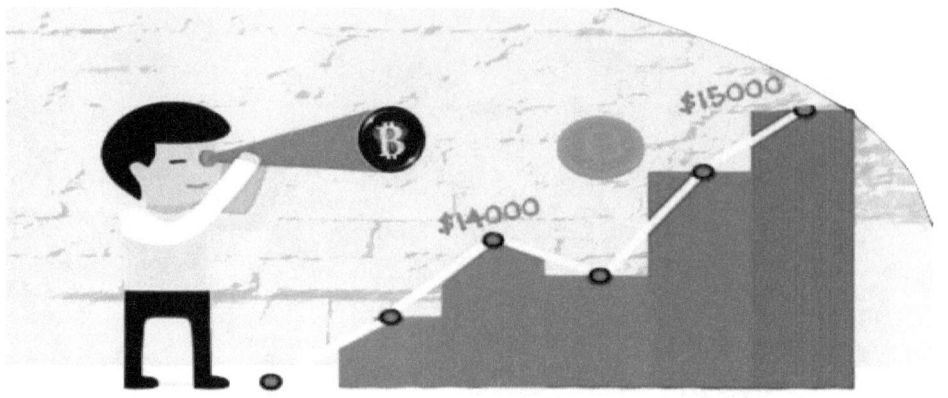

¿QUÉ PASA CON EL ORO, LA PLATA Y EL PLATINO?

Simple, no puedes bajar y comprar una pizza con un bloque de oro, pero puedes hacerlo con BitCoin.

Un BitCoin cuesta miles de dólares, pero no necesitas comprar un BitCoin entero: puede comenzar digamos $50 comprando una fracción de un BitCoin. Si hubieras comprado $50 en BitCoin en 2016, hoy tendrías un valor de $798.

Solo habrá un máximo de 21 millones de BitCoins en circulación en todo el mundo. El precio futuro más probable de BitCoin será de aproximadamente $ 200,000 a $ 258,000 por moneda. Puedes comprar artículos pequeños y grandes con BitCoin: solo pagas el precio que indique en dólares, libras o euros, y las billeteras digitales inteligentes transfieren tu BitCoin a un proveedor en consecuencia: por ejemplo, puedes comprar un café de 99 centavos o un Supercoche Jaguar de $99,000: todo con BitCoin. Nunca debes preocuparse del fraude con BitCoin porque es un sistema antifraude independiente y descentralizado.

INTRODUCCIÓN

Antes de revelar los secretos del Bitcoin ... os queremos felicitar por haber dado el primer paso valiente hacia la creación de tu próximo negocio con éxito basado en el Bitcoin o las criptomonedas. No importa si eres totalmente nuevo al Bitcoin y este es el primer libro que lees para informarte, o si eres un experto en el Bitcoin. Este libro no trata sobre el aspecto técnico del Bitcoin como otros que hemos escrito antes. Queríamos aprovechar esta introducción para establecer algunas expectativas sobre lo que lograremos a lo largo de este libro. Nosotros comenzamos con el Bitcoin y otras criptos alla por abril del 2012.

Me acuerdo de leer un artículo sobre **TechCrunch** que hablaba sobre algunas monedas digitales y que acababa de convertirse en un mercado de miles de millones de dólares. Era un momento cumbre porque de dar charlas por auditorios alrededor del mundo y viajar haciendo documentales y videos para youtube que financiera y económicamente daban poco o nada de capital, yo estaba buscando algo nuevo, una nueva aventura capitalista y que me ayudase a financiar mis viajes por el ancho mundo. Inmediatamente pensé a mí mismo: si esto del Bitcoin ya había llegado a **TechCrunch**, es probable que se vaya a incorporar pronto al internet y a muchos espacios financieros y de la vida social de muchos ciudadanos del mundo. Ya ves, para cada idea nueva hay un ciclo de vida de adopción que se ve así:

MAYORÍA TEMPRANA EN ADOPTAR

MAYORÍA TARDÍA EN ADOPTAR

LOS PRIMEROS EN ADOPTAR

INNOVADORES

REZAGADOS

2.5%   13.5%   34%   34%   16%

CICLO DE LA VIDA DE ADOPCIÓN DE LA INNOVACIÓN

El eje horizontal (eje X) es el tiempo y el eje Y está el porcentaje de población. Los números en la parte inferior representan el área debajo de cada segmento.

Utiliza como referencia los teléfonos como el iPhone o smartphones de android, por ejemplo. Cuando salieron por primera vez, solo un puñado de fanáticos los probaron (Innovadores). Después de un tiempo se hizo un poco más popular y menos incómodo y todos los **primeros adoptadores o en adoptar los** teléfonos se unieron.

Luego vino la mayoría temprana que es uno de los dos grupos más grandes seguidos por "la manada o rebaño" también conocida como la **Mayoría Tardía.** Por último, pero no menos importante, tenemos a los **rezagados** que solo cambiarán a un Smartphone o móvil si no hay otra opción (apuesto a que puedes pensar en algunos Rezagados que has conocido en tu vida).

Si Bitcoin apareció en **TechCrunch**, supuse que estaba en el camino de ser aceptado por la mayoría temprana, y que pronto se dispararía. Así que, sentado en casa, pensé para mí que debe haber una oportunidad comercial oculta dentro del espacio o del ambiente del Bitcoin. Quiero decir, aparte de simplemente cambiar la moneda y arriesgar mi dinero debido a las fluctuaciones insanas en el tipo de cambio, que debería haber una forma más segura de aprovechar esta nueva tecnología.

No vamos a repasar toda la historia de bitocin o las criptomonedas, porque ya lo hemos hecho en los dos libros anteriores, pero haremos un estudio avanzando terminando 2017-8 de las técnicas de cómo invertir, comprar y montar tu propio negocio y de cómo beneficiarte de este **boom**.

Actualmente tenemos un negocio de Bitcoin en el internet que casi hemos ganado unos $ 100 mil dólares hasta la fecha. Ahora, sé que algunos de vosotros probablemente no nos creen que esto sea posible, pero os aseguro que sí, y más adelante también podrás ver nuestras ganancias.

"¿Me estás diciendo todo esto solo para presumir?"

No. Estoy tratando de enfatizar el hecho de que, al igual que tu, nosotros no sabíamos nada del Bitcoin cuando empezamos, lo único que sabíamos era de cómo comercializar productos online. Pero combinando este conocimiento con las oportunidades que se van a presentar, puedes llegar a donde estamos hoy, incluso a escribir libros, ya que este mercdo evoluciona muy rápidamente y cambia casi a la velocidad del relámpago.

"¡Pero ni siquiera sé cómo hacer marketing por internet!"

No importa. Una vez que termines de leer este libro, tendrá todos los recursos que necesitas para comenzar su propio negocio del Bitcoin. Y si ya conoces el marketing en en el internet de lo que te prometo, aprenderás algunas cosas nuevas que ni siquiera conocías.

"¿Debo tener mi propio negocio de Bitcoin para usar la información de este libro?"

No. Este libro está dirigido a personas que no poseen un negocio del Bitcoin o criptomoneda y para propietarios de negocios de Bitcoin o de otras criptos como ethereum, tron o monero por ejemplo, por igual. Si todavía no tienes una empresa, te enseñarémos cómo encontrar el mejor negocio que se ajuste a tus objetivos. Si posees un negocio de Bitcoin u otra cripto, te enseñarémos cómo comercializarlo como un profesional.

"¿Entonces, después de leer este libro, haré la misma cantidad de dinero que ganas?"

Depende de cuánto tiempo y esfuerzo estés dispuesto a invertir. La información que te revelarémos en este libro me llevó casi 7 años. Así que te mostraremos un "atajo" y te enseñarémos todo lo que aprendí yo mismo, pero depende de ti ponerlo en funcionamiento. Conozco a mucha gente que habla por hablar y son unos bocazas, pero cuando se trata de sentarse y hacer el trabajo duro, no lo llevan a cabo y no cumplien los objetivos marcados.

¿QUÉ PUEDES ESPERAR DE ESTE LIBRO?

El libro está dividido en tres partes; Ahora os darémos una descripción general rápida de cada uno.

PARTE 1: EL ECOSISTEMA DEL BITCOIN

Esta parte explica todos los conceptos básicos del Bitcoin que necesitas aprender y saber. Si eres nuevo con el Bitcoin, obtendrás un curso acelerado sobre lo que es Bitcoin, la diversa terminología y, en general, te pondrás al día con todo lo relacionado con el Bitcoin. Esta parte también explica las diferentes oportunidades del Bitcoin que se esconden dentro del espacio y ambientes del Bitcoin y cómo crear nuevas ideas de negocios con el Bitcoin u otras criptos. El último capítulo de esta parte habla de nuestros secretos sobre el Bitcoin, como puedes aplicarlos a otras criptos fuertes como Ethereum, EOS, Monero, Litecoin, Zcash o incluso a criptos con futuro como Garlicoin o Tron, y de cómo ganamos dinero desde este espacio sin siquiera tener nuestro propio producto.

PARTE 2: CREA TU NEGOCIO DE BITCOIN

Esta parte trata de cómo crear tu negocio del Bitcoin con el menor tiempo y dinero posible. Te darémos los métodos exactos que utilizamos en http://www.66bitcoins.com o en nuestro canal de youtube criptopía y que todavía usamos hoy para generar nuevas fuentes de ingresos.

Después de esta parte, tendrá un prototipo funcional de su empresa, que luego podrá pasar al siguiente nivel y comenzar a atraer clientes.

PARTE 3: MARKETING : COMO ATRAER CLIENTES A TU NEGOCIO DEL BITCOIN

En la última parte de este libro vamos a hablar sobre cómo atraer clientes a tu nuevo negocio de criptos o del Bitcoin. Si ya tienes un negocio de Bitcoin, puede pasar de las dos primeras partes directamente a esta parte, pero te recomendamos que revises todo el libro antes de hacerlo, por si acaso hay algo que quieres aplicar que quizás no tengas en tu negocio y crees que es interesante para incrementar las ganancias o clientes. En esta parte hablaremos de cómo conseguir usuarios gratis, cómo y dónde colocar anuncios para tu negocio, de cómo hacer un seguimiento de lo que funciona bien y también te mostrarémos algunos "trucos de marketing" personales que creo que solo unos pocos negocios del Bitcoin por ahí saben de que va esto.

GLOSARIO

Cada vez que encuentres una palabra en negrita y subrayada significa que esta palabra está incluida dentro del glosario al final de este libro.

3 CONCLUSIONES FINALES ANTES DE COMENZAR

1. A lo largo de este libro, enumeraré diferentes servicios online. TODOS los servicios a los que me refiero son de primera clase, y en el 99% de los casos los uso yo mismo. Habiendo dicho esto, me pagan por recomendar a clientes a algunos de estos servicios. Te lo digo para que sepas de inmediato que no voy a ocultar nada. Si no deseas utilizar mi enlace de referencia (que en algunos casos te ofrece un descuento), por tanto, tienes toda la libertad simplemente de googlear el nombre del servicio y acceder sin ninguna referencia.

2. Aunque puedes COPIAR este libro o leerlo de tu lector de libros electrónicos, kindle o iPad, es muy recomendable leerlo en TAPA BLANDA o sino en el ordenador o del aparato desde donde trabajes. La razón es simple: a menudo me conecto con diferentes recursos que uso y quiero que los puedas verificar a medida que avanzas en el proceso.

3. Pasé una cantidad ingente de tiempo y dinero creando este libro y va muy en serio. Para evitar que este libro se transmita sin permiso, existen ciertas oraciones que se generan automáticamente y son exclusivas de cada copia. De esta forma, si una copia se abre paso online, puedo rastrearla hasta la fuente. Por favor, comparte este libro y si crees que alguien puede sacar provecho de estas ideas, te agradecería que lo dirigieras a la página de contacto de nuestra editorial **COLINRIVAS.com** en lugar de simplemente hacer una copia de este libro y te madaremos uno digitalmente con un gran descuento para que no tengas que pagar el precio entero. Bueno, veo que estamos listos y preparados, así que vamos a sumergirnos en el mágico reino del Bitcoin y las criptomonedas ...

PARTE I
EL ECOSISTEMA DEL BITCOIN UN PAÍS DE INFINITAS OPORTUNIDADES.

Antes de explicar cómo crear un negocio del Bitcoin, quiero asegurarme de que nos entendemos mutuamente acerca de los conceptos básicos de Bitcoin. Esta sección te dará una descripción completa del ambiente del Bitcoin. Comenzaremos con cosas básicas como lo que es Bitcoin, terminología general, diferentes negocios de Bitcoin que están disponibles en la actualidad y que funcionarán hasta llegar a uno de los modelos comerciales más desatendidos disponibles en Bitcoin. No voy a explicar toda la historia del Bitcoin y los detalles técnicos en este capítulo, solo las necesidades básicas.

¿ME PODEIS EXPLICAR, DE UNA VEZ POR TODAS, QUÉ DEMONIOS ES EL BITCOIN?

Uno de los principales problemas del Bitcoin hoy en día es que todavía es demasiado técnico. Solo para ilustrarlo, el término "¿Qué es Bitcoin?" Fue el cuarto término más buscado en 2018. Dado que Bitcoin fue creado por cerebritos informáticos es difícil obtener una buena explicación al respecto sin usar palabras como **"hash"**, **"clave secreta"** e **"entradas"**. Voy a hacer el mayor esfuerzo para explicarte qué es Bitcoin sin usar ningún término técnico.Si eres más una persona visual, entonces tal vez este video te lo explicará mejor https://www.youtube.com/watch?v=b1CVePO5qec

Imagina por un momento que estás a cargo de la tarea de inventar dinero. Pero obtienes esta tarea hoy y no hace siglos cuando el dinero se inventó inicialmente. Básicamente se te pide que encuentres la forma de que las personas intercambien un valor consensuado entre ellos. Sé que es difícil, pero trata de pensar. Si esto se hiciera hoy, ¿realmente estaríamos usando monedas y papel de metal para esto? ¿Tal vez podamos encontrar una mejor manera? ¿Qué pasa si anotamos en alguna parte, tal vez en un archivo, qué valor tiene cada persona? De esta forma, podemos hacer un seguimiento de cuánto puede gastar cada persona. Entonces, si yo, por ejemplo, hago algún trabajo para ti, probablemente me darías algo de tu valor a cambio. Vamos a llamar a este valor **"Bitcoin"**.

Pero, ¿cómo se definirá a las personas en este archivo? ¿Cómo sabrá alguien cómo enviarme Bitcoins?

Supongo que tendremos que darle a cada persona una dirección única (como un correo electrónico). Protegeremos cada dirección personal con algún tipo de contraseña. Esta contraseña se conoce como **"clave secreta"**. Ahora parece lógico guardar esta clave secreta en alguna parte para que no la olvidemos ... Quizá en una hoja de papel, en nuestro ordenador o incluso en un sitio web seguro. Donde sea que elijamos almacenar nuestra clave secreta, será nuestra **"billetera Bitcoin" [wallet en inglés]**.

De vuelta a nuestro archivo ... Por lo tanto, hemos decidido escribir qué dirección contiene, qué cantidad de Bitcoins y actualizar el archivo cada vez que se realiza una transacción. Este archivo se llama **"The blockchain"** y guarda un registro de todas las transacciones que se hayan realizado desde el principio de los tiempos.

Pero, ¿cómo podemos asegurarnos de que nadie cambie nuestro archivo y decir que su dirección tiene más Bitcoins que los que realmente tienen?

¡Lo sé! Vamos a extender este archivo a decenas de miles de personas, por lo que cada vez que alguien quiera transferir algunos de sus Bitcoins para comprar algo, podemos verificar si su historial se puede verificar con lo que todos piensan. Si a él se le comprueba que su dinero es válido, lo dejaremos gastar su dinero.

Pero, ¿por qué querrían estas personas almacenar este archivo en su ordenador y gastar tiempo y energía para verificar todo esto cada vez que se realiza una transacción?

Bueno, ¿y si recompensamos a las personas que hicieron esto con una pequeña tarifa u honorario de nuestra transacción?

De ahí nacieron los "**mineros**". Estas son decenas de miles de personas a las que se les paga en Bitcoins por pasar por la cadena de bloques, asegurándose de que todo esté en orden y de que nadie haga trampa (incluidos ellos mismos).

¡Felicitaciones! ¡Acabas de inventar una solución moderna para el dinero! Y eso es exactamente lo que es **Bitcoin**: una moneda digital descentralizada. Lo que significa que Bitcoin es una moneda que nadie controla y se rige por un conjunto específico de reglas o protocolos que todos siguen.

¿Dónde almaceno todos mis Bitcoins?

Buena pregunta. Necesitarás una billetera Bitcoin o Wallet. Hace algunos párrafos lo mencioné en pocas palabras, pero quiero ahondar un poco más en este tema. De nuevo, si eres una persona visual, quizás este video te ayude.

https://www.youtube.com/watch?v=TXt0gGRg3aE

Para simplificar, compararemos la **billetera de Bitcoin** con el correo electrónico. Si deseas recibir Bitcoins, necesitarás una dirección personal única, como un correo electrónico. Llamemos a esta dirección tu dirección de Bitcoin, y al igual que tu dirección de correo electrónico, cualquiera puede verla y cualquiera te puede enviar Bitcoins. Ahora, decides que quieres acceder a tu dirección de Bitcoin para ver cuántos Bitcoins tienes. Bueno, si este fuera tu correo electrónico, primero irías a su programa de correo electrónico, como Gmail o Outlook. El mismo programa existe para Bitcoin y se llama "**Cliente Bitcoin**". Así que has abierto tu **Bitcoin Client**, y ahora necesitas iniciar sesión. Por correo electrónico, debes entrar tu dirección de correo electrónico y contraseña. Al acceder a tu programa de Bitcoin, deberás meter tu dirección de Bitcoin y "**clave privada**".

Es importante saber que cada dirección de Bitcoin tiene solo una clave privada coincidente. Pero cada clave privada se puede usar para múltiples direcciones. Piénsa de esta manera: cada dirección de correo electrónico solo tiene una contraseña que la abre. pero puedes usar la misma contraseña para múltiples direcciones de correo electrónico. Es crucial que la combinación de tu dirección de Bitcoin y su clave privada sean seguras, exactamente como protegerías tu combinación de dirección de correo electrónico y contraseña. Algunas personas lo anotan en un pedazo de papel y lo guardan, otros lo almacenan en un archivo encriptado en su escritorio; también hay sitios web dedicados que tienen sus claves privadas y públicas para ti. Cualquier lugar donde se almacenen estas dos partes de información se llama **Bitcoin Wallet**. Incluso si decides memorizar tu dirección de Bitcoin y tu clave privada de memoria, esto quiere decir que tu cerebro es tu billetera de Bitcoin.

Hoy en día, la mayoría de los programas actúan como un cliente Bitcoin y una billetera Bitcoin juntos. Por ejemplo, **Blockchain.info** te almacenará claves públicas y privadas y también te permitirá enviar Bitcoins. ¡Eso es! Ahora sabes ya lo que es una billetera Bitcoin. Ten en cuenta que mis explicaciones son una versión simplificada de la realidad, ya que no quiero ser demasiado técnico. No creo que sea tan importante para lo que estamos tratando de lograr. Puedes buscar aquí una lista de todos los monederos disponibles hoy en día comparados entre sí. www.66bitcoins.com

Entonces, ¿quién crea exactamente todos estos Bitcoins? ¿Aparecen de la nada?
Puedes llamarlo así, pero el proceso en realidad es un poco más complejo.

¿Puedes comprender ahora?

Otra explicación está por venir ... pero como siempre, también te puedes ver este video tutorial en www.66bitcoins.com Los bitcoins no se imprimen como dinero tradicional; son extraídos del sistema. Un minero es simplemente una persona con un ordenador que ejecuta un programa de minería en él.

La razón por la que se llama **minería** es porque:

1. Al igual que cualquier otro recurso natural, hay una cantidad limitada de Bitcoins. Entonces, la cantidad máxima de Bitcoins que se puede generar es de 21 millones. Hoy, más de 16 millones de Bitcoins han sido minados hasta ahora.

2. Al igual que la minería en el mundo real, necesitas invertir energía para extraer estos Bitcoins. La máquina del minero necesita resolver problemas matemáticos complejos, y una vez que los resuelve, se generan y se le otorgan nuevos Bitcoins. Pero los mineros no solo generan nuevos Bitcoins. También usan sus ordenadores o máquinas para verificar transacciones y prevenir fraudes. Por lo tanto, tener más mineros significa verificaciones de transacciones más rápidas y menos fraude. Es por eso que queremos compensar a los mineros por su ardua labor. Al verificar una transacción, el minero recibe una pequeña comisión de esa transacción por su trabajo.

Por lo tanto, a los mineros se les paga dos veces: una por verificar las transacciones y otra cuando generan nuevos Bitcoins con éxito.

¿Suena rentable? Bueno ... no tan rápido ...

Satoshi, el tipo que inventó Bitcoin, o el nombre de grupo o cerebritos que lo diseñaron, querían que el número de Bitcoins que se extraían cada vez se mantuviera constante, sin importar cuántos mineros se uniesen. Es por eso que la dificultad de la minería aumenta a medida que más mineros se unen a la red. Entonces, si en 2009 se podía extraer 200 Bitcoins con tu ordenador personal desde casa. En 2018 te llevará alrededor de 108 años para extraer solo 1btc...

Es por eso que se inventaron los mineros ASIC (Application Integrated Integrated Circuit). Estas son computadoras súper potentes diseñadas solo para minar Bitcoins. Pero dado que tantos mineros se han unido en los últimos años, sigue siendo casi imposible extraer por sí solo. Para resolver este problema, se inventaron grupos de minería. Grupos de mineros se formaron juntos para lidiar con la creciente dificultad de la minería Bitcoin. A cada minero se le paga por su parte relativa del trabajo.

Así es como nacen los Bitcoins, a través de los mineros ...

Por cierto, si piensas que lo que voy a enseñarte en este libro se refiere a hacer dinero con la minería, estás totalmente equivocado. Hoy en día, casi no se gana dinero con la minería casera tradicional.

OK, comprendo los conceptos básicos de Bitcoin, creo ... ¿y ahora qué? Ahora podemos pasar a lo que vinimos a hacer: hablar de negocios. Pero antes de hacerlo, tengo algunos deberes para ti ... ¿No creías que te saldrías con la tuya al terminar tu primer capítulo tan fácilmente?

Los deberes de este capítulo tratarán principalmente de llenar los vacíos en tu educación sobre Bitcoin.

Así que aquí va:

1. Mira este video en las confirmaciones de Bitcoin.
https://www.youtube.com/watch?v=h0RlKhFEKRg

2. Mira este video en el camino de un solo Bitcoin.
https://www.youtube.com/watch?v=bXhX0SxABmo

3. Abre una billetera de Bitcoin y realiza tu primera transacción. Si todavía no lo has hecho, puedes seguir un tutorial completo aquí.
https://www.youtube.com/watch?v=SY92AIRSrNg
Invertir en bitcoin u otras criptomonedas es apostar a que parte del comercio electrónico y en tiendas físicas, además de posibles futuras innovaciones financieras, pasen por ese canal de pago.

Estos deberes son cruciales para comprender de lo que vamos a hablar en el siguiente capítulo, por lo que te insto a que dejes de leer en este mismo momentos y que lo hagas ya.

OPORTUNIDADES COMERCIALES OCULTAS EN EL PAISAJE DE BITCOIN

Echemos un vistazo a la industria del Bitcoin en general. Es importante familiarizarse con el análisis de la industria ya que una de las principales preguntas que debe hacerse al decidir sobre tu negocio de Bitcoin es **"¿Hacia dónde se dirige la industria?"** No deberías tratar de averiguar qué está de moda en este momento, sino más bien predecir cuál será la próxima patata caliente y pillarla antes que los demás. **En la Parte II: Creando tu propio negocio de Bitcoin,** te mostraré herramientas y técnicas específicas para resolver esto. Pero, por ahora, centrémonos en qué datos podemos encontrar hoy en la industria de Bitcoin. La fuente de alimentación es menor, es más eficiente, o ecológica si quieres decirlo de otra manera, y además suelen ser de más calidad por lo que recomendamos estas.

A medida que nos acercamos a mediados de 2018, actualmente hay:

☐ Más de 9,5 millones de billeteras Bitcoin

☐ Más de 250.000 comerciantes que aceptan Bitcoin

☐ 6.000 cajeros automáticos de Bitcoin

☐ Más de $1.000 millones invertidos en startups de Bitcoin a través de capital de riesgo

☐ 1003 emprendimientos respaldados por VC (capital de riesgo)

En el momento de escribir este libro, el límite del mercado (market cap) de Bitcoin es de $200 mil millones, pero esto puede cambiar debido a los tipos de cambio fluctuantes.

Notarás que a lo largo de este libro no hablo mucho sobre el precio de Bitcoin ya que creo que es irrelevante. Para crear un negocio de Bitcoin exitoso, debes asegurarte de que exista un mercado para tu producto, en este caso Bitcoin. Y si el precio sube o baja, no importa, todavía hay un mercado para Bitcoin. Incluso cuando el mayor Exchange-casa de cambio de Bitcoin, **MTgox**, colapsó en 2014, no afectó la tasa de adopción del Bitcoin. Hay un aumento constante en el número de billeteras Bitcoin abiertas cada año y, aunque el precio puede ser más bajo que el año pasado, la tasa de adopción sigue siendo positiva. La caída del precio no ha detenido el volumen de negociación del intercambio de la tendencia que va siempre a la alza.

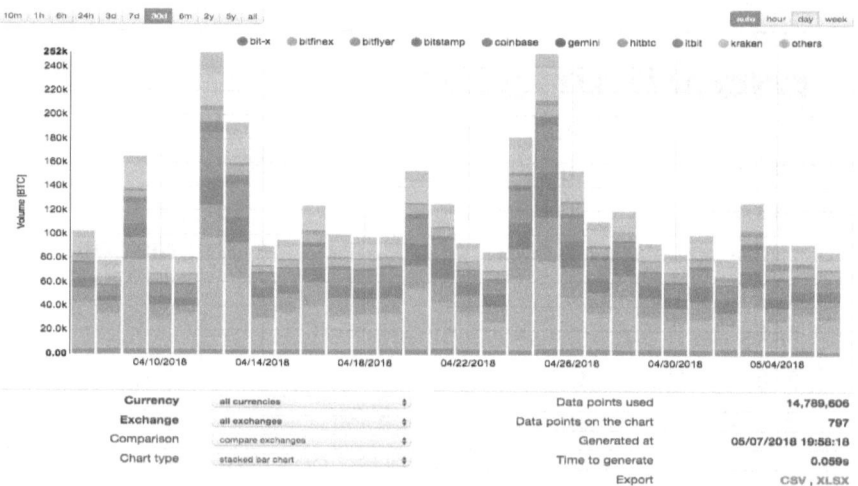

Finalmente, dado que el precio de Bitcoin ha bajado, pero la dificultad de la minería ha permanecido más o menos igual, el incentivo para minar Bitcoins ha disminuido y menos personas se ocupan de la minería casera y la minería se está consolidando.

USANDO EL PROTOCOLO DE BITCOIN PARA INTERRUMPIR INDUSTRIAS EN TODO EL MUNDO

Bitcoin tiene ciertas reglas, también conocidas como protocolo Bitcoin, que lo hacen funcionar bien. La parte ingeniosa de Bitcoin no es necesariamente la creación de la moneda sino la creación del protocolo Bitcoin. Por primera vez en la historia, la tecnología permite transferir derechos de propiedad (como acciones, certificados, dinero digital, etc.) de forma rápida, transparente y segura. Además, estas transacciones pueden tener lugar sin la participación de un intermediario de confianza, como un gobierno, un notario o un banco.

Las empresas y los gobiernos ya no son necesarios como "**intermediarios**" en todo tipo de acuerdos financieros.5 Usar el protocolo Bitcoin para crear Bitcoin, la moneda es uno de los muchos usos que puede tener para este protocolo. También se están formando muchas empresas en torno a la idea de Bitcoin 2.0, lo que significa la descentralización de empresas previamente centralizadas. Algunos ejemplos de proyectos de Bitcoin 2.0 son **Ethereum** www.ethereum.org (una plataforma para aplicaciones descentralizadas) y **Gems** getgems.org (una especie de mensajero social descentralizado). Crear un proyecto de Bitcoin 2.0 también requiere conocimientos técnicos, ya que deberá implementar el protocolo de Bitcoin en otras formas de activos. Si miramos hacia delante hacia lo que va venir, hay varias categorías comerciales que pueden utilizar el protocolo Bitcoin para crear nuevos productos:

Email

Aplicaciones que eliminan el correo no deseado al solicitar una pequeña cantidad de Bitcoins para cada entrega. Entonces, por ejemplo, digamos que una persona **"normal"** envía 100 correos electrónicos por día (sé que me fui un poco por la borda). Si solicitamos 10 Satoshis (la cantidad más pequeña de un Bitcoin disponible = 0.00000001BTC) por cada correo electrónico que envíe, deberá pagar 100 Satoshis por día o 360.500 Satoshis por año. Esto es equivalente a $ 0.0867167 al tipo de cambio actual. No está mal: pagar $1 por año por correo electrónico para evitar correos no deseados o spam.

¿Por qué esto eliminaría el spam? Bien, imagina que un spammer necesita pagar 100.000 correos electrónicos por día, esto le costará $1000 cada año. De repente, el spam del correo electrónico tiene un costo y no es libre de abusar como lo es hoy.

Vídeo

Aplicaciones que eliminan la publicidad de video mediante el cobro de una pequeña cantidad de BTC por el tiempo visto.

Crowdfunding

Aplicaciones globales de crowdfunding que permiten a los creadores de proyectos recaudar fondos fácilmente de todo el mundo utilizando Bitcoin.

Pagos

Aplicaciones que permiten a los creadores o proveedores de servicios cobrar por una audiencia global. **ShapeShift.io** o **Xapo** es un excelente ejemplo de cómo las personas pueden dar propina Bitcoin a los usuarios de Internet que les ayudaron.

Remesas

Una de las industrias más populares que el Bitcoin está tratando de interrumpir. A través de Bitcoin se pueden crear aplicaciones que permiten pagos transfronterizos en todo el mundo. Muchas startups de Bitcoin básicamente intentan **"bancarizar a los no bancarizados"**.

Comercio electrónico

Directorios comerciales enfocados a Bitcoin que ofrecen un interfaz óptimo de usuario para los consumidores.

Identidad

Aplicaciones que le dan a las personas el control de su propia identidad (sin la necesidad de un tercero como el gobierno).

Atribución

Aplicaciones que permiten a los usuarios demostrar la propiedad de los activos.

Votación

La tecnología basada en **Blockchain** ya se está utilizando en las elecciones en todo el internet. De esta forma sabrás que tu voto fue contabilizado al mismo tiempo que se mantiene tu anonimato. Las ventajas de crear un negocio de Bitcoin 2.0 son que se está dentro de un océano azul, lo que significa que hay poca competencia (no hay tiburones, a diferencia de un océano rojo) y este es definitivamente el lugar hacia donde se dirige la industria. Probablemente no todo lo que he escrito aquí tenga sentido y estea bien. No necesitas ser un experto en Bitcoin; solo necesitas comprender los conceptos básicos de hacia dónde se dirige la industria para que puedas elegir la idea de negocio de Bitcoin de manera más inteligente. Una de las mejores fuentes que consolida toda la información de la industria de Bitcoin es el estado del informe **Bitcoin de Coindesk** [www.coindesk.com/research/state-blockchain-2018/]

Este informe sale una vez por trimestre (cada tres meses) y resume todo muy bien. Muchos de los datos presentados aquí provienen de ese informe. Así que asegúrate de registrarte para recibir actualizaciones de informes y mantener el pulso de la industria del Bitcoin.

¿Qué oportunidades de negocio se encuentran dentro de la industria de Bitcoin 1.0?

Desde que Bitcoin llegó a la conciencia pública a finales de 2013 (cuando el precio subió a alrededor de $1200 por un Bitcoin) comenzaron a aparecer muchas empresas nuevas de Bitcoin. Este boom de Bitcoin trajo nuevas oportunidades; ahora no solo puede abrir un nuevo negocio de Bitcoin que atiende la demanda del público en general que de repente está interesado en Bitcoin, sino que también puede atender exactamente las mismas empresas de Bitcoin que surgieron en 2014-5. En pocas palabras, dos nuevos mercados han surgido: el mercado de consumo de Bitcoin y el mercado de negocios de Bitcoin. Entonces, cuando hablo del mercado de consumo de Bitcoin me refiero al mercado en el que se abrirá un negocio de intercambio de Bitcoin, o un negocio de billetera Bitcoin y sus clientes serán principalmente consumidores. Esto también se conoce como **B2C** – de empresa a consumidor-**Business to Consumer**.

Cuando hablo sobre el mercado de negocios de Bitcoin, estoy hablando sobre el suministro de clientes potenciales a negocios de Bitcoin y que se les pague por captar nuevos clientes. Esto se conoce como **B2B (business to business)**: de empresa a empresa, la mayoría de las personas tiende a centrarse en el primer mercado; Logré que la mayoría de mis ganancias se centraran en el segundo.

La diferencia es que si bien el mercado Bitcoin B2C es más grande, tiene demasiada competencia, y si no tienes una buena estrategia de penetración en el mercado, será difícil ganar clientes. Por otro lado, el mercado B2B de Bitcoin casi no tiene competencia, principalmente debido a que es más pequeño. Pero aún es lo suficientemente grande como para poder sacar provecho. En este libro, voy a tratar las tácticas de mercadotecnia que se adaptarán a ambos mercados, así que no te preocupes, será decisión tuya decidir en qué mercado te gustaría ocupar.

OPORTUNIDADES DE MERCADO DE BITCOIN B2C-EMPRESA A CONSUMIDOR

Casas de cambio de Bitcoin – Bitcoin Exchanges

Probablemente, la oportunidad más común del mercado Bitcoin B2C es abrir un intercambio de Bitcoin. Cuando digo intercambio me refiero a una plataforma de negociación real donde las personas pueden intercambiar Bitcoins entre sí, o un intermediario (por ejemplo, **Coinbase**) que es una especie de tienda de Bitcoin que te permite comprar Bitcoins. Algunos ejemplos de algunas de las plataformas de negociación de Bitcoin más conocidas son **Kraken**, **Bitstamp** y **BTC-E**. Las plataformas de negociación obtienen ganancias al cobrar una comisión por cada transacción que se realiza. Por lo general, es el lugar más económico donde se puede comprar Bitcoins, ya que el precio del Bitcoin está determinado por el mercado. Los ejemplos de algunos de los corredores más populares de Bitcoin son **Coinbase** y **Circle**. Los corredores o brokers obtienen ganancias al venderte Bitcoins a un precio superior.

La ventaja de abrir un intercambio de Bitcoin es bastante clara: realmente estás **"cerca del dinero"** y el modelo de negocio ha sido probado muchas veces. Todo lo que necesita hacer es tener suficiente gente a bordo y listo. En mi opinión, abrir un intercambio hoy en día tiene más desventajas que ventajas reales. Primero, te vas a enfrentar una competencia feroz. Solo para darte una referencia, se considera que **Coinbase** es el sitio web número 5.000 más grande en la web en la actualidad. Se estima en 5 millones de visitantes mensuales y ya ha asegurado $ 106 millones en fondos de capital de riesgo. Entonces, como puedes ver, el mercado de divisas de Bitcoin tiene una dura competencia. Aquí hay una lista de todos los intercambios de Bitcoin disponibles hoy.

https://en.bitcoin.it/wiki/Category:Exchanges

Carteras o Billeteras de Bitcoin - Wallets

A continuación están las carteras de Bitcoin. Las carteras de Bitcoin también son una gran idea para un negocio de Bitcoin. Significa que puedes crear el software / aplicación web que mantendrá Bitcoins para su propietario. Hay muchos tipos de billeteras de Bitcoin: aplicaciones móviles, aplicaciones de escritorio, carteras de software y carteras web. Las carteras de Bitcoin más conocidas son Blockchain.info, Coinbase (otra vez ...), **TREZOR** y **GreenAddress**. Puedes encontrar una lista completa de las carteras disponibles abajo. La mayoría de las carteras de Bitcoin no tienen un modelo de negocio claro. La billetera de Coinbase, por ejemplo, hace que sea más fácil para las personas comprar Bitcoins directamente desde Coinbase. Blockchain.info obtiene sus ingresos de los anuncios en su sitio, pero por lo que pude ver, no pude encontrar un modelo de negocio sólido para casi cualquier otra billetera, aparte de estas dos.

Algunos proveedores de billeteras Bitcoin venden hardware adicional, creando así una fuente de ingresos. Por ejemplo, **MyCelium** tiene sus propios productos que venden en su sitio web. Un enfoque diferente para generar ingresos de las carteras de Bitcoin es crear lo que se conoce como billetera de hardware. **TREZOR** y **Ledger** son dos compañías que fabrican una billetera de hardware Bitcoin. Es un dispositivo físico en el que puede almacenar sus claves privadas y firmar transacciones por usted (más sobre la firma de transacciones aquí). Es una de las formas más seguras disponibles en la actualidad para almacenar sus Bitcoins. Otra forma de billeteras disponibles son las billeteras bitcoins físicas **"tontas"** como Bitkee y Cryptosteel.

Las ventajas de crear un negocio de billetera Bitcoin sería que una vez más está cerca de los fondos de sus clientes. Además, si tu producto es realmente bueno, las personas tienden a pagar más por una mayor seguridad. Lo que significa que el producto de la billetera Bitcoin toca muchos puntos débiles sensibles para tus clientes.

Las desventajas son que la competencia es incluso más feroz que los intercambios, porque no hay mucho espacio para la diferenciación. Otra desventaja es que debes tener un amplio conocimiento en criptografía para crear un buen producto.

Empresas mineras de Bitcoin

Cuando hablamos de la minería de Bitcoin como un negocio, podemos analizar tres opciones:

Minería de Bitcoins para obtener ganancias

Esto incluirá obtener algunas plataformas mineras de última generación, un lugar dedicado para alojar esas plataformas, sistemas de refrigeración (ya que tienden a recalentarse), etc. Si está pensando en hacer dinero a través de la minería de Bitcoin, solo puedes hacerlo si consideras esto como un negocio a tiempo completo que incluirá una inversión considerable para el equipo.

La minería doméstica, tal como se la conoce, casi nunca es rentable a las tasas de dificultad actuales.

Crear y vender plataformas mineras

Otra opción sería convertirse en un fabricante de minería. Estas compañías crean y algunas veces también operan plataformas de minería para otras personas o compañías que desean comprarlas. Un ejemplo para este tipo de compañía sería **Spondoolies**. Crear este tipo de negocios requiere conocimientos de ingeniería, diseño de productos y más.

Empresas mineras en la nube – cloud mining

Esta última opción es más una estafa que un esquema real en mi propia opinión (puede leer por qué aquí). Estas son compañías que "alquilan" energía minera que (supuestamente) está ubicada en algún lugar remoto, por lo que podrá disfrutar de los beneficios de la explotación minera sin tener que preocuparse por nada. Aún no he encontrado una compañía fiable que haga esto, pero si esta es una dirección que deseas seguir, es algo que necesitarás investigar profundamente. Además, es imposible establecer un negocio así sin construir tus propios equipos de minería o comprarlos. Es exactamente por eso que muchas de estas empresas terminan siendo una estafa, ya que son solo un esquema piramidal que pretende ser un negocio real.

Negociación de Bitcoin CFD o Trading

Uno de los principales motivos por los que la gente se interesa en Bitcoin es el hecho de que creen que pueden beneficiarse del tipo de cambio fluctuante. Por esa misma razón, muchas compañías ofrecen operaciones de CFD (contratos por diferencia). En este tipo de operaciones, en realidad no lo haces con los Bitcoins, sino que contratas un contrato en Bitcoin. Si el precio sube entonces puede vender el contrato por una ganancia.

Si se cae, pierdes. También puede vender en corto los CFD de Bitcoin y comprar un contrato que le hará ganar dinero si los precios de Bitcoin bajan. El problema con este tipo de comercio es que generalmente es demasiado arriesgado y el 99% de los operadores pierden su dinero de esta manera. Es mucho más adecuado para comerciantes experimentados. Los ejemplos para las compañías que suministran CFD trading son **Avatrade y Plus500.**

Otra forma de negocio que es similar al comercio de CFD son las opciones binarias de Bitcoin. Las opciones binarias de Bitcoin son una forma de negociación en la que puedes predecir si el precio de Bitcoin aumentará o disminuirá en un cierto período de tiempo.

 Si tienes razón, ganad la recompensa de la opción; si es incorrecta, pierdes tu inversión. Cada **opción binaria de Bitcoin** tiene una fecha de vencimiento específica en la que se verifica la opción para ver si está "En el dinero" (usted tenía razón) o "Fuera del dinero" (era incorrecta). Cada opción binaria de Bitcoin también tiene un beneficio específico que puedes ganar. Se llaman **"Opciones binarias"** porque el resultado es ganar o perder, no hay nada en el medio (al igual que el código binario es 1 o 0).

Esta forma de "*negociación*" es incluso más riesgosa que las operaciones de CFD, ya que es casi puro juego de azar sobre lo que sucederá con el precio en un momento específico. Como puedes imaginar, dado que esta área es muy arriesgada para los comerciantes, también es muy rentable para los dueños de negocios y esa es una de sus principales ventajas. El lado negativo, establecer una operación así requiere mucho trabajo y papeleo para llevarse a cabo (la mayoría de estas compañías están reguladas, créanlo o no).

Una opción que quizás desees considerar es obtener una etiqueta blanca de dicha compañía. El **etiquetado blanco** es simplemente la práctica de comprar el producto de otra empresa y luego comercializarlo como propio. En el mercado de divisas, el etiquetado blanco se utiliza para comercializar software, plataformas y otros servicios adicionales que los corredores pueden ofrecer. Entonces, todo lo que necesita para comenzar un negocio así son los clientes relevantes y simplemente etiquetar toda la infraestructura de una de las principales compañías comerciales.

Sitios de apuestas de Bitcoin – Bitcoin Gambling

Una de las primeras formas de negocios de Bitcoin fueron los sitios de apuestas. El más notorio de ellos, "SatoshiDice", ha tomado más de $ 15 millones en apuestas y finalmente se vendió por $ 12.4 millones. No entraré en detalles sobre el mundo de los juegos de azar online en este libro, ya que no es mi área de especialización, pero este también es otro modelo de negocio que quizás consideres. Puedes encontrar una lista de sitios de juego de Bitcoin actualizados aquí. https://en.bitcoin.it/wiki/Category:Gambling

Grifos de Bitcoin- faucets

Un **Bitcoin faucet** era un sitio que ofrecía a sus usuarios Bitcoins gratis. El grifo original de Bitcoin fue gestionado por Gavin Anderson, científico jefe de la Fundación Bitcoin. Comenzó a finales de 2010 y otorgó a los visitantes cinco Bitcoins (sí ... .todos los Bitcoins completos de verdad) de forma gratuita. Por supuesto, en el momento en que Bitcoin valía algo así como $ 0.08.

freebitcoins.appspot.com

2 de noviembre de 2017 1:43

Correctos

A mejorar

Errores

La idea general de los grifos de hoy es esta:

1. Inyectar enormes cantidades de tráfico al sitio prometiendo Bitcoins u otra cripto gratis.

2. Colocar una cantidad inquietante de anuncios en su sitio web.

3. Distribuir cantidades insignificantes de Bitcoins u otras criptos para que no tengan que pagarte porque saben que no podrás retirar las monedas. Usualmente hay una cantidad mínima que se necesita alcanzar para retirarse.

4. Te mantendrá en la página por un cierto tiempo, probablemente para que hagas clic en los anuncios y para que el sitio web tenga una mejor clasificación en Google.

5. Haz que sigas volviendo prometiéndote más Bitcoins en una hora.

Es un tipo de negocio muy spam y puedes ver ejemplos de los grifos más exitosos hoy en dia aquí [http://www.bitcoinaliens.com/]. Este tipo de negocio requiere grandes cantidades de tráfico para ser rentable, pero también atrae mucho tráfico "basura" de toda la web, ya que se trata principalmente de personas que buscan ganar dinero gratis. Si quieres ver más ejemplos aquí [www.macobserver.com/tips/deep-dive/get-free-bitcoins-faucets-that-pay/] hay una *lista de grifos* de toda la web.

Sitios de información de Bitcoin

Mi favorito! Los blogs y sitios de noticias de Bitcoin, o los sitios de información por falta de un término mejor son un poco híbridos. Sirven a los consumidores, pero su modelo de negocio es B2B. Por lo tanto, a pesar de que necesitan encontrar formas de atraer a las personas, también deben encontrar una forma de monetizar su sitio a través de otros negocios. Ya sea mediante la colocación de anuncios en su sitio web, la redacción de historias patrocinadas o la promoción de contenido específico a través del marketing de afiliación (explicaré más detalladamente el marketing de afiliación).

Algunos de los mejores ejemplos que puede encontrar para sitios de gran información son **Coindesk**, **bit2me.com** y, por supuesto ... **66Bitcoins.com.** Las ventajas de configurar un sitio de información son que es bastante fácil y puedes ponerlo en funcionamiento rápidamente. Hablaré más sobre cómo configurar un sitio tan específico en la Parte II - Creando tu negocio de Bitcoin. Pero configurar un sitio de información no es todo sol y arcoiris.

Dado que es probablemente el negocio más fácil de configurar, tendrá toneladas de competidores. Tendrá que diferenciarse, es decir, encontrar la manera de agregar valor a sus clientes que otras empresas no ofrecen. En 66bitcoins.com, elegí ayudar a los principiantes de Bitcoin y criptos; esa fue mi diferenciación Entonces, en lugar de tratar de competir con Coindesk al escribir las mejores noticias, me centré en crear los mejores tutoriales de Bitcoin que pude. También me diferencié de otros tutoriales al hacer mis tutoriales no técnicos y fáciles de entender.

Otra desventaja de crear un sitio de información es que va a ser difícil monetizarlo a menos que tenga mucho tráfico. Afortunadamente para ti, voy a enseñarte cómo puedes obtener grandes ingresos de este tipo de sitios sin necesidad de recibir 100.000 visitantes cada mes. Si decides que deseaa ir por el camino de los sitios web de información también tendrá que elegir su "**ángulo**". ¿Serás un sitio de noticias que ofrece las últimas noticias? ¿Va a ser un blog personal que describa su opinión personal sobre Bitcoin? ¿Serás un sitio de tutoriales que ayuda a los principiantes a comenzar? Cualquiera sea el ángulo que elijas, asegúrate de que sea algo que te apasione o que tenga un sólido modelo de negocio. Hablaremos más en detalle sobre eso en la Parte II.

Productos de información de Bitcoin

Los productos de información son productos que te ayudan a navegar por el espacio de Bitcoin. Pueden ser libros sobre trading, videos tutoriales sobre Bitcoin, sitios web de socios que ofrecen la última critica del mercado de Bitcoin, incluso este libro que está leyendo en este momento es un producto de información sobre Bitcoin. Un buen ejemplo para un producto de información (aparte de este libro) es el curso Bitcoin para principiantes de **Udemy**.

Se pueden encontrar otros ejemplos de productos de información de Bitcoin en **Clickbank y Amazon** (más adelante hablaremos de Clickbank en este libro). Las ventajas de crear un producto de información son como un sitio web de información; puedes comenzar de inmediato. Ni siquiera tienes que ser un experto en su campo; puedes investigar a medida que avanzas. Además, si creas un producto digital y no uno físico, los costos de fabricación suelen ser bastante bajos.

Hay desventajas de crear un producto de información. Como las barreras de entrada son bajas, es probable que tengas mucha competencia y tendrás que encontrar la forma de atraer tráfico a tu producto; no puedes esperar que sea viral. Pero como esto es exactamente de lo que se trata este libro, no tiene que preocuparse, ya que pronto sabrá todo lo que necesita sobre atraer tráfico a su negocio de Bitcoin. Los productos de información también pueden abastecer el espacio B2B. Por ejemplo, este libro también puede servir a alguien que ya posee un negocio de Bitcoin y quiere aprender a atraer más tráfico.

Productos físicos de Bitcoin u otras criptos

Muchos amantes del Bitcoin o Ethereum, amigos y familiares están buscando regalos de Bitcoin y otros tipos de mercancías. Algunos ejemplos interesantes serían las monedas, las camisas y los pins, y prácticamente cualquier otra cosa en la que se pueda pensar.

Crea tu propia moneda - Altcoins

Por último y definitivamente menos (en mi opinión sincera) es la opción de crear tu propia criptomoneda o Altcoin. Algunos también intentan abordar deficiencias percibidas en Bitcoin y proporcionar ventajas competitivas. Después del éxito de Bitcoin, han surgido muchas otras monedas digitales entre pares para intentar emular el éxito de Bitcoin. Estas monedas alternativas a menudo se denominan **"Altcoins"**, imitando el apodo de Bitcoin, al tiempo que enfatizan que son **"alternativas"** al Bitcoin en sí mismo. Más sobre Altcoins en 66bitcoins.com. Personalmente creo que crear ingresos a partir de un Altcion es extremadamente difícil. Bitcoin tardó casi cinco años en integrarse, así que imagínese cuánto trabajo necesitará un nuevo Altcoin.

Además, la mayoría de las Altcoins producidas hoy son simplemente estafas de bombas y botes donde el propietario crea una moneda, genera mucho alboroto al respecto, por lo que el precio sube y luego vende grandes cantidades con un beneficio solo para dejar a los partidarios de la moneda con nada. En el momento de escribir este libro, la capitalización bursátil de Bitcoin es 100 veces mayor que la segunda Altcoin online. No veo muchas ventajas para crear una nueva forma de moneda, mientras que existen desventajas importantes como la competencia feroz, la falta de un modelo de negocio claro y, básicamente, ninguna necesidad real.

OPORTUNIDADES DE MERCADO B2B DE BITCOIN

Hasta ahora hemos visto la mayoría de las oportunidades del mercado Bitcoin B2C [empresa a consumidor]; pasemos a las oportunidades del mercado B2B [empresa a empresa]. El espacio B2B de Bitcoin generalmente estará menos concurrido pero también tendrá menos clientes potenciales, ya que en este caso está vendiendo a empresas y no a particulares.

Servicios de infraestructura de Bitcoin

Las empresas de infraestructura de Bitcoin crean herramientas de seguridad, desarrollan mejoras de protocolos y proporcionan API para que otros negocios de Bitcoin puedan construir. Algunos buenos ejemplos de compañías de infraestructura serían **Blocktrail-www.blocktrail.com** y **Chain-www.chain.com**. Estas son compañías extremadamente tecnológicas, y aunque los propietarios de dichas compañías se beneficiarán mucho de este libro, no me enfocaré en este tipo de negocios, simplemente porque no tengo el conocimiento tecnológico relevante.

Las empresas de infraestructura de Bitcoin son uno de los mejores ejemplos de oportunidad B2B, ya que atienden casi todos los negocios de Bitcoin.

Complementos de Bitcoin para sitios web-Add-Ons

Una de las oportunidades más olvidadas en el espacio de Bitcoin es el mercado de complementos de sitios web. Esto implica todo, desde la creación de temas de WordPress relacionados con Bitcoin, hasta diferentes widgets de Bitcoin, como ticker de precios, botones de donación o las últimas noticias de Bitcoin.

Por ejemplo, con todos los sitios web de Bitcoin que surgen cada día, no puedo creer que pueda encontrar solo una web o formato de Bitcoin WordPress [www.simplewpthemes.com/2014/08/bitcoin-magazine]. Otros ejemplos son el complemento de la caja de herramientas de Bitcoin (se vendió por solo $ 17) y la página de pago única que admite Bitcoins- **unique payment pages** [codecanyon.net/item/unique-payment-pages/4414214]. Si eres diseñador, también puedes considerar diseñar y otorgar licencias de obras de arte de Bitcoin en sitios web de fotos de archivo como **iStockPhoto** y **Shutterstock**. De esta forma, cada vez que un sitio web desea licenciar una de sus fotos en su sitio web, recibirá un pago. Más sobre eso aquí - submit.shutterstock.com

Programas de Afiliados de Bitcoin

Y ahora ... la joya de la corona ... **Bitcoin affiliate programs**. En resumen, un programa de afiliados es un programa que te paga dinero por traer nuevos clientes a una empresa. Por ejemplo, Coinbase tiene un programa de afiliados en el que le pagan $1 por cada nuevo cliente depositante que traigas a bordo.

A través de los programas de afiliados, básicamente te conviertes en un agente de marketing para un negocio de Bitcoin y ahora puedes generar ingresos sin tener un producto. Todo lo que necesita hacer es asegurarse de traer clientes específicos a su proveedor. Los programas de afiliados son increíbles en el sentido de que le permiten comenzar a generar ingresos desde el primer día, y son súper fáciles de abrir y comenzar.

He obtenido la mayoría de mis ingresos enel internet a través de programas de afiliados y creo que es la oportunidad de negocios de Bitcoin que más se pasa por alto hoy en día. El próximo capítulo hablará sobre los programas de afiliados de Bitcoin y os mostraré exactamente cómo comenzar a usarlos.

CREAR IDEAS PARA UN NEGOCIO DEL BITCOIN

Hasta ahora que hemos hablado de las empresas conocidas que están disponibles para que puedas sondear y pensar como abrirte en el mercado. Pero, ¿y si quieres pensar en una idea que no está en esta lista? Bueno, esto es exactamente de lo que trata esta sección: herramientas para ayudarte a intercambiar ideas adicionales sobre negocios de Bitcoin.

Herramienta n. ° 1: lluvia de ideas con amigos

Sé que suena mundano, pero juntarse con un grupo de amigos y simplemente **"disparar estupideces"** para hablar, es probablemente una de las maneras más efectivas de proponer nuevas ideas. Las reglas para la lluvia de ideas son bastante simples: no existe una mala idea. Entonces, si alguien grita una idea en voz alta que tu crees que no tiene posibilidades de funcionar, no la descartes, el tiempo para comprobar si estas ideas funcionarán es en la próxima parte de este libro. En este momento, concéntrate en generar la mayor lista de ideas que puedas. A veces, una idea que piensas que es mala te hará pensar en una idea diferente que de otro modo no habrías pensado.

Herramienta n.º 2: utilice el Planificador de palabras clave de Google para ver qué personas ya están buscando

Google tiene una herramienta bastante ordenada llamada **Keyword Planner - adwords.google.com/home/tools/keyword-planner** que te muestra lo que las personas ya están buscando cositas online. Necesitarás registrarte para obtener una cuenta de **AdWords-adwords.google.com/home** para usar esta herramienta,

pero el registro es muy fácil y si se confunde solo consulta la sección de Adwords en la Parte III – Como atraer a clientes a tu negocio de Bitcoin como un profesional. Una vez que tengas una cuenta, accedes al Planificador de palabras clave y seleccionas **"Buscar nueva palabra clave y agregar ideas de grupo"** ["Search for new keyword and add group ideas"] Verás una pantalla que se ve así:

▼ Search for new keyword and ad group ideas

Enter one or more of the following:

Your product or service

For example, flowers or used cars

Your landing page

www.example.com/page

Your product category

Enter or select a product category

Targeting ?

All locations	✎
English	✎
Google	✎
Negative keywords	✎

Date range ?

Show avg. monthly searches
for: Last 12 months ✎

Customize your search ?

Keyword filters ✎

Keyword options ✎
Show broadly related ideas
Hide keywords in my account
Hide keywords in my plan

Keywords to include ✎

Get ideas

Sigues adelante y escribes algún tipo de palabra clave general o frase clave para la que desees obtener ideas en el primer cuadro en la parte superior marcado en rojo. Después de eso, eliges tu orientación al permitir que el planificador de palabra clave sepa a qué país e idioma debes dirigirte y, finalmente, haces clic en "obtener ideas". Digamos que quiero obtener ideas sobre lo que la gente busca Bitcoin o criptos. Introduciré la palabra clave Bitcoin, estableceré mi orientación y haré clic en "Obtener ideas". También me aseguro de que una vez que obtengo los resultados, haces clic en la pestaña "Ideas de palabras clave" (como se muestra en la imagen a continuación) y luego me desplazo hacia abajo. Esto es lo que obtuve:

Your product or service

| bitcoin | | | | | Get ideas | Modify search |

| Ad group ideas | Keyword ideas | | | | | Download | Add all (430) |

Search terms	Avg. monthly searches	Competition	Suggested...	Ad impr. s...	Add to plan
bitcoin	1,000,000	Low	$1.74	–	»

1 - 1 of 1 keywords

Keyword (by relevance)	Avg. monthly searches	Competition	Suggested...	Ad impr. s...	Add to plan
what is bitcoin	40,500	Low	$3.83	–	»
bitcoins	90,500	Low	$1.85	–	»
bitcoin faucet	6,600	Low	$1.08	–	»
bitcoin calculator	33,100	Low	$2.36	–	»
bitcoin exchange	22,200	High	$2.76	–	»
bitcoin wiki	9,900	Low	$3.94	–	»

En el lado izquierdo puedo ver las ideas de palabras clave por relevancia (que Google decide) y en el lado derecho puedo ver las búsquedas de promedio mensuales. No te preocupes demasiado por las otras columnas por ahora; trataremos eso en la próxima parte del libro. Ahora mismo intenta obtener algunas ideas de negocios nuevas de Bitcoin.

Por ejemplo, ya obtenemos algunas ideas nuevas al usar esta herramienta KW (palabra clave). Vemos que hay una demanda de grifos de Bitcoin (sitios que distribuyen Bitcoins gratis) y también una demanda de una calculadora de Bitcoin (generalmente se refiere a una calculadora de rentabilidad de la minería de Bitcoin). Examinas esta lista y pruebas diferentes palabras clave para obtener diferentes ideas de negocios del Bitcoin u otras criptos.

Herramienta n. ° 3 - Buscar foros

Una de las mejores fuentes para obtener ideas para las empresas de Bitcoin es sobre los foros de Bitcoin. Hoy el foro más grande de Bitcoin es BitcoinTalk. Lo que me gusta hacer es ir a la sección "Principiantes y Ayuda" y ver qué temas están publicando las personas. Esto puede darle ideas sobre las necesidades dentro de la comunidad de Bitcoin. Por supuesto, si prefieres ocuparte de la minería o la comercialización, simplemente dirígete al tema relevante, pero dado que me estoy concentrando en productos de información, la categoría más útil sería "Principiantes y ayuda".

Herramienta n. ° 4: use la función de autocompletar de Google

Otra forma excelente de descubrir lo que la gente está buscando es usar las funciones de autocompletar de Google. Simplemente vete a google.com y comienza a escribir en una consulta relacionada con Bitcoin. Google completará automáticamente las frases para usted, lo que sugiera que significa que la gente está buscando y puede ser una buena idea de negocio. Aquí hay un ejemplo del término "Bitcoin trading bot", que es un robot que comercia con Bitcoin por usted. Vea cuántas ideas de negocios diferentes puede obtener de esta función de autocompletar: Además de crear un bot de trading, también puedes crear un sitio de revisión de bot comerciales (y convertirse en un afiliado de bots de Bitcoin) o crear un bot de negociación en el lenguaje Python.

Herramienta n. ° 5: ¡UberSuggest del usuario para obtener aún más ideas de autocompletar!

A veces, la función de autocompletar de Google te ofrece solo una cantidad limitada de sugerencias. Usar Ubersuggest te permite la función de autocompletar de Google para su palabra clave clave + sugerencias adicionales para cada letra del alfabeto. ¡Google sugiere esteroides! Pruébalo…

Herramienta n. ° 6: examinar los mercados

Ver sitios web como **Amazon y eBay** para productos relacionados con Bitcoin puede darte una idea de lo que quieres crear. Otro buen sitio web que puedes visitar es **Kickstarter**. Kickstarter es la mayor financiación del mundo para plataformas creativas. Puedes encontrar algunas ideas interesantes de crowdfunding de Bitcoin. O consulta también **patreon.com**

Herramienta n. ° 7: descubre lo que ya funciona

Para ahorrarte tiempo, puedes intentar y buscar qué sitios ya están generando una gran cantidad de tráfico. Para hacerlo, revisaremos los primeros 100.000 sitios en la web según el ranking de **Alexa.** Alexa es una compañía de análisis web que clasifica los sitios web de acuerdo con la cantidad de tráfico que tienen. Al navegar por esta lista, intente buscar sitios con las palabras "Bitcoin" o "moneda" dentro de ellos y podrá ver qué tipo de sitios ya están recibiendo cantidades masivas de tráfico. Por ejemplo, **BitcoinTalk.org** tiene una calificación de # 7255 en todos los sitios web del internet.

Top Alexa Sites [Updated Daily]

	URL	Rank	TLD	ASCII Name
	A	X	X	X
7248	riverisland.com	7248	com	riverisland.com
7249	poco.cn	7249	cn	poco.cn
7250	realmadrid.com	7250	com	realmadrid.com
7251	onadstracker.com	7251	com	onadstracker.com
7252	topcpm.com	7252	com	topcpm.com
7253	alphacoders.com	7253	com	alphacoders.com
7254	scroll.in	7254	in	scroll.in
7255	bitcointalk.org	7255	org	bitcointalk.org
7256	cancan.ro	7256	ro	cancan.ro
7257	digid.nl	7257	nl	digid.nl
7258	planet.fr	7258	fr	planet.fr
7259	freemovies.tv	7259	tv	freemovies.tv
7260	chewen.com	7260	com	chewen.com
7261	game4v.com	7261	com	game4v.com
7262	hothk.com	7262	com	hothk.com
7263	koimoi.com	7263	com	koimoi.com

View 5,001 - 10,000 of 1,000,000

CREAR UN **ANÁLISIS FODA** PARA TU IDEA DE NEGOCIO BITCOIN

Pronto este capítulo termine y te enfrentes a la tarea de elegir tu idea de negocio del Bitcoin u otra criptomoneda. Podrías simplemente copiar y pegar lo que hice con 66Bitcoins.com, pero aún tendrás que poner tu propio input y ángulos si quieres tener éxito. Una de las herramientas principales que puedes usar para descubrir qué idea te conviene más se llama análisis **FODA** [en inglés **SWOT**] y significa Fuertes, Oportunidades Debilidades, y Amenazas.

Este es un análisis muy común en el mundo de los negocios y, sorprendentemente, no se sabe quién lo ha inventado pero es muy útil hasta hoy en día.

{es.wikipedia.org/wiki/An%C3%A1lisis_DAFO}

Para cada idea de negocio que quieres probar, escribe lo siguiente:

Fortalezas

¿Qué te da una ventaja en la creación de este tipo de negocio? ¿Eres un experto en este campo? ¿Tienes una cierta ventaja que nadie más tiene? No cometas el error de decir que no hay competencia en este área; la competencia no pertenece a esta sección. La sección de la fuerza es solo sobre ti, no sobre el medio ambiente.

Debilidades

¿Qué te da una desventaja en la creación de este tipo de negocio? Tal vez no sepas nada sobre este tipo de idea, o si deseas crear un producto informativo, pero te faltan las habilidades o talentos de la escritura para hacerlo.

Oportunidades

¿Qué elementos del entorno puedes explotar? ¿Cuál es tu escapatoria en la cual entraras al mercado? La competencia es relevante para esta parte ya que habla sobre el entorno exterior y no sobre ti mismo.

Amenazas

¿Qué elementos del entorno pueden obstaculizar tus esfuerzos? Si, por ejemplo, quieres promocionar a un pequeño comerciante, siempre existe la amenaza de que se cierre. Si planeas establecer una operación minera casera, la disminución en la tasa de cambio de Bitcoin es una gran amenaza. Recomiendo poner un número del 1 al 10 al lado de cada categoría de este análisis y luego resumir los aspectos positivos y restar los negativos. De esta manera puede comparar diferentes ideas de negocios con los números que obtiene.

Ahora te mostraré cómo creo mi propio análisis FODA con este libro para este proyecto específico:

Fortalezas

He estado tratando el tema de Bitcoin y cómo hacer dinero con él desde hace mucho tiempo, por lo que me considero un experto en el tema. Tengo habilidades de escritura superiores al promedio. Sé cómo atraer tráfico a proyectos relacionados con Bitcoin. Tengo un sitio web que genera visitas diarias de personas que buscan ganar dinero con Bitcoin. Diría que en general mi puntuación de fuerza es 9.5. Recuerda que esta es mi propia opinión sobre este tema. Puedo estar completamente equivocado, pero algunos análisis son mejores que ningún análisis.

Debilidades

Nunca he publicado un libro antes con éxito. No soy un nativo parlante del castellano. No sé si la gente está interesada en lo que tengo que decir. Como puedo ver una manera de superar la mayoría de estas debilidades, diré que mi puntuación de debilidad es 4.

Oportunidades

La gente busca constantemente nuevas formas de ganar dinero online. Bitcoin es (relativamente) nuevo y mucha gente está interesada en lo que tiene que ofrecer. Casi no hay (buenos) productos que expliquen acerca de Bitcoin y el marketing de afiliación. Supongo que mi puntuación de oportunidades totales es 7. Una vez más, esto es solo una corazonada y es más una sensación instintiva basada en lo que es mi análisis de la industria.

Amenazas

El libro está en formato digital, por lo que puede ser copiado por un segundo y regalado de forma gratuita en diferentes sitios web. Para cuando el libro esté listo, tal vez algunas de las tácticas que explicaré ya no serán relevantes.

Mi sitio web depende del tráfico orgánico de Google. Si mis clasificaciones bajan, es posible que tampoco venda mis predicciones. Después de pensar en cómo puedo superar la mayoría de estas amenazas, otorgaré a mis amenazas la puntuación de 5.

Entonces mi resultado final del análisis FODA es 9.5 - 4 + 7 - 5 = 7.5 Ahora bien, si hago otro análisis sobre una idea diferente (que, créanme, lo hice), puedo comparar ambos. Este último paso de dar un número a cada paso y sumarlos es algo que inventé y no está en el análisis FODA original. Creo que es más fácil comparar ideas de esta manera.

COMIENZA A HACER UNA LLUVIA DE IDEAS SOBRE TU NUEVO NEGOCIO DE BITCOIN O CRIPTOMONEDA

Ahora que te has familiarizado con las diversas oportunidades comerciales dentro del espacio de Bitcoin, quiero que empieces a pensar qué tipo de negocio es el más adecuado para ti. ¡Elige tres ideas diferentes para las empresas de Bitcoin de cualquiera de las categorías anteriores, o si tienes una idea propia que no figura aquí aún mejor! Quiero que elijas 3 porque en la Parte II de este libro te mostraré cómo probar estas ideas para descubrir cuál de ellas es más probable que tenga éxito. Cuando eliges una idea, intentas encontrar algo con lo que te puedas relacionar de alguna manera y no solo algo que suene rentable. Como aprenderás más adelante, la única manera de lograr el éxito es brindar valor real a tus clientes. Y la única forma de dar un gran valor a tus clientes es hacer algo que aman **(gracias Steve Jobs ...)**

Al elegir ideas para tu negocio, también quiero que seas lo más específico posible. No solo digas: "Crearé un sitio de información del Bitcoin o de Ethereum o de Garlicoin". Di algo así: "Crearé un sitio de información del Bitcoin que se centre en las revisiones y comparaciones de los principales intercambios y carteras de Bitcoin".

El enfoque es un factor importante en cualquier historia de éxito. Necesitas enfocarte en algo en lo que sea bueno o en lo que quieras ser bueno. Si la idea para un negocio es demasiado amplia, no sabrás por dónde empezar y definitivamente no sabrás cómo definir tu público objetivo inicial. Pero más de esto en la Parte II. Por ahora, elige tres ideas de negocio de Bitcoin que te gustaría probar y defínelos de la manera más detallada posible. Después de que los hayas seleccionado, crea un análisis FODA o un análisis Beigel para ellos. Incluso puedes hacer ambas cosas si quieres.

Aquí hay un ejemplo. Cuando comencé en 2014, tenía algunas ideas en mi cabeza organizadas. Aquí está la lista de mis ideas iniciales:

1. Crear Bitcoins físicos como regalos (similar a las monedas de Casascius).

2. Crear una plataforma de intercambio para el mundo de habla hispana : casi ninguno estaba presente en ese momento.

3. Crear un sitio de noticias de Bitcoin que cubra las diferentes noticias de todo el mundo (Coindesk recién comenzaba en ese momento). Crear red info para mineros, y otra para todos más general -66bitcoins.com

4. Compra o vende Bitcoins en eBay.

5. Crear un sitio de tutoriales de video que ayudará a las personas a comenzar a utilizar Bitcoin entre otras criptos.

Como puedes ver, era muy particular con respecto a mis ideas de negocios: no solo dije: "Quiero crear un intercambio de Bitcoin". Pensé en centrar mi intercambio solo en una cultura o lugar de Mercado o nicho. Lo mismo ocurre con el sitio de información: era muy específico acerca de tenerlo orientado a videos y orientado a principiantes de Bitcoin.

Bueno, eso basta por ahora ... ¡ponte a trabajar y te veré en el próximo capítulo!

(BITCOIN) PROGRAMAS DE AFILIADOS
EL SECRETO MEJOR GUARDADO

¿Hiciste los deberes? ¿Has pensado en tres ideas que te gustaría probar en el espacio de Bitcoin o de las criptos? Si lo has hecho, ¡genial! Si no, deja de leer ahora y vete a hacer los deberes. Verás que solo por leer este libro no te llevará a ninguna parte. Debes tomar medidas para alcanzar el éxito al que puedes llegar y además tener éxito, siempre que hagas los deberes. No me senté y leí un montón de libros. Probé cosas, cometí fallos y aprendí a caminar por este camino de las criptos y así es como obtienes resultados. De todos modos, espero que estés listo, ya que este capítulo te dará un resumen completo de los programas de afiliados de Bitcoin. Si tienes tu propio producto de Bitcoin o de otra cripto o no te planteas afiliarte, entonces puedes saltarte este capítulo, aunque preferiría que no lo hicieses. Dado que incluso si ya posees un negocio de Bitcoin con un producto real que vende, usar el poder de los programas de afiliados puede ayudar a aumentar su flujo de ingresos.

Además, si una de las ideas de negocio que deseas probar es un sitio de información o un producto de información, por ejemplo, igual necesitarás encontrar una forma de monetizarlo. El marketing afiliado es la solución perfecta para esto. Considero que el marketing de afiliación es el espacio Blue Ocean of the Bitcoin. Hablé de **océanos azules** antes y un océano azul significa un espacio donde casi no hay competencia, nadie para "comerte vivo" como un tiburón. Los espacios con competencia extrema se consideran **océanos rojos**. Hay un montón de negocios de Bitcoin y de criptos que se establecen cada día y TODOS necesitan clientes. Si puedes ayudarlos a atraer a esos clientes, se trata de una situación en la que todos ganan. ¡Y casi nadie se está enfocando en este espacio! Así que espero que te hayas mentalizado, ahora comencemos con el **marketing afiliado de Bitcoin.**

¿Cómo funciona el programa de afiliados?

El marketing de afiliación es un tipo de marketing basado en el rendimiento en el que un negocio recompensa a un afiliado por cada visitante o cliente que traen los propios esfuerzos de marketing del afiliado.

Hay tres jugadores en este juego:

El comerciante

También se lo puede conocer como proveedor, anunciante, minorista o marca. Básicamente esta es la compañía que necesita clientes.

El afiliado

También se puede conocer como el editor. Esto se refiere a la persona que capta los clientes y anuncia la marca.

La red

También se puede conocer como la red de afiliados. En algún momento, un comerciante recurrirá a un servicio de terceros para administrar sus afiliados.

Aquí es donde entra la red de afiliados {afiliados.amazon.es/}. Contiene ofertas para que los afiliados puedan elegir y también se encarga de todos los pagos y problemas técnicos. La red también le proporciona un administrador de afiliación dedicado para responder todas sus preguntas. Echemos un vistazo a algunos ejemplos. Amazon, "el comerciante", desea conseguir afiliados para comenzar a vender sus productos. Abre su propio programa de afiliados para que diferentes afiliados puedan registrarse. En el caso de Amazon, decidieron administrar sus afiliados en la empresa y no subcontratar este proceso a una red de afiliados. Otro ejemplo sería Sony. Sony quiere abrir un programa de afiliados pero no tiene el conocimiento o el tiempo para encargarse de toda la configuración. Se acercan a la red de afiliados más grande disponible llamada **afiliada de CJ** (o, en resumen, "CJ")
{www.cj.com/} y les dicen que quieren un programa de afiliados. CJ establece una sección para Sony en su sitio web que enumera todas las ofertas, términos y condiciones de Sony. Los afiliados que quieran promocionar a Sony deberán dirigirse a CJ e inscribirse. Sony, por supuesto, tendrá que pagarle a CJ algún tipo de tarifa por hacerse cargo de sus afiliados y configurar todo, pero ellos prefieren eso a la administración de su propia red de afiliación interna.

https://es.wikipedia.org/wiki/Marketing_de_afiliación

Tu trabajo como afiliado, si eliges aceptarlo ...

Como afiliado de una empresa, tu trabajo es traer tantas ventas o clientes potenciales calificados (información de contacto de clientes relevantes) como sea posible. Se le pagará de acuerdo con los términos del programa de afiliación específico. Por ejemplo, Coinbase solo te paga si refieres a un cliente que realmente hizo una compra, esto se llama CPS (costo por venta) o CPA (costo por adquisición).

Por otro lado, puedes encontrarte promocionando una empresa que te paga cada vez que una persona deja su nombre y correo electrónico en su sitio web. Esto se llama CPL (costo por plomo). No hace falta decir que los pagos de CPA casi siempre serán más altos que los de CPL. La última forma de pago es el reparto de ingresos, o la **acción rev** en resumen. Esto significa que tu y la compañía dividen las ganancias de lo que se le cobra al cliente. Esto es muy común en los productos basados en suscripción o en los servicios de negociación, como ya comentamos anteriormente, donde el cliente realiza varias compras repetidas. El pago también puede ser recurrente, lo que significa que si tu animas a un cliente a obtener una suscripción, cada vez que renueve la suscripción, te pagan nuevamente. Las ofertas híbridas de cuota rev y CPA también están disponibles en algunos proveedores. A estas alturas ya te estarás preguntando cómo se hace todo esto técnicamente. Es decir, ¿cómo sabes a cual es tal empresa que le conseguí una venta o un plomo específico? Gran pregunta! Vamos a profundizar en ello…

EL MILAGRO DEL SEGUIMIENTO ONLINE A TRAVÉS DE LOS COOKIES

Ahora la parte técnica. No te preocupes, no necesitas saber nada de programación ni nada por el estilo. Lo explicaré todo en términos muy simples. Cuando te registras en un programa de afiliados, obtendrás una identificación de afiliado única para ese programa y lo que se conoce como un enlace de afiliado. Ten en cuenta que los enlaces de afiliados tienen muchos nombres. Por ejemplo, también se los puede llamar enlaces de referencia, enlaces de salto y enlaces aff. Un enlace de afiliado generalmente se verá como la URL normal más una etiqueta para representar su ID de afiliado específico.

Entonces, por ejemplo, si voy a promocionar la billetera de hardware Ledger para Bitcoin, puedo suscribirme aquí a su programa de afiliados. Luego obtengo un ID de afiliado específico (en mi caso es 9621) y un enlace de afiliado: **https://www.ledgerwallet.com/r/9621**.

Puede ver que el enlace habitual al sitio web de Ledger que era www.ledgerwallet.com tiene una adición de "/ r / 9621", que es mi propia etiqueta de identificación de afiliado. Esta etiqueta se usa para rastrear a los clientes que traje que realmente hicieron una venta.

Otras formas de enlaces de afiliados son

http://SomeURL.com/?ref=YourAffiliateID

http://SomeURL.com/?r=YourAffiliateID

http://SomeURL.com/?aff=YourAffiliateID

http://SomeURL.com/?YourAffiliateID

http://AFFILIATE.VENDOR.hop.clickbank.net - Esto es específico para la red de afiliados de **Clickbank** solamente.

"¿Qué sucede realmente cuando alguien hace clic en su enlace de afiliado? ¿Cómo están "etiquetados" (tags)?

Bueno, cuando un visitante hace clic en mi enlace de afiliado, lo llevan al sitio web del comerciante y se instala un cookie en su navegador. Un **cookie** es una pequeña porción de datos enviados desde un sitio web y almacenados en el navegador web de un usuario mientras el usuario navega en ese sitio web. En pocas palabras, una vez que el usuario hace clic en su enlace de afiliado, se le implanta un código que ahora rastrea de dónde vino. Si el usuario termina comprando algo en el sitio, el programa de afiliados buscará si hay cookies instaladas en el navegador del usuario. Cuando encuentre su cookie, le atribuirá esa venta y obtendrá una comisión.

"¿No es esta forma de rastrear el mal? Quiero decir que estamos rastreando usuarios sin su consentimiento "

Bueno, eso no es del todo cierto. En cada sitio web que utiliza cookies debe haber una declaración clara al respecto. No sé el número exacto, pero la gran mayoría de la web usa cookies hoy para rastrear las actividades de los usuarios. Así es como ve todos estos anuncios persiguiéndolo una vez que haya visitado algunos sitios web. Así es también como Google rastrea el comportamiento de los usuarios en más de 28 millones de sitios web en el internet.

"¿Y si el visitante elimina sus cookies? ¿Todavía recibiré una comisión? No. En el caso de que no haya cookies, entonces no recibirá una comisión. Incluso si el usuario navega desde un navegador seguro que no utiliza cookies, no recibirá una comisión. Según mi propia experiencia, la mayoría de las personas no borran sus cookies durante el proceso de compra, por lo que la mayoría de las veces recibirá su comisión tal como se prometió. Otra cosa que puede obstaculizar tus ingresos es la longitud de la cookie. Una cookie no dura para siempre y, según los términos del programa de afiliados, sabrá cuánto durará la cookie. Entonces, digamos que tiene un cookie de 30 días en el programa de afiliación en el que se registró y alguien hace clic en su enlace pero no lo hace, pero sí lo hace. Si esa misma persona vuelve al sitio y realiza la compra dentro de los 30 días, la venta se considerará suya. La última cookie es la que cuenta.

Entonces, si traigo a un visitante a través de mi enlace de afiliado, pero él no compra, y un día después hace clic en su enlace de afiliado y compra, tu obtienes la comisión.
https://es.wikipedia.org/wiki/Cookie (informática)
http://trends.builtwith.com/websitelist/Google-Analytics

PROGRAMAS DE AFILIADOS DE BITCOIN Y CÓMO ENCONTRARLOS

Ahora que hemos aprendido lo que es el marketing de afiliación, veamos qué oportunidades hay dentro del espacio de Bitcoin para el marketing de afiliación. A continuación muestro una lista de los principales programas de afiliados conocidos de Bitcoin en la actualidad. He creado esta lista de mi propia experiencia y todos los programas en esta lista han sido probados y superprobados por mí. Para algunos, incluso publiqué mis estadísticas reales y las compartiré más adelante. Como no promociono los sitios web de apuestas como afiliado, los sitios web de los casinos de Bitcoin no están en esta lista. Para obtener una lista de todos los programas de afiliados de Bitcoin disponibles, consulte este enlace [orangebitcoin.blogspot.com.es/p/bitcoin-affiliate-programs.html] Dado que Bitcoin es un espacio muy dinámico, es posible que algunos programas ya no existan (debido al cierre de la empresa) y es posible que haya llegado algo nuevo. Hay una publicación makeawebsitehub.com/best-bitcoin-affiliate-programs que enumera todos los programas de afiliados conocidos y es actualizada por varias compañías que ofrecen diferentes programas. Tambien en 66bitcoins.com tenemos una lista actualizada

Para saber si un determinado producto tiene un programa de afiliados, vaya a Google y escriba uno de los siguientes:

[nombre del producto] + programa de afiliados

[nombre del producto] + programa de referencia

[nombre del producto] + programa asociado

Debido a la naturaleza cambiante de los programas de afiliación, a veces no mencioné ningún detalle aquí con respecto a los pagos, la duración de la cookie y otras cuestiones que trataremos en la siguiente parte. Es mejor que investigue personalmente cada uno de estos programas para ver si se ajusta a sus necesidades.

Bitcoin y otras criptos intercambian programas de afiliados

Coinbase

Recompensa $1 en Bitcoin por cada nuevo cliente depositante que traiga a Coinbase. Este es un programa de afiliados autohospedado (es decir, no funciona a través de una red de afiliados) y debe iniciar sesión en Coinbase para poder comenzar. Hice una comparación entre este programa y el programa Local Bitcoin en la publicación bitcointalk.org aquí bitcointalk.org/index.php?topic=1938319.0

Coinmama

Un corredor de Bitcoin que permite a los clientes comprar Bitcoins con una tarjeta de crédito. Paga hasta el 3% del montante de la compra.

CoinMX

Una plataforma de comercio de Bitcoin que le paga $ 15 en Bitcoins por cada nuevo cliente depositante que traiga a bordo. Es muy popular porque acepta tarjetas de crédito.

iGot

Un intercambio-exchange- internacional de Bitcoin que compite con Coinbase. Acepta compradores y vendedores de todo el mundo. Paga una comisión de $ 15 en Bitcoin por cada cliente nuevo que compró al menos 0.5BTC.

Local Bitcoins

Un sitio web que conecta compradores y vendedores de Bitcoin. Paga el 20% de las tarifas de negociación tomadas por ambas partes. Este es un pago recurrente que finaliza después de un año. Aquí están mis estadísticas de principios de 2014.

Virwox

Un intercambio que permite comprar Bitcoins con PayPal mediante el uso de SLL (todo se explica en detalle aquí). Le paga el 20% de las tarifas de negociación que cobran a los clientes. Este es un pago recurrente, lo que significa que si el cliente vuelve a comprar, se le volverá a pagar.

Programas de afiliados de servicios de comercio de Bitcoin

AvaTrade

Una plataforma de negociación que permite a los clientes comerciar con CFD de Bitcoin. Puede elegir el esquema de pago que prefiera, ya sea un precio fijo de $ 250 por cada cliente comercial o una participación de ingresos recurrente del 20%.

eToro

Una plataforma de comercio social donde la gente puede imitar a otros inversores con exitos. Permite a los usuarios también invertir en Bitcoin CFDs. Se le paga un CPA fijo de $ 200 por cada nuevo cliente comercial o un 25% de cuota de retorno recurrente.

Mercados

Operaciones con CFD y opciones binarias para Bitcoins. El CPA se calcula caso por caso, el CPA predeterminado es de $ 150.

Plus500

Una de las plataformas de negociación de Bitcoin CFD más exitosas en mi opinión. El CPA puede alcanzar hasta $ 500 dependiendo del país del que es cliente. Puede ver aquí un desglose de mis ingresos con esta compañía a fines de 2013.

Programas de afiliados de billeteras Bitcoin

Ledger

Los creadores de Ledger Wallet, la billetera de hardware Bitcoin. Pague el 25% de cada venta y se paga en Bitcoin.

TREZOR

Los creadores de TREZOR, la billetera de hardware Bitcoin. Las comisiones son un 5% del precio de compra y se pagan en Bitcoin. Debes registrarte en el sitio para acceder a la sección de afiliados.

Programas de afiliados de minería Bitcoin

Cex.io

Una empresa que comercia en el poder minero. La potencia minera que compra puede usarse en Ghash.io, el mayor conjunto de minería de Bitcoin hasta la fecha. Si refiere a los usuarios a Cex.io, obtienes el 3% de la potencia minera que compraron como comisión. A continuación, puedes utilizar esa potencia de extracción para extraer en **Ghash.io.**

Programas afiliados adicionales de Bitcoin

Lynda

Un sitio web de capacitación en video online. Tienen un curso introductorio sobre Bitcoin aquí [**www.lynda.com/Business-Finance-tutorials/Up-Running-Bitcoin/167065-2.html**]. El pago varía entre $ 10 y $ 37.5 dependiendo de qué suscripción compre el cliente.

Udemy

También un sitio web de capacitación en video en línea. Tienen varios cursos de Bitcoin en venta en diferentes rangos de precios. Usted gana el 25% de cada venta que realice. La diferencia entre Udemy y Lynda es que Lynda trae sus propios instructores y Udemy le permite a cualquiera crear un curso.

Asociados de Amazon

Probablemente, cualquier artículo o libro físico de Bitcoin que puedas encontrar online también se pueda vender en Amazon. Las comisiones varían de 4% a 8% dependiendo de su volumen de ventas. Más adelante en este capítulo, le contaré sobre mi desafortunada experiencia con Amazon Associates. No recomiendo trabajar con ellos (y más adelante verá por qué), pero es una opción a considerar.

Antes de concluir este capítulo y la sección de marketing de afiliación, me gustaría informarte un poco sobre lo que debes buscar cuando solicitas un programa de afiliados. Aunque el concepto de marketing afiliado es el mismo en cada programa diferente, los términos pueden variar. Cuando te registras por primera vez en un programa de afiliados, lee atentamente los términos del programa de afiliados. No solo digo eso para librarme del anzuelo. Léelo TODO y léelo a fondo, ya que te sorprenderás de lo que encontrarás. Aquí hay un desglose por orden de importancia de lo qué verificar.

¿El producto es bueno?

Odio promocionar productos pésimos por dos razones. Una, socava mi credibilidad con mis clientes y lectores, y dos, no obtengo suficientes ingresos de ellos porque hay muchos reembolsos. Por cierto, si antes no tenía claro esto, cuando un usuario reembolsa una compra, también se le quita la comisión del afiliado.

Antes de promocionar un producto específico, tiendo a usarlo yo mismo o leer un poco de las reseñas sobre él online. Principalmente busco ver si en realidad no es una estafa o timo, ya que muchas estafas de Bitcoin están a la orden del día. De hecho, he cometido un error por esto antes. Comencé a promocionar hace ya tiempo un "*programa de inversión*" llamado **Bitcoin Trader** que más tarde se escapó con el dinero de los inversores (incluido el mío). Imagínate cómo me sentí cuando recibí correos electrónicos de personas enfadadas que depositaron dinero y confianza en este programa debido a mi mala recomendación. A veces incluso puedes solicitar una prueba gratuita o una muestra para probar el producto del comerciante.

Solo díles que quieres promocionarlos como afiliado y que necesitas obtener experiencia de primera mano del producto. Si no logras probar el producto que estás promocionando, te aconsejo que lo indiques cuando lo promociones. La transparencia y la credibilidad son clave cuando se trata de crear un público leal que siga tus recomendaciones.

¿Cuáles son los términos de pago de este programa específico?

Aquí hay algunas preguntas que debes hacerte al revisar los términos de pago:

- *¿Cuánto es el pago?*
- *¿Es un modelo de CPA, modelo de intercambio de acciones o híbrido?*
- *¿Es esto un pago recurrente?*
- *¿Me pagan en dólares, euros o Bitcoins?*
- *¿Cuándo me pagarán?*

Algunas compañías te pagan inmediatamente y otras pueden retener tus fondos hasta 90 días a partir de la fecha en que se realizó el acuerdo (por ejemplo, Amazon).

- *¿Hay algún límite para mi pago? (¿Debo superar una cantidad mínima de ventas antes de que me paguen?)*

Algunas de estas preguntas pueden no parecer críticas ahora, pero si deseas crear un negocio de Bitcoin u otra cripto sostenible, deberás conocer las respuestas a estas preguntas. Por ejemplo, si te van a pagar solo 90 días después de que recomiendes clientes que puedan obstaculizar seriamente tu flujo de efectivo y tus ingresos.

Otro ejemplo es si te pagan en Bitcoin y no en euros o dólares. Esto significa que:

A.Estás sujeto a la tasa de cambio de Bitcoin siempre fluctuante.

B.También deberás pagar tarifas u honorarios adicionales o impuestos-depende el país de origen- por convertir estas Bitcoins a dólares o euros (si tienes la intención de hacerlo).

¿Cuál es la longitud de un cookie?

Es importante saber si tu cookie caduca después de 24 horas (por ejemplo, Amazon) o si dura tres meses (por ejemplo, **Local Bitcoins**). Esto afectará a la cantidad de clientes de pago que podrás traer a la mesa. Dado que si un cookie dura más tiempo, se te pagará incluso si el cliente decide comprar en una fecha posterior.

¿Existe alguna restricción en la forma en que puede promocionar el producto?

Algunos programas de afiliados aplican restricciones sobre cómo promocionar el producto. Por ejemplo, a muchas marcas no les gustan los afiliados que usan el nombre de la marca en sus anuncios pagados de Adwords (si no sabes qué es Adwords, no te preocupes, lo abordaremos más adelante).

Otros proveedores pueden prohibir la promoción de su producto en cualquier lugar fuera de su propio sitio web (por ejemplo, Plus500).

¿Está la empresa afiliada orientada?

Algunas empresas, como Coinbase, por ejemplo, tienen un programa de afiliados pero en realidad no se "ocupan" de sus afiliados. Lo que significa que no hay una sección de afiliado dedicada, no hay administradores de afiliados que respondan a tus preguntas y no hay una sección de medios donde puedas descargar pancartas, artículos u otros materiales de marketing para ayudarte.

Esto es importante, porque si vas a invertir tiempo y dinero promoviendo una empresa, debes asegurarte que están dispuestos a brindarte el apoyo necesario. ¿Cómo puedes confiar en que el seguimiento de afiliados de una empresa está funcionando bien cuando ni siquiera te proporcionan materiales de marketing básicos? Notarás que este criterio está cerca del final de mi lista porque lo considero importante pero no crucial. Tengo algunas empresas que promociono que tienen una mala orientación de afiliado, pero que todavía me generan una gran cantidad de ingresos. Además, si logras contactar con un administrador de afiliación dedicado, lo mejor es enviarle un correo electrónico o llámalo para que te diga "Hola". No te creerás cuántas conexiones personales te harán mejor en los términos de afiliado ...

¿Este producto ya se está promocionando online?

Finalmente, verifica si el producto ya se promocionó online.

Estás haciendo esto por dos razones:

1. Para saber quiénes son tus competidores y qué están haciendo.

2. Para saber si es un producto rentable de promocionar, si ves a muchos competidores, eso es algo bueno, ya que significa que se está ganando dinero al promocionar dicho producto.

"¿Pero cómo averiguo si se está promocionando?"

Sencillo. Simplemente **googlee** el nombre del producto + la palabra "revisión" o la categoría del producto + la palabra **"comparación"**. Si alguien ya lo está promocionando, probablemente verás un artículo al respecto. Una vez que encuentres este artículo, simplemente vete al enlace del producto y mira si se trata de un enlace de afiliado; ya sabes cómo se ven, ¿verdad? Ten en cuenta que a veces el enlace de afiliado estará oculto en el sitio web del producto. Lo que significa que no verása el ID de afiliado a pesar de que es un enlace de afiliado.

Esta es la razón por la cual es mejor verificar el enlace en la página de referencia y no en la página del producto. Vamos a dar un pequeño ejemplo. Digamos que quiero promocionar los servicios de comercio de Bitcoin de Plus500. Entro en el internet y escribo en Google "Plus500 Bitcoin review" y veo qué aparece. Inmediatamente hay 2 resultados que considero sitios web afiliados (principalmente por el nombre del sitio web):

Ahora voy a cada uno de los sitios y busco el enlace a Plus500. Antes de hacer clic en ese enlace, miro en la esquina inferior izquierda para ver si es un enlace de afiliado o no. Comencemos con el primer sitio web: NewsBTC. Una vez que cierro el enlace a Plus500, puede ver en la parte inferior en la que este se encuentra, de hecho, un enlace de afiliado.

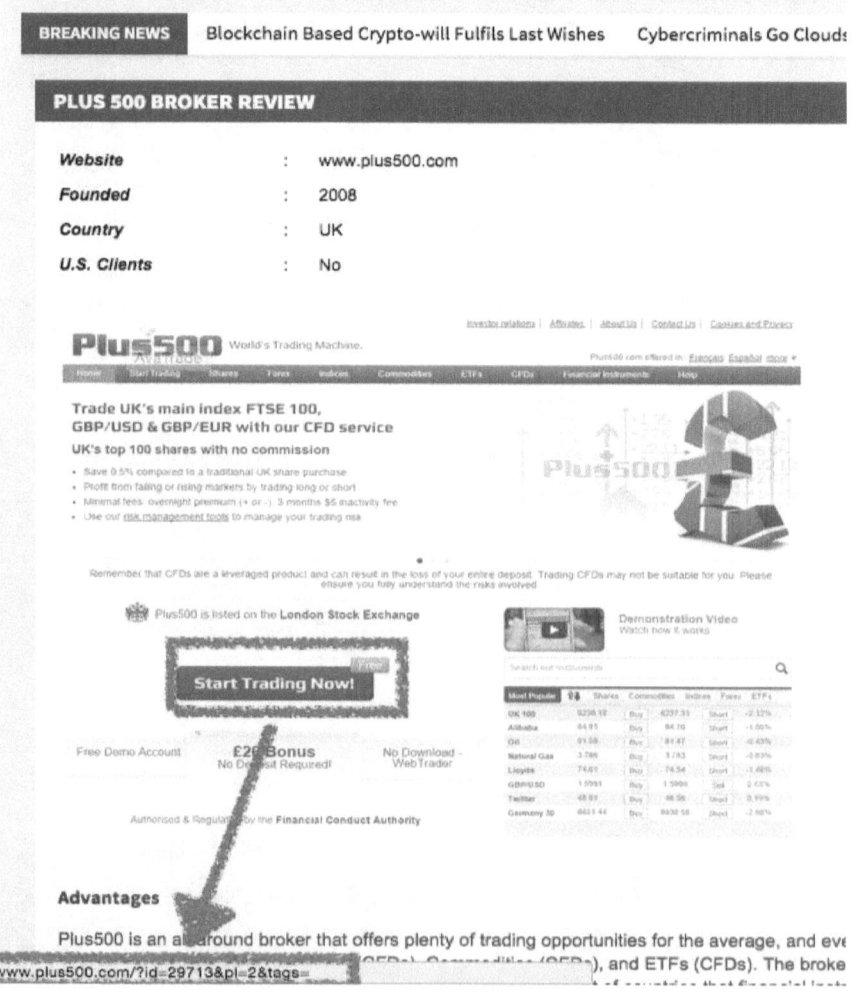

Ahora examinaré el siguiente sitio web, **CoinQA**. Aquí, cuando cierro el enlace, no veo un enlace de afiliado normal, sino un esquema de encubrimiento de enlace que generalmente se ve así: http: // WebsiteName / VendorName.

Step 1 – Sign up for an account with Plus500

Plus500 is a Contract For Difference (CFD) trade engine that is approved and regulated by the Financial Conduct Authority and included on the London Stock Exchange. In today's financial regulations this standard is like gold. It's one of the most heavily used trading engine that offers CFDs on Bitcoin.

To get an account, register your account on official website (click here) and then click on the "**Start Trading**" link to register for an account, in next windows either choose to download trading software or . You can also direct download their trading software (Download Here)

Step 2 – Verify your account

Plus500 will send a verification link to your email address. Open your mail and click this link to verify your email address.

Then verify your phone number to get a £20 bonus. The link for this will be at the top right corner of the Web Trader screen, below your email address. When you click this, you will be asked for your name, address and phone number and a few questions about your experience trading different financial instruments.

After this, you be asked for a phone number to verify. If you enter a mobile number, you'll be sent a verification number by text message. If it's a landline, the computer will phone you and tell you the number. Enter this code in box, and your account will immediately be credited £20 that you can use for trading.

Step 3 – Fund your account and get promotional bonus

You have to some amount of money before start trading Bitcoins with your account and you will get a £20 bonus. There is a link at the top right of the Web Trader screen to add some funds and get ... £6000 is offered depending on starting

www.coinqa.org/go/plus500

Esto se hace para que las personas que están mirando exactamente lo que estamos haciendo no sepan que estos son enlaces de afiliados. Por lo general, cualquier enlace que no sea un "copiar y pegar" directamente de la URL del proveedor es probablemente una especie de enlace de afiliado. Notarás que si hago clic en estos enlaces y llego al sitio del comerciante, no vemos ninguna extensión de enlace de afiliado.

Como mencioné antes, esto se conoce como encubrimiento de enlace y algunas veces se hace para ocultar el hecho de que ha llegado a un sitio web a través de un enlace de afiliado. Así es como el sitio web de Plus500 se ocupa de que haga clic en el enlace de newsBTC:

Como puedes observar, nadie puede decir que este era un enlace de afiliado ya que se eliminó el complemento de la dirección URL del afiliado.

REGLAS PARA EL MÁRKETING DEL AFILIADO QUE SE DEBEN SEGUIR

Me gustaría hacer un pequeño ejercicio de memoria y contarte una historia sobre una de mis primeras experiencias con el marketing de kindle, sus aparatos, y libros del programa de afiliación. No fue bueno, y he aprendido mucho de eso. Espero que tú también me sigas en este tema. El 24 de septiembre del 2010 recibí un correo electrónico de Amazon, estos son sus aspectos más destacados:

"Hemos encontrado que sus enlaces Asociados aparecen como enlaces patrocinados en los motores de búsqueda bajo el término" kindle *"y variaciones de este término. Esta actividad está prohibida por los términos del Acuerdo Operativo ... Podemos retener cualquier tarifa de referencia ... También le pedimos que tome medidas preventivas, como agregar los Términos de propiedad exclusiva de Amazon a sus palabras clave negativas. Además, no recibirá el pago de las tarifas derivadas por el uso de estas palabras clave ".*

En este momento, llevaba casi un año al marketing online y fue mi primer gran éxito en marketing de afiliación. Este fue mi primer pago recibido de Amazon e invertí mucho en marketing de PPC (pago por clic, se expliacará esto más adelante) para llegar allí, a continuación adjunto mis gastos durante los tres meses que promocioné activamente mi sitio web.

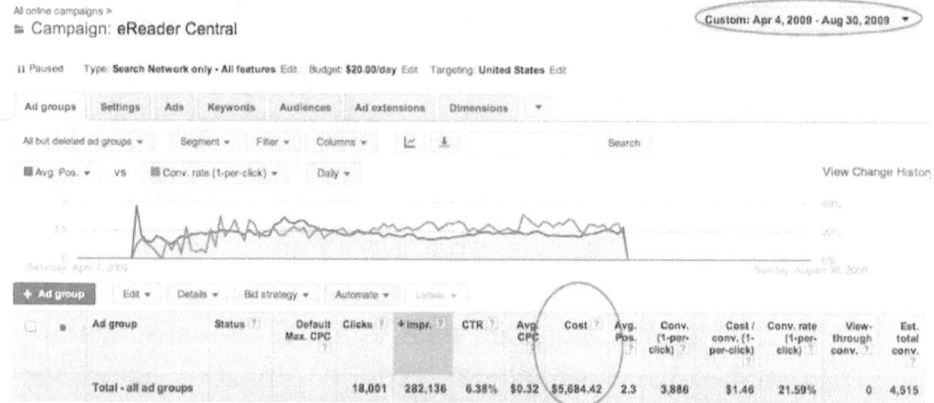

Campaña de la red de búsqueda de Adwords:

Campaña de red de display de Adwords (en aquel entonces se llamaba "red de contenido"):

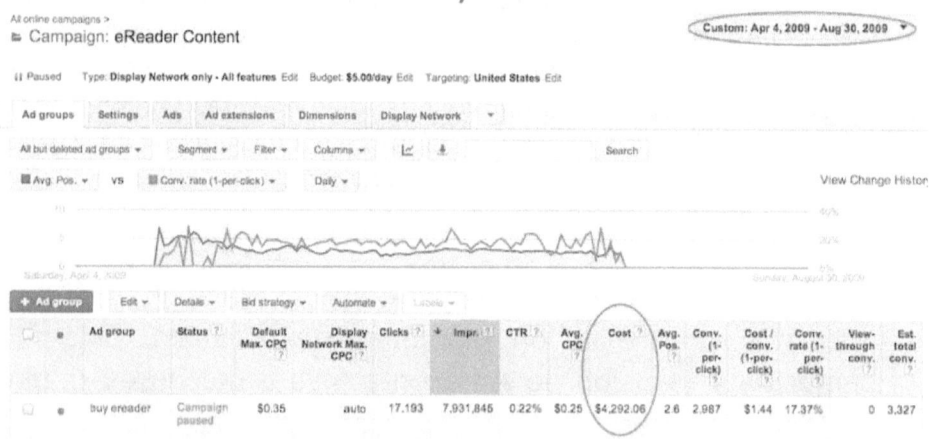

Agregas otros $ 2K de Yahoo y Bing y obtendrás alrededor de $12K en gastos de PPC. Mi pago iba a ser un poco más de $21K, así que sentí que estaba en racha. Todo el tiempo había una voz en mi cabeza que me decía que estaba gastando dinero y aún no me pagaban (recuerda que Amazon paga más de 60 días después de haber hecho una venta).

Earnings Report Totals
Glossary

April 1, 2009 to August 31, 2009

	Items Shipped	Revenue	Advertising Fees
Total Amazon.com Items Shipped	1316	$224,821.10	$22,076.57
Total Third Party Items Shipped	285	$12,409.66	$823.13
Total Items Shipped	**1601**	**$237,230.76**	**$22,899.70**
Total Items Returned	**-54**	**-$10,420.91**	**-$1,019.74**
Total Refunds	**0**	**$0.00**	**$0.00**
TOTAL ADVERTISING FEES	1547	$226,809.85	$21,879.96

No tenía idea a qué se refería el correo electrónico. Leí cuidadosamente los TDS del programa asociado y sabía que no podia presentar ofertas en términos de corrección, así que no lo hice. Mi única conjetura era que las Palabras clave en concordancia amplia podrían haber activado anuncios con estos términos. Entonces, si, por ejemplo, hago una oferta en "Revisión del lector de libros electrónicos", la palabra clave "amazon eBook reader review" también mostrará mis anuncios. Para abreviar, probé todo lo posible para resolver esto (correos electrónicos, llamadas de Skype, envío de informes de palabras clave para mostrar en qué estaba pujando) pero al final recibí la siguiente respuesta:

"Revisé nuevamente el historial de su cuenta y confirmé que sus anuncios aparecieron en Yahoo.com para búsquedas utilizando las palabras clave" kindle reading device "," kindle review "," kindle book reader "," kindle reviews "y" kindle eBook ". "Entre el 22 de junio y el 30 de julio de 2010 ... Si bien entiendo que no está de acuerdo con esta decisión, es definitiva en función de múltiples revisiones del historial de su cuenta. Cualquier otro mensaje relacionado con este tema no recibirá una respuesta ".

Me quedé boquiabierto. Me gasté casi todos mis ahorros en ese momento en todo esto, y ahora, no solo no me pagarían, también debía dinero a personas de las que le pedí prestado para invertir en mis diferentes campañas de marketing. Al final, me pagaron alrededor de 2/3 de la cantidad, por lo que hice tal vez un poco más de $ 1k en esos 3 meses. Este incidente fue uno de los muchos que tuve en los siete años que he sido un vendedor afiliado. Cada incidente me enseña una valiosa lección sobre cómo diversificar el riesgo involucrado con esta ocupación y eso es lo que deseo compartir con vosotros a día de hoy.

Regla n. ° 1: Prueba cada programa de afiliados antes de invertir energía para promoverlo.

Hoy, cada vez que elijo un programa de afiliación para trabajar, siempre lo pruebo primero. Esto significa que invierto la menor cantidad posible para probar las siguientes cosas:

1. Los informes llegan con precisión (básicamente se muestran los clics)
2. Las conversiones se registran y hay una tasa de conversión razonable
3. Los pagos se cumplen a tiempo

Antes de comenzar a hacer negocios con la promoción de cierto producto, tendré al menos 2-4 semanas para probarlo. Y desde mi incidente en Amazon NUNCA invertí mi propio dinero antes de recibir el pago por primera vez. Siempre es un momento doloroso para una empresa (incluso Amazon) sacar dinero de su propio bolsillo, así que quiero ver que son buenos para eso.

Regla n. ° 2: nunca confía demasiado en un proveedor

Cuando promocionaba lectores de libros electrónicos, aproximadamente el 92% de mis ganancias provenían de Amazon. Es por eso que estaba completamente destrozado cuando esto sucedió. Hoy en día, tan pronto como pruebo un programa de afiliación y veo que está funcionando, inmediatamente empiezo a buscar otro con un producto similar para poder diversificar mi riesgo. Por ejemplo, hoy promuevo varias compañías de Forex. Así que, aunque probablemente pueda conseguir más ganancias si promociono una sola empresa, elijo activamente promocionar dos, aunque una de ellas sea menos rentable. De esa manera siempre tengo influencia para negociar los términos y, más importante aún, no confio en ninguno de ellos.

Regla # 3 - Nunca confíes demasiado en un producto

Cada vez que le vendes un producto a alguien, estás apuntando a una persona específica. En mi caso, era un tipo adinerado y rico en tecnología (sorprendentemente, la mayoría de mis clientes tenían entre 50 y 60 años). Y si conoces a la persona, sabes en qué otros productos están interesados. Por ejemplo, fácilmente podría haber ofrecido varias tabletas diferentes que estaban saliendo en ese momento. ¿Ya he mencionado que necesita diversificar su riesgo? Esto no significa que debes perder el enfoque y suscribirte a 10 programas de afiliación diferentes, pero como dijo el General Tolwin en Wing Commander 4, **"El precio de la libertad es la vigilancia eterna".**

Regla # 4 - Construye una buena relación con tu administrador afiliado

Los programas de afiliados que tienen administradores de afiliados dedicados me tranquilizan. Esto generalmente significa que la compañía respeta a su afiliado y que tendré a alguien con quien hablar cuando lo necesite. Además, es importante que lo notifiques a tu administrador de afiliación para que sepa que te responde cuando lo necesites. Lo que suelo hacer cuando me inscribo en un programa es enviar un correo electrónico a mi administrador de afiliados con una breve introducción sobre mí y algunas preguntas sobre el programa para demostrar que estoy hablando de negocios. Esto también te ayudará a avanzar en el camino cuando sea el momento de renegociar tus términos.

Regla n. ° 5: utiliza siempre varias fuentes de tráfico

Esta no la aprendí del incidente de Amazon, sino de un proyecto diferente. Veo demasiados afiliados que se centran solo en SEO (optimización de motores de búsqueda) o PPC o creación de listas. De nuevo, debe diversificar el riesgo, y si esto significa ensuciarse y aprender un poco de marketing social o marketing de contenido, entonces es algo que tendrá que hacer. Afortunadamente, este libro cubre todas las principales fuentes de tráfico. Antes de terminar este capítulo, solo quería decirte que no debes preocuparte si no entendiste algunos términos que se discutieron en esta sección. Antes que nada, tiene un glosario completo al final de este libro con todos los términos mencionados aquí a los que puede consultar en cualquier momento. En segundo lugar, en la Parte III - Como atraer a clientes a tu negocio de Bitcoin como un profesional, te explicaré todo en detalle para que sepas exactamente de lo que estoy hablando.

COMIENZA CON TU PRIMER PROGRAMA DE AFILIADOS DE BITCOIN

Ahora que ya dominas los principios básicos del marketing de afiliación, es hora de ponerse a trabajar. Elige solo un programa que te gustaría probar. Te digo que elijas solo un programa porque quiero que te centres en probarlo de manera rápida y efectiva. Si no funciona, siempre puedes pasar al siguiente. Así que eliges uno y TE REGISTRAS al programa de afiliados. Al considerar qué programa promover, intenta pensar no solo en el pago sino también en lo que pensaste en el Capítulo 2: qué tipo de negocio de Bitcoin te gustaría crear. El programa de afiliación que elijas debe coincidir con ese tipo de negocio. Por lo tanto, si, por ejemplo, eliges configurar un sitio de información sobre minería, tal vez te irá mejor con algunos programas de afiliación de minería que con servicios comerciales. Además, no te limites solo a la lista que te he dado en este libro. Busca nuevos programas junto con tu idea de negocio. Puedes encontrar algo sobre lo que no he escrito aquí y es una combinación perfecta para su negocio. **Es crucial que termines los deberes de esta parte y practiques y leas los links**, ya que no podrás llevar a cabo las tareas de la segunda parte sin ella. Antes de seguir leyendo, debes tener en cuenta lo siguiente:

☐ Una comprensión clara de los conceptos básicos de Bitcoin.

☐ Tu primera transacción relacionada con el Bitcoin o cualquier tipo de cripto en tu tipo de negocio.

☐ 3 ideas de negocio de Bitcoin con un análisis FODA completo para cada una.

☐ 1 programa de afiliación de Bitcoin que quieres promocionar y para el que te has registrado (opcional para productos de información).

☐ Una comprensión clara de lo que es el marketing de afiliación y cómo funciona (opcional para productos de información).

Si estás listo y preparado con estas 5 premisas, nos vemos en la próxima parte muy interesante de cómo crear tu negocio de cripto o Bitcoin ...

PARTE II
CREA TU NEGOCIO DE BITCOIN
DE IDEA A LA REALIDAD.

"Lanza tu producto y utiliza al consumidor para mejorarlo y adaptarlo a sus necesidades."

¡Hola de nuevo! ¿Estás tan entusiasmado como yo para comenzar con tu nueva idea de Bitcoin? Esta parte se trata de convertir tu idea desde un concepto agradable en un negocio tangible, ya sea un sitio web, un dispositivo móvil, un libro electrónico o cualquier otra cosa en la que puedas haber pensado o ideado en tu cabeza. En esta parte vamos a tratar temas de cómo investigar tu idea en teoría, probarla en la práctica y analizar los resultados para saber si eres un ganador o no.

También te daré herramientas prácticas y tutoriales sobre cómo configurar un sitio web, incluso si nunca lo has hecho antes. Ten en cuenta que los conceptos presentados en esta parte se pueden aplicar a cualquier negocio de Bitcoin o de cualquier criptomoneda, sea ethereum, bitcoin cash, litecoin, eos o tron por ejemplo. Pero por el hecho de poder aportar la mayor cantidad de conocimiento, me centraré principalmente en la creación de sitios web y productos de información, ya que esto es con lo que estoy más familiarizado.

METODOLOGÍA SEGURA Y VALIOSA PLAN PARA EL MÁXIMO ÉXITO EN EL TIEMPO MÍNIMO

Lo mejor que puedes hacer antes de comenzar a trabajar en tu negocio es planificar cómo vas a trabajar en tu negocio. Uno de los mejores métodos que he encontrado hasta ahora se llama metodología Lean-un término americano de negocios que significa- valioso o seguro y que va hacer de algo que sea valioso para tus clientes . Esta metodología se deriva originalmente del sistema de producción de Toyota y es más popular entre las empresas que quieren penetrar rápidamente en el mercado y probar si sus ideas son negocios viables.

La metodología segura y valiosa o Lean sigue algunos principios básicos:

Crea un PMV [MVP]

Un MVP es un producto mínimo viable. Es la forma más básica de tu producto que se enfoca en hacer solo una cosa y que agrega valor a tu cliente y lo hace bien. Cualquier cosa que no agregue valor a tu cliente se considera desperdicio y no debe centrarse en él. Los ejemplos de desperdicios son características que no son el núcleo de su producto, burocracia innecesaria, páginas de sitios web que no son compatibles con su modelo de negocio real, etc. Por ejemplo, cuando comencé con **66Bitcoins** no tenía cientos de páginas como lo hace hoy. ¿Puedes adivinar cuántas páginas tenía? Solo una.

La única página que se suponía que me haría ganar dinero. ¿La razón? No vi ningún sentido al crear un sitio web completo solo para descubrir si el concepto funcionaría.

Pruébalo tan pronto como sea posible

Si quieres tener éxito rápidamente, necesitas tener fallos a menudo y aprender de ellos. Esto significa probar todo lo que pongas en el mercado y lo más rápido posible. Prueba y error, es el camino más lógico y fácil al éxito. Del fracaso viene el éxito. Sino pierdes no ganas... Creo que fue Steffi Graff, la gran campeona tenística la que dijo que para *"... ganar 1000 partidos, uno tiene que perder otros 1000 partidos primero..."* Una vez que tengas el producto mínimo viable (MVP), envíalo a tus clientes y comienza a probarlo. Tu producto no necesita ser perfecto, !por dios!, nunca lo sera, créeme. Simplemente tiene que hacer lo que se supone que debe hacer de manera aceptable para que puedas obtener algunas valoraciones positivas o negativas y feedback para comparar.

Seguir la pista a todo - Trazabilidad

Como estás creando un producto que solo hace una cosa, debes asegurarte de hacer un seguimiento de todo para que sepas cómo analizar los resultados. En los próximos capítulos, te mostraré exactamente cómo rastrear o seguir la pista y cada paso de mi producto desde el registro hasta la compra y también qué herramientas utilizaste.

Aprende de tus errores

Necesitas trabajar en lo que se conoce como ciclos de iteración: cada ciclo es un nuevo MVPt creado por los comentarios de la versión anterior. Y cada ciclo finaliza con los comentarios de los usuarios de los usuarios que realmente usaron el MVP (y no simplemente haciéndoles preguntas al respecto).

Una vez que finalices la prueba, deberás decidir si tiene un "si" o "no". En caso de que sea un "avance", continúa refinando tu producto y continúa por el camino (básicamente, repite todo el proceso de acuerdo con los comentarios de los usuarios). Si se trata de un "no", significa que tendrás que pivotar y elegir una idea diferente para trabajar, ya que esta no pasó el corte. Entonces, para resumir, la metodología Lean nos dice que construyamos un MVP, lo probemos, lo midamos y aprendamos de nuestros errores.

Crear - medir - aprender

Sin embargo, he agregado un paso adicional a este plan, que es planificar tus acciones. Esto significa que debes probar tus ideas en teoría y tener algún tipo de hoja de ruta antes de desarrollar o crear algo de una manera fina. Solo después de probar nuestra idea en teoría decidiremos si la vamos a construir o no.

Entonces nuestro nuevo plan se verá así:

Plan (teoría) - crear (ejecutar) - medir (probar y rastrear) - aprender (analizar)

Y así es exactamente como se crea esta parte del libro. Cada uno de los pasos del plan tiene su propio capítulo, por lo que sabrá exactamente cómo hacer un buen uso de este plan. Una buena manera de describir la metodología Lean es que "quieres ser lo más vago que sea posible pero no mucho más vago que eso". Es decir, no trabajes mucho, sino trabaja de manera inteligente. Sigue estas pautas y tu camino hacia el éxito se acelerará sin una proporción con el tiempo que pasa en él. Nuestro primer paso sería planificar nuestro curso de acción. Muchas personas simplemente llegan a crear su producto sin pensar de antemano lo que quieren hacer. Nuestra planificación se desarrollará a partir de la elaboración de tres supuestos.

SUPOSICIÓN N. ° I: EL PROBLEMA

¿Cuál es la necesidad o problema que en realidad tenemos que solventar y es bastante grande?

Cuando comencé con 66Bitcoins, mi objetivo era resolver un problema simple: cómo comprar Bitcoins con PayPal. Eso es. Todo este gran sitio web que genera miles de dólares en ingresos cada mes fue de una solución a un problema simple.

Entonces mi suposición sobre el problema era este:

Creo que la gente quiere comprar Bitcoins con PayPal y no sé cómo.

Si, por ejemplo, piensas en crear un sitio web de tutorial de minería, su suposición de problema puede ser:

Creo que la gente no sabe cómo minar Bitcoins y está buscando orientación.

Si abriese un sitio web de juegos de apuestas de Bitcoin, mi suposición de problema sería:

Creo que la gente está buscando un sitio para apostar usando Bitcoin. Esto puede parecer bastante simple, pero es un paso crucial en la creación de tu negocio de Bitcoin, ya que muchas personas están creando productos que nadie realmente necesita.

la vida es demasiado corta
como para hacer algo que la gente no quiere

Así que echa un vistazo a cada una de tus 3 ideas de negocios de Bitcoin y escribes junto a cada una de ellas tu suposición del problema para esta simple pregunta:

¿Por qué crees que las personas necesitan este producto?

Tómate tu tiempo y piensa en esto, no te apresures. Piensa en cuál es el motivo principal por el que las personas deberían usar tu producto. Por ejemplo, antes de comenzar a escribir este libro, mi hipótesis no era: "Creo que la gente quiere comprar un libro electrónico sobre Bitcoin", sino más bien, "Creo que la gente está buscando formas de ganar dinero con Bitcoin online".

Una vez que hayas terminado vuelve y continuaremos.

¿Hecho? ¡Estupendo!

Ahora que has elaborado la suposición del problema, vamos a ver si podemos probarlo en teoría. Recuerda, antes de comenzar a construir algo que queremos ser capaces de probar en teoría si nuestra suposición es correcta. Después de este paso, tendremos que decidir si tenemos un "si" o un "no" y continuar con la siguiente suposición o pivotar hacia una idea diferente. No estamos tomando medidas todavía, queremos ser lo más vagos posibles antes de estar seguros de que necesitamos crear algo.

Herramienta de validación de suposiciones n.°1: herramienta Google Keyword Planner

¿Recuerdas esa buena herramienta de la Parte I? Bueno, vamos a usarla de nuevo. Simplemente accedes al Planificador de palabras clave y escriba la palabra clave que cree que las personas buscarán al buscar su producto. Por ejemplo, si piensas en desarrollar un software de minería Bitcoin. Escribes "Bitcoin mining software" o software de minería bitcoin o software de minería de ethereum o de garlicoin… y haces clic en "obtener o conseguir ideas".

Asegúrate de hacer clic en la pestaña "idea de palabra clave" y luego buscas el volumen de búsqueda de tu KW a la derecha. Enlace https://adwords.google.com/home/tools/keyword-planner/

Your product or service

| bitcoin mining software | | Get ideas | Modify search |

Oops! We can't display search volume charts. Please try searching for different keywords.

| Ad group ideas | Keyword ideas | | | | |

Search terms	Avg. monthly searches [?]	Competition [?]	Suggested... [?]	Ad impr. s... [?]	Add to plan
bitcoin mining software	5,400	Low	$2.07	–	»

1 - 1 of 1 keywords

Como una regla de tres, considero que cualquier cosa con más de 1,000 búsquedas mensuales cuenta como un "problema bastante grande". Así que, en este caso, considero que esta idea comercial es válida en teoría ya que tiene 5.400 búsquedas cada mes. Todavía hay un largo camino por recorrer para demostrar que realmente puedo llevarlo a cabo, pero al menos pasó la prueba inicial. Notarás que cuanto más específico sea tu KW, menor será el volumen de búsqueda que tengas. No te desanimes. A veces, la misma idea tiene muchos KW para describirla. Por ejemplo, si tuviera que construir un sitio de información sobre la plataforma minera Bitcoin, buscaría varios KW, incluyendo "*Revisiones de la plataforma minera Bitcoin*", "*Comparación de la plataforma minera Bitcoin*", "*La mejor plataforma minera de Bitcoin*", y así sucesivamente.

Estos KW no pueden superar 1000 búsquedas individualmente, pero si se combinan juntas, es posible que pasen esta prueba. Si todavía parece que no puede pasar la marca de 1,000, tal vez el problema que estás resolviendo no sea lo bastante grande. Esto todavía no elimina la idea por completo. Pasa a otras herramientas de validación para probar y validarlo.

Herramienta de validación de suposiciones n.º 2: autocompletar de Google

Una herramienta menos cuantitativa que puedes usar para validar si tu idea resuelve una necesidad real es ver si Google la completa automáticamente en su cuadro de búsqueda. A veces, incluso cuando una idea tiene un volumen de búsqueda bajo, Google la autocompletará. Esta es una buena indicación de que se está buscando esta necesidad / idea. Si tratas de autocompletarlo y no aparece nada, prueba una variación de la idea o haz las paces con el hecho de que simplemente no existe una necesidad real. Tratemos de probar una idea para construir un sitio de estafa o timos (scam o scandal la palabra en inglés) de Bitcoin. Este es un sitio que revisa y chequea todos los últimos sitios de Bitcoin.

Google autocompleta mi idea solo después de agregar "sc" e incluso entonces está en el n. ° 2 y no en el n. ° 1. Esto significa que las personas están buscando activamente esto, pero no tanto como pensarías. Cuanto más baja aparece la idea en la lista de autocompletar, menos se busca. Por lo tanto, si tus ideas aparecen en el n. ° 4 o n. ° 5 de la lista de autocompletar, debes mirarlas con lupa en lugar de ponerlas en el n. ° 1.

Además, cuantas más palabras necesites escribir en Google para que tu idea se muestre, menos se busca. Considero que la función de autocompletado de Google es uno de los validadores más importantes online. Si algo no aparece en la función autocompletar, es una luz roja para mí.

Herramienta de validación de suposiciones # 3 - Comprobación de la competencia o competidores

Otra excelente manera de ver si hay una necesidad para tu idea es verificar la competencia existente. La gente tiende a pensar que la competencia es mala pero lo opuesto es correcto: la falta de competencia es lo que debes temer. La posibilidad de que pensaras en una idea que ningún ser humano en la tierra pensara así es casi nula. Es decir, si no encuentras CUALQUIER competencia con tu idea, probablemente signifique que no se puede ganar dinero con ella. La situación ideal es encontrar algunos, pero no mucha competencia. Verifica los resultados orgánicos y patrocinados de Google: realiza una búsqueda rápida en Google, ya sea por el problema que estás resolviendo o por la solución que estás ofreciendo, y echa un vistazo a los resultados orgánicos que aparecen (no los anuncios).

Pero dado que los resultados de Google tienden a variar según la ubicación, te mostraré una forma clara como verificar los resultados en un país distinto al que te encuentras. Hay una gran herramienta de Google llamada **Herramienta de vista previa y diagnóstico de anuncios - Google Support.** [support.google.com/adwords/answer/148778?co=ADWORD S.IsAWNCustomer%3Dfalse&hl=es] De nuevo necesitarás una cuenta de Google Adwords para usarla, pero ya deberías tener una si has hecho los deberes (¿verdad?). Una vez dentro de la herramienta entras una consulta de búsqueda, un dominio de Google según el país que te gusta, un país, un idioma y haces clic en "vista previa". Ahora verás una vista previa de los resultados de búsqueda para ese país e idioma específicos. Ten en cuenta que no se puede hacer clic en ninguno de los enlaces de esta vista previa, pero aún así se mostrarán los resultados. Si quieres investigar un resultado específico, simplemente continúa y escribes el nombre en la propia búsqueda de Google. Abajo hay un ejemplo para la consulta *"Comprar Bitcoins"* en la búsqueda en español de Google España.

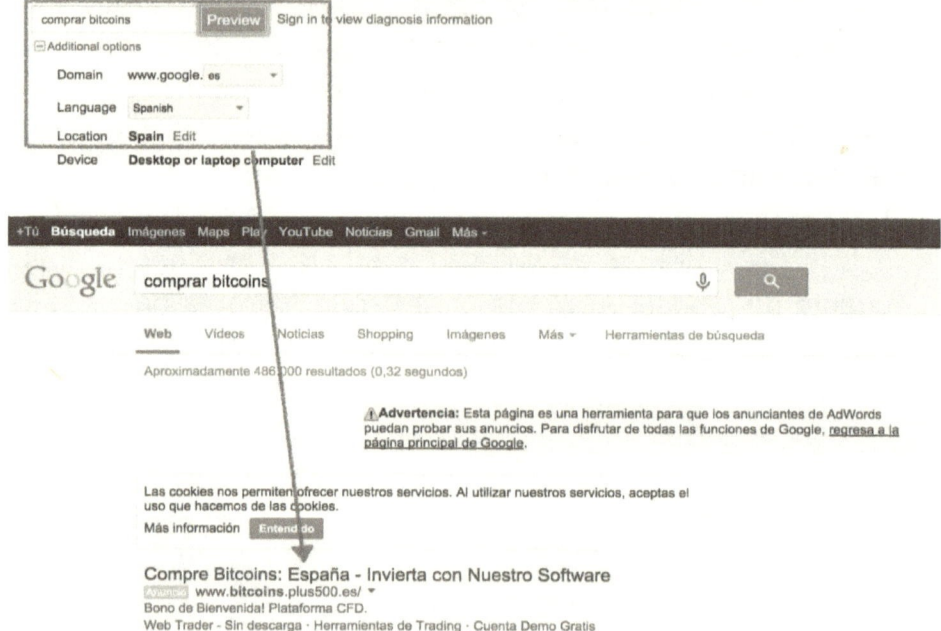

Herramienta de validación de suposiciones # 4 - Foros de comprobación (Reddit, FB, Google+)

Hay muchos sitios web de UGC (Contenido Generado por el Usuario) para Bitcoin que contienen toneladas de información. Los más populares son BitcoinTalk, SubReddit Bitcoin, la comunidad Bitcoin de Google + y la comunidad Bitcoin de Facebook. Visita estos sitios y haz preguntas en los hilos y posteos.

Ni siquiera tienes que decir que está pensando en crear un negocio, puedes decir que está buscando un servicio que sí lo haga y si alguien sabe de dicho servicio.

¡Pero espera! ¡De esta forma podrían robar mi idea!

Si solo tuvieras un dólar o euro cada vez que escuchas esta oración. La calidad de una idea no radica en la idea en sí, sino en su ejecución. La mayoría de la gente no perderá el tiempo o la energía para tratar de robar tu idea y, aunque lo hagan, es mejor que te asegures de ejecutarla mejor, porque si no lo hace, con el tiempo saldrá un competidor. El valor que obtendrás al compartir tu idea con la comunidad y otras personas es mucho más valioso que el riesgo que corres al compartir tu idea, incluso con desconocidos.

Herramienta de validación de suposiciones n.º 5: controlar los mercados

Si estás creando algún tipo de producto, ya sea un producto de información o cualquier otro producto físico relacionado con Bitcoin, ejemplo: mira otras monedas digitales. Y visita diferentes mercados como Amazon, eBay o Etsy. Por ejemplo, antes de comenzar a escribir este libro busca otros libros en Amazon y Clickbank (un mercado para productos digitales) relacionados con Bitcoin, os aconsejo "Bitcoin : la Revolución de las Criptomonedas" y " La Guia de cómo minar bitcoin en iphone y android" que acabamos de publicar en amazon y en nuestro sitio web 66bitcoins.com.

Leed comentarios de productos similares como este libro que ya me dio comentarios y críticas sorprendentes sobre mi idea incluso antes de escribir la primera palabra. También vi que hay competencia para mi libro, pero que no es feroz, lo cual es increíble, ya que es exactamente el lugar que estoy buscando.

SUPOSICIÓN N.°2: LA SOLUCIÓN + SOLUCIÓN DE LA META

Una vez que hayas terminado con tu suposición del problema, es hora de pasar a la suposición de la solución. En este paso, deberás asumir qué solución puede ayudar a resolver la necesidad que has validado en el primer paso y qué resultado ocurrirá como resultado de esa solución.

Volviendo al ejemplo de 66Bitcoins, mi supuesto de problema comprobado fue: La gente está buscando formas de comprar Bitcoins con PayPal.

Mi nueva suposición no probada de solución y objetivo fue: Una guía escrita que revela una forma de comprar Bitcoins con PayPal conseguirá que el 2% de sus lectores compre Bitcoins con este método. Ten en cuenta que mi suposición de solución consistía en dos partes: la solución y un objetivo. Por ejemplo, en mi suposición de solución elegí escribir una guía escrita. También podría haber elegido hacer una guía de video o un podcast. [esto lo hice luego en YT con Criptopía] ¿Por qué fui a por la guía escrita? Porque fue la solución más fácil de llevar a cabo. Recuerda que queremos ser vagos por naturaleza. El objetivo era que las personas se registren en el intercambio de Bitcoin que recomiendo en la guía.

¿Por qué necesitas un objetivo? Bueno, para probar una hipótesis de solución vamos a construir realmente un MVP y medir el resultado. Si logramos alcanzar nuestro objetivo de resultado, entonces la solución es un "avance". Si fallamos, es un "no". Ten en cuenta que debes ser MUY preciso acerca de lograr el objetivo. Por ejemplo, describí mi resultado ya que el 2% de todos los lectores comprarán Bitcoins usando mi método. En el Capítulo siguiente, te mostraré exactamente cómo medir los registros, pero por ahora solo elabora tu resultado.

¿Por qué elegí el 2% como mi objetivo?

Bueno, de acuerdo con las reglas generales, cualquier cosa que intentes vender online terminará teniendo una tasa de conversión del 2%. Es decir, si intentas que la gente compre Bitcoins, el 2% realmente los comprará. Si no estás intentando de vender nada, sino que simplemente intentas hacer que la gente entre cierta información, como suscribirse a una lista de correo electrónico, el índice de referencia será del 10%. No hay una lógica subyacente, es solo una regla general. De modo que puedes usar estas reglas generales como objetivos o crear tu propia meta en función de tu experiencia personal. Solo asegúrate de ser muy medible en la definición de tu resultado. Algo como "Hacer que la gente se registre" no lo cortará. Volviendo a algunos ejemplos de la primera parte, si piensas en crear un sitio web de tutorial de minería, tu suposición del problema puede ser: Creo que la gente no sabe cómo minar Bitcoins y está buscando orientación.

Define tu idea exacta para un "objetivo con exito"

El éxito debe definirse como un suceso único y cuantificable. Estas son algunas buenas ideas para lo que puede considerar un éxito:

☐ Obtener un 2% de los visitantes en una página para comprar un producto

☐ Obtener el 10% de los visitantes de una página para suscribirse a un boletín de noticias

☐ Obtener X% de personas que visitan una página para compartirla en Facebook

☐ Obtener un X% de personas que visitan una página para dejar un comentario

Aquí hay algunas malas definiciones para el éxito:

Obtener 50 inscripciones en 5 días

No es relevante el tiempo cuando se mide el éxito online. No sé cuántas personas pasaron por tu sitio web en ese período de tiempo. ¿Fueron 10 personas, 100 personas, quizás 1000? Es por eso que siempre es mejor medir el éxito como un porcentaje de visitantes.

Obtener bastante gente para comprar mi producto

Esta definición no es cuantificable y no puedo medirla. ¿Qué significa que bastantes personas compran mi producto? ¿Cuántas personas son bastantes? Así que echa un vistazo a cada una de las tres ideas de negocio de Bitcoin y escriba al lado de cada una de ellas su solución y su objetivo. ¿Qué solución resolverá la necesidad que describiste en su supuesto de problema? ¿Cómo se resolverá este aspecto? ¿Hará que la gente se suscriba a tu producto? ¿comprarlo? para seguir con la oferta de afiliación que tienes? Asegúrate de ser muy específico tanto en tu tipo de solución como en tu objetivo.

¿Será un sitio web, una aplicación, un producto físico? ¿Cuál es el porcentaje de personas que realizará el resultado de todos los usuarios? Una vez que hayas terminado vuelve y continuaremos.

¿Hecho? ¡Estupendo!

A diferencia de la suposición del problema, tenemos que probar la suposición de la solución y resultado en la práctica. Simplemente preguntando a las personas si seguirían nuestra solución y no serán bastantes. Necesitamos verlas en acción. Aquí es donde nuestro MVP entra en juego. Pero antes de que creamos nuestro MVP hay una suposición más de la que deberíamos hablar.

SUPOSICIÓN N.°3
¿CÓMO GANARÁS DINERO? (OPCIONAL)

La suposición final se refiere al modelo comercial de tu empresa, o cómo vas a ganar dinero con tu solución. Es importante indicar que, si bien esta suposición es bastante importante, también se puede omitir en este momento y pensar en ello más adelante. Google no tenía un modelo de negocio claro en los primeros años, lo mismo que con Facebook. Honestamente creo que si quieres comenzar un negocio, al menos deberías tener una idea de cómo vas a ganar dinero en el futuro, incluso si no planeas implementar este proceso hoy. Hay varias formas en las que hoy puedes ganar dinero online.

Vende un producto

Bastante simple. Cargue una tarifa única por su producto.

Vende una suscripción

Cargue una tarifa recurrente de manera oportuna (mes, semana, año). Esto funciona mejor para un servicio que para un producto.

Crea un freemium

Cree un producto, ofrézcalo de forma gratuita en una versión limitada y cargue una tarifa única o una suscripción para funciones adicionales. Un buen ejemplo de un freemium sería **Wix**. Te dejan configurar un sitio web de forma gratuita pero con funciones limitadas. A continuación, puedes pagar para obtener características adicionales disponibles.

Remite o recomineda una oferta de afiliado

Esto es muy común si estás creando un producto o sitio web de información. Solo remites a los lectores a una oferta de afiliado y obtienes la comisión por las ventas que el cliente les traiga.

Pedir donaciones

Siempre es una opción, aunque personalmente no me gusta. La suposición de *"cómo voy a ganar dinero"*, o la suposición del modelo de negocio en breve, está estrechamente relacionada con la suposición del resultado de la que hablamos antes. Dado que el resultado generalmente predecirá si ganará dinero y cuánto dinero ganará. Nuevamente, visitemos nuestro ejemplo de 66Bitcoins. Mi supuesto de problema comprobado fue: las personas están buscando formas de comprar Bitcoins con PayPal. Mi solución aún no probada y la suposición de resultado fue: una guía escrita que revela una forma de comprar Bitcoins con PayPal obtendrá el 2% de sus lectores para comprar Bitcoins con este método. Y mi supuesto final del modelo comercial fue: ganarás dinero a través de comisiones de afiliación de los intercambios que recomiendo.

En este caso, puede ver que una vez que demuestro mi solución y resultado, también probaré mi suposición de modelo de negocio ya que básicamente son los mismos.

Si la gente compra en el intercambio, los remito también recibo mi comisión de afiliado. Por otro lado, volviendo a nuestro blog de minería: El supuesto del problema fue: creo que la gente no sabe cómo minar Bitcoins y está buscando orientación.

La solución y la suposición del objetivo fueron:
Si entrego una guía PDF sobre la extracción de Bitcoins a los suscriptores de mi blog, el 10% se registrará para obtenerla.

Y ahora tengo que tirar de una suposición de modelo de negocio que puede ser: Venderé equipos de minería de segunda mano a mis suscriptores de correo electrónico y el 2% los comprará. Entonces, en este caso, las suposiciones de la solución y resultado todavía están relacionadas con el modelo comercial, ya que no tendré público para vender si la gente no se inscribe en mi lista, pero no es lo mismo.

Notarás que también intento ser muy preciso en el suposición de mi modelo de negocio. Quiero dar un número real de ventas que puedo realizar un mes. Esto es importante ya que lo que no puedas definir o cunstomizar no lo podrás realizar, y lo que no eres capaz de hacer un seguimiento no puedes optimizarlo ni mejorarlo. La suposición del modelo de negocio también es algo que no se puede probar en teoría, sino que se debe poner en práctica a través del MVP, y eso es exactamente lo que trataremos en el próximo capítulo. Pero antes de eso, no pienses que me olvidé ...

DEBERES:VALIDAR CADA UNA DE TUS SUPOSICIONES

Ahora que sabes cómo crear tus tres suposiciones, quiero que hagas lo siguiente:

1. Crea una suposición de necesidad para cada idea de negocio que tengas.

2. Una vez creado, sigue adelante y valídalo usando al menos tres herramientas diferentes. No cuentes solo con una herramienta para darle una respuesta directa.

3. Decide cada idea si es "si" o "no" hacia la siguiente etapa, que pondrás a prueba tu suposición a través de la ejecución ajustada (explicada en el próximo capítulo).

4. Para cada idea "si", crea una solución y una suposición de resultado. Que sea lo más preciso posible con la solución y el resultado. Quiero ver números de estas suposiciones.

5. Crea una suposición de modelo de negocio para cada idea que sea un "si". Incluso si no te planteas implementarlo desde el principio, quiero que pienses en cómo puedes ganar dinero con esta idea. Nuevamente, que sea lo más detallado y lo más cuantificable posible.

MEDICIÓN DE TUS SUPOSICIONES DE MVP

Hay que ser capaces de rastrear, evaluar y medir los resultados de nuestro MVP. Después de todo lo dicho y hecho tendremos una respuesta final si nuestra idea de Bitcoin es válida y si debemos continuar desarrollándola en un proyecto completo. Si recibimos un "no" en nuestra prueba, lamentablemente volveremos al punto de partida y comenzaremos todo el proceso de nuevo. Verás que con el paso del tiempo este proceso se vuelve más fácil y más fácil de realizar y podrás experimentarlo poco a poco todo en días y no en semanas o meses como antes.

Cómo rastreamos O HACEMOS SEGUIMIENTO DE esto en Internet

Hoy es bastante fácil hacer un seguimiento de cómo las personas actúan y reaccionan y consumen en el internet. El seguimiento se realiza generalmente colocando un cookie en el navegador del usuario y siguiendo sus acciones (hablamos sobre Cookies en el Capítulo 3). Software como Google Analytics o Mixpanel nos permite ver las estadísticas de lo que nuestros visitantes realmente hacen en nuestro sitio. Una forma adicional de seguimiento es a través de un píxel de conversión. Este método se implementa utilizando un fragmento de código. El código coloca una imagen invisible de 1x1 píxeles en su sitio web que envía un mensaje cuando alguien visita o realiza una acción en esa página. Si promocionas las ofertas de afiliados, deseas que el comerciante que promociona introduzca un píxel de conversión en la página de agradecimiento por su proceso de pago, por lo que podrás rastrear si se realizó una venta o no.

También usarás píxeles de conversión si usas anuncios de Facebook o Adwords para dirigir el tráfico a tu sitio. Pero más sobre el píxel de conversión cuando lleguemos a la Parte III. A lo largo y ancho de este y el próximo capítulo voy a enseñarte cómo instalar **Google Analytics**, pero por ahora solo quiero darte una breve descripción de lo que significa rastrear y probar estas cosas online. Si no te estás planteando alojar tu propio sitio web pero vas a utilizar un software a terceros, como **WordPress.com**, por ejemplo, asegúrate de tener la capacidad de obtener estadísticas sobre tus visitantes y tráfico.

Cuando rastreas tráfico online, existen ciertos términos con los que debes familiarizarte:

Únicos o usuarios únicos

Este es el término utilizado para las personas que visitan su sitio. Cada usuario único es igual a una persona que visita su sitio. Incluso si esta persona visitó su sitio web tres veces en el mismo día, todavía se lo considerará como un usuario único.

Páginas vistas

Este es el término utilizado para la cantidad de veces que se muestran las páginas de tu sitio web. Volviendo a nuestro ejemplo anterior de una persona soltera que visita tu sitio web 3 veces el mismo día, se lo considerará como un usuario único que generó tres visulizaciones de página.

Conversión (o metas en Google Analytics)

Este término se usa para medir nuestros objetivos. Deberás definirlo manualmente en la mayoría de los programas, pero es uno de los pasos más importantes, ya que esto te indicará si tu prueba fue exitosa o no. Las metas pueden ser cualquier cosa que sea cuantificable, por ejemplo, visitar una página, mantenerse por encima de cierta cantidad en un sitio, completar un formulario, etc.

La regla 300: Nunca tomes una decisión antes de llegar a 300 muestras de prueba

Entonces, digamos que queremos probar si los visitantes que visitan nuestro sitio web están comprando nuestro producto y a qué velocidad se están convirtiendo (es decir, cuál es su tasa de conversión). Configuramos un sitio, instalamos Google Analytics, definimos nuestros objetivos y comenzamos a rastrear (todo se explica en el próximo capítulo). Después de dos días, vemos que 80 personas visitaron nuestro sitio y una persona compró el producto. Si haces los cálculos, significa que nuestra tasa de conversión es 1/80 =% 1.25. Entonces, ¿esto significa que no cumplimos con nuestro objetivo del 2% y deberíamos cerrar? No completamente. Ya ves, para que una prueba sea estadísticamente significativa, tiene que recoger suficientes muestras o visitantes en nuestro caso. Esto significa que hasta que midas al menos 300 visitantes, no decidiré si la prueba fue exitosa o no. Puedes ver que después de 200 visitas obtienes cinco conversiones, lo que lo lleva a un total de 5/200 = 2,5% de tasa de conversión, lo cual es bueno. Pero después de un tiempo no consigues conversiones y terminas con cinco ventas de 300 visitas, lo que le devuelve a 5/300 = 1.66%. Así que se paciente y asegúrate de reunir suficientes muestras. ¿Cuánto es suficiente?, bueno depende, suelo usar 300 como regla general, pero cuantas más muestras, mejor. Si puedes llegar a 500 o incluso a 1.000 eso sería genial.

Prueba A / B: cuando no sabes qué funcionará mejor
Una forma de prueba con la que quiero que estés familiarizado aunque probablemente no hablemos de ello es la prueba A / B. Las pruebas A / B (a veces llamadas pruebas divididas) comparan dos versiones de una página web para ver cuál funciona mejor.

Compara dos páginas web mostrando las dos versiones (llamémoslas A y B) a visitantes similares al mismo tiempo.

¡El que da una mejor tasa de conversión, gana!

Hay muchas herramientas de prueba A / B que ayudan a crear las diferentes versiones y medir los resultados. Esto se usa cuando desees probar qué imagen funciona mejor en una página de ventas, por ejemplo o cualquier otro elemento de la página para ese asunto. Probablemente no lo usemos demasiado en el transcurso de este libro, pero solo quería que estuvieses familiarizado con el término en caso de que lo encuentres en algún sitio.

Herramientas de seguimiento que debe conocer

Así que ahora que te di una descripción general de cómo se ve el seguimiento en la web, aquí hay algunas herramientas que puedes usar en tu sitio web para ayudarte a rastrear mejor. Mantén esta lista como referencia y decide qué herramientas quieres implementar después de crear tu MVP en el próximo capítulo. Si es nuevo en la creación de su propio sitio web, Google Analytics es probablemente la única herramienta que deberás implementar.

Google analytics

Una visita obligada para cada sitio web, le proporciona los conceptos básicos de seguimiento en línea. Adecuado para principiantes y usuarios avanzados **www.google.es/intl/es/analytics/**

MixPanel
Una plataforma más sofisticada que Google Analytics que también se adapta a aplicaciones móviles. Esta es una plataforma de pago y es más adecuada para usuarios avanzados. mixpanel.com

CrazyyEgg
Le permite ver un mapa de calor de su sitio. El mapa de calor muestra dónde los usuarios miran y hacen clic más. Esta es una herramienta de pago. www.crazyegg.com

Optimizador de sitios web visuales
Una excelente herramienta de prueba A / B que ofrece una versión de prueba gratuita. www.abtasty.com/es/alternativa-a-vwo

Optimizly
Otra gran herramienta de prueba de A / B. www.optimizely.com

DESARROLLA EL MVP
DE TU NEGOCIO DE BITCOIN

Después de toda esta planificación y conversación finalmente lo logramos, ¡de hecho vamos a crear y desarrollar algo!

¿Estás tan entusiasmado como yo?

Vamos a crear nuestro propio MVP para que podamos probar nuestras suposiciones en la práctica y no solo en la teoría. Después de lanzar nuestro MVP y probarlo, tendremos un "si / no" final y decidir si se debe crear el producto completo.

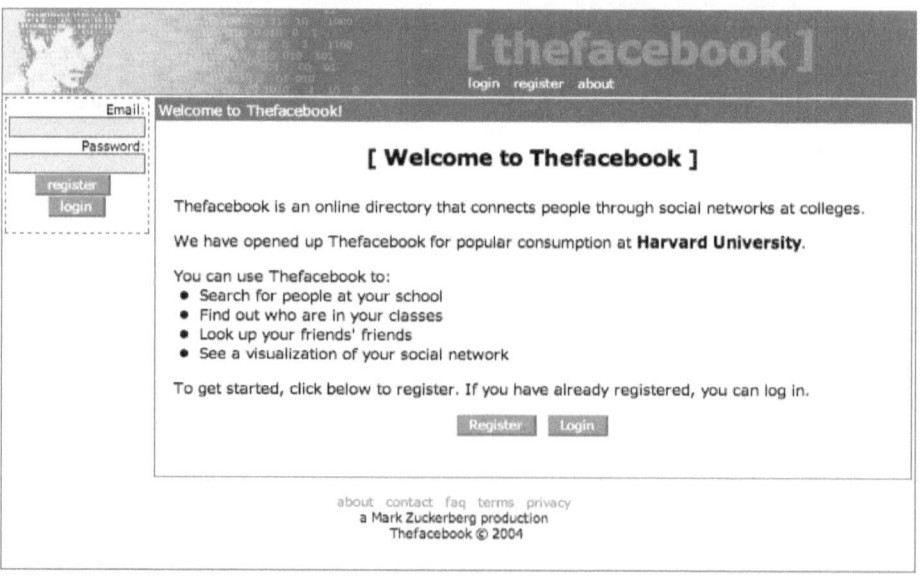

Si hiciste los deberes, ahora toca apuntar alto. Y tener un sentimiento general sobre qué idea te parece más rentable. Ahora es el momento de comenzar a crear nuestro MVP. Si lo recuerdas, dijimos que un MVP es básicamente la versión más simple de nuestro producto que aún suma algún tipo de valor a nuestro usuario.

Estos son algunos ejemplos de MVP de los que quizás ya hayas oído hablar:

Facebook

Si comparas la versión original de Facebook con lo que es hoy, probablemente tengas una idea de cómo debería ser un MVP. El sitio original carecía de un buen diseño, funciones geniales como compartir o publicar estados y solo permitía a las personas ver quién estaba en su red social personal.

Virgin Air

Virgin Air comenzó con un solo avión que volaba entre dos ubicaciones. Se entregó en su propuesta de valor más central. Después de probar el concepto y mejorar la oferta, ampliaron su flota.

Zappos

Zappos es un sitio de comercio electrónico donde las personas pueden comprar zapatos en línea. Para probar su propuesta de valor, sacaron fotos de zapatos en tiendas locales, publicaron las imágenes online, las pusieron a la venta en su sitio, y cuando los clientes compraban los zapatos, la empresa los compraba en las tiendas a precio completo y los enviaba a sus clientes.

Craigslist

Creo que uno de los mejores ejemplos es un sitio web que todavía parece un MVP y prueba el hecho de que si añades valor a los usuarios y calidad, no necesitas nada más. Craigslist se considera el 60º sitio web más grande del internet. Todo lo que hace es dejar publicar y ver anuncios clasificados de una manera no tan bonita pero eficaz. Cuando comencé 66Bitcoins, ni siquiera tenía un sitio web.

Me refiero a pensar en ello, mi suposición fue que si creo una guía escrita sobre cómo comprar Bitcoins con PayPal o como mostrar información útil sobre minería, las personas se registrarían en mi intercambio- Exchange o coinbase recomendado.

¿Realmente necesito poner un sitio web para eso? ¡Claro que no! Acabo de escribir una "nota de Facebook" en mi perfil de Facebook y la usé como mi MVP. Más tarde te mostraré cómo lo probé, pero por ahora todavía puedes ver la nota original aquí.

Para tener una idea más clara de lo que puede usar como MVP, quiero que responda las siguientes preguntas:

☐ **¿Cómo puedes crearte tu propia solución de la manera más ágil y laxa posible?**

☐ **¿Hay alguna manera de hacerlo sin codificación o diseño?**

☐ **¿Todavía puedo pensar en algo más fácil que hacer de lo que acabo de pensar?**

Hoy en día hay tantos recursos gratuitos en la web que rara vez necesitará contratar a un programador y crear un sitio web en toda regla solo para probar una idea. Incluso el libro que estás leyendo actualmente es un gran ejemplo de MVP. ¿Por qué? Porque ni siquiera comencé a escribirlo cuando antes probé mis suposiciones.

Solo puse una página sencillamente explicada que dice de qué trata el libro y medimos cuántas personas estaban interesadas. Una vez que vi que bastantes personas se inscribieron para conseguirlo, comenzamos a desarrollarlo y a escribirlo. Básicamente probé mi problema, mi solución, mi resultado y mi modelo de negocio incluso antes de tener un producto.

Ya ves, no quiero que trabajes mucho, quiero que trabajes inteligentemente. Entonces, antes de enseñarte cómo configurar un sitio web básico (en caso de que decida que debe hacerlo), aquí hay algunas excelentes alternativas gratuitas que puede usar para crear un MVP:

Notas de Facebook

Si solo necesitas escribir una publicación o un artículo y publicarlo online, siempre puedes usar notas de Facebook. Lo hice para mi MVP y funcionó a las mil maravillas. El problema con las notas y otros productos de Facebook es que no puedes obtener estadísticas precisas, pero hay maneras de adivinar cuántas personas han visitado tu página. **es-es.facebook.com/help/488014787881885/**

Grupos de Facebook

Si necesitas unirte a un grupo de personas, esta es una gran manera de crear un MVP. Por ejemplo, si tienes una idea para un sitio web de trato grupal siempre puedes comenzar tu MVP como un grupo de Facebook.

Páginas de Facebook

Si necesitas más funcionalidades que solo texto, puedes abrir una página de Facebook de forma gratuita y utilizarla como su MVP. Esto es bueno para reunir un público interesado en una determinada categoría pero que no necesita interactuar entre sí.

Campaña Kickstarter o Patreon

Si vas a crear un producto físico, por ejemplo, ¿qué mejor manera de validar si las personas están dispuestas a pagarlo y luego crear una campaña de Kickstarter para ello? Sin embargo, los análisis de Kickstarter son limitados.

Wordpress.com

No debes confundirte con Wordpress.org, este sitio web te deja alojar tu propio sitio web de WordPress de forma gratuita. WordPress es un CMS (sistema de administración de contenido) que facilita a los usuarios sin conocimientos técnicos administrar un sitio web. Wordpress.com es un servicio que seras capaz de configurar el sitio por ti mismo y todo lo que tendrás que hacer es entrar el contenido. Con Wordpress.com consigues análisis básicos. Si te encuentras debatiendo sobre lo que es mejor, utilizar Wordpress.com o alojando tu propio sitio web, puedes leer este excelente artículo para descubrir las diferencias. **www.wpbeginner.com/beginners-guide/self-hosted-wordpress-org-vs-free-wordpress-com-infograph/**

Blogger

Una plataforma de blogs gratuita de Google. Hace cosas similares a WordPress solo más limitadas. Puede agregar Google Analytics a tu sitio de Blogger como se muestra aquí [**www.wikihow.com/Add-Google-Analytics-to-Blogger**] Si ninguno funciona bien y todavía sientes que necesitas construir un sitio web completo, aquí hay instrucciones paso a paso sobre cómo hacerlo.

OBTENER UN NOMBRE DE DOMINIO

Probablemente uno de los pasos más emocionantes para construir su propio sitio web es decidir su nombre. Puede obtener fácilmente un nombre de dominio en es.godaddy.com, configbox.com, **Aruba.it** y si eres usuario maniático de Apple Mac quizás te interese mirar los precios de www.everwebapp.com pero antes de hacerlo, aquí hay algunas cosas que quizás quieres considerar.

Comprar un nombre de dominio "usado"

Cuanto más antiguo sea el nombre del dominio, mejor será el crédito que Google le otorgará cuando intente promocionarlo. Debido a esto, a veces vale la pena invertir más dinero y obtener un nombre de dominio veterano. Puede continuar con Flippa e ingresar "Bitcoin" en el cuadro de búsqueda. Inmediatamente verá los sitios web y dominios de Bitcoin usados a la venta. No gastaría más de 100 dólares en un nombre de dominio e incluso eso es una cantidad exagerada. Pero si ves un nombre que te gusta que se registró hace dos años, puede valer ese precio. Otra opción es utilizar el sitio excelente ExpiredDomains para encontrar dominios antiguos que simplemente expiraron y no se renuevan. De esta forma, puede obtener viejos nombres de dominio con una pequeña cantidad de dinero. Aquí hay un tutorial sobre cómo usarlo.

Extensiones de dominio

Hoy hay muchas extensiones de dominio disponibles. ".guru", ".tips", ".ninja" ".es" ".eu" son solo algunos ejemplos. Sin embargo, la mejor opción es ir con la buena extensión. "com" es la mejor opción. Lo digo porque nadie sabe realmente cómo Google trata todas estas extensiones nuevas y es mejor estar a salvo que lamentar después.

Tu nombre corto y memorable y fácil de recordar

Por supuesto, se hace más difícil hacerlo ya que la mayoría de los nombres de dominio ".com" casi han desaparecido. Un consejo que puedo darte aquí es intentar usar algún tipo de números en tu nombre, como 66Bitcoins. Todavía hay muchos nombres de dominio gratuitos que incluyen números.

Incorpora tu mercado nicho en el nombre del dominio

Si es posible intenta tener el nombre de tu nicho dentro de su nombre de dominio. Si no, al menos incluye la palabra Bitcoin para que la gente comprenda de qué se trata el sitio. Entonces, si, por ejemplo, vas a abrir un sitio web de información sobre la minería de Bitcoin, puede llamarlo BTCminer.com (si ese dominio está disponible, por supuesto). Siempre puedes elegir un nombre de dominio largo muy descriptivo, como BitcoinMiningGuide.com, pero me parece más atractivo que el nombre sea lo más corto posible.

No te preocupes demasiado por el nombre del dominio

Cuando todo está dicho y hecho, el nombre de dominio no es TAN importante. También podrás cambiarlo en el futuro si lo deseas. 66Bitcoins comenzó como Bitcoinypaypal.com (bastante original, lo sé). Más tarde, cuando el sitio creció y quise marcarlo de una manera más seria, cambié el nombre de dominio a 66Bitcoins. Recuerda, lo hecho es mejor que lo perfecto, así que simplemente elige un nombre y pasemos a cosas más importantes.

Compra un año de dominio, y solo el dominio

Después de elegir tu dominio en los sitios que te dejé arriba, te verás inundado de infinitas posibilidades de complementos y actualizaciones para el dominio. No necesitas ninguno de ellos, créeme. Asegúrate de hacer clic en el botón "no, gracias, llevarme al pago" en la parte inferior.

Además, antes de pagar, asegúrate de que el dominio esté registrado solo por un año, ya que el valor predeterminado es de cinco años. Todo esto no debería costarte más de $10 dolares o euros por un dominio ".com".

Consigue un nombre de dominio gratis de tu proveedor de alojamiento o hosting

Casi todos los proveedores de alojamiento básico te proporcionan un registro de nombre de dominio gratuito cuando te registras. Por lo tanto, antes de dirigirte a Configbox o GoDaddy, asegúrate de consultar con tu empresa de alojamiento (lee el siguiente paso) si ofrecen uno.

Además, si consigues el dominio del proveedor de alojamiento, no tendrás que lidiar con problemas técnicos, como conectar el dominio al alojamiento.

CONSIGUE UN PLAN DE HOSTING O ALOJAMIENTO

El siguiente paso sería elegir un plan de alojamiento. Los sitios web son básicamente archivos que están alojados en un ordenador o supercomputadora (es decir, un servidor) en alguna parte. Para que las personas puedan acceder a su sitio web, debe alojar los archivos de su sitio en un servidor. Las empresas que ofrecen estos servidores de alquiler se llaman empresas de alojamiento o hosting. Como supongo que no vas a crear un sitio web muy grande para empezar, puedes usar lo que se conoce como "alojamiento compartido". Este es un servidor compartido por muchos sitios web.

Las ventajas del alojamiento compartido es que es relativamente barato, mientras que las desventajas son que es un poco más lento que un servidor dedicado. Habiendo dicho eso para nuestro MVP, un plan de alojamiento compartido funcionará bien. Desde mi propia experiencia, descubrí que para los sitios web de nivel de entrada **Dreamhost** hacen un trabajo bastante bueno. También he usado **Bluehost** anteriormente, pero su apoyo no es tan bueno. Por tan solo $ 4.95 puedes obtener tu plan de alojamiento compartido y un nombre de dominio gratuito registrado por un año. Pero configbox ha sido el mejor ya que tiene un equipo de apoyo fantástico y además te avisan en los plazos o si algo va mal y tienen extra ofertas a lo largo del año.

A continuación, se incluyen algunos aspectos que debe tener en cuenta al consultar proveedores de alojamiento:

No necesitas más que el plan básico

Muchos proveedores de hosting te ofrecerán diferentes planes de hosting que no tendrán mucho sentido en este momento. Asegúrate de elegir el plan más básico posible, ya que no necesitas nada más en este momento. Con 1gb de trafico y alomejor 250-350 mb de memoria de espacio será suficiente. Si te encuentras confundido, la mayoría de los sitios web de alojamiento tienen un chat online donde puedes consultar con un representante, por lo general son extremadamente útiles.

El soporte es crítico

Una de las cosas más estresantes que puede sucederte como propietario de un sitio web es que tu sitio web se cuelga o se congela o no aparezca de repente. Cuando esto sucede, quieres asegurarte de que alguien estará allí para apoyarte y darte un pequeño tutorial por el chat o email o por telefono.

Una de las formas en que pruebas esto es enviando un ticket de apoyo con una pregunta sobre el hosting antes de convertirme en cliente. Quiero ver cuánto tiempo llegará una respuesta del sitio de hosting.

Asegúrate de que te ayuden a configurar el sitio

Otra gran pregunta para hacerle al representante online del proveedor de hosting que está evaluando es si te ayudan a configurar tu web. Sé que varias compañías realmente te guiarán a través del proceso o incluso lo harán sin problemas. Algunas compañías no harán esto, una de cal y otra de arena...pero tienen explicaciones detalladas que te ayudarán a finalizar el proceso:

Bluehost es un buen ejemplo de esto. Igual que **configbox** los cuales tienen un **"hazlo tu mismo building website**, que lo puedes elegir antes del pago del dominio y alojamiento una vez aparezca en la lista **sitebuilder."**

Elige una empresa de hosting local donde se encuentra tu público que es tu objetivo final

Cada vez que alguien intenta acceder a tu sitio web, significa que están tratando de llegar al servidor en el que se encuentran sus archivos. Esto significa que si el servidor está físicamente más cerca de ese ordenador, llegará a los archivos más rápido y tu sitio web se cargará más rápido. No te tomes esta recomendación como una obligación, pero si tu público objetivo está en los Estados Unidos, no alojes tu sitio web en Asia.

Asegúrate de que haya una garantía de devolución de dinero

Este es un estándar para muchas compañías de alojamiento de hoy. Solo asegúrate de que si algo sale mal y no estás satisfecho con el apoyo, siempre te reembolsaran y puedes cambiar de proveedor. Hay tantas compañías de hosting que las opciones son ilimitadas, es por eso que la mayoría de las compañías de hosting se asegurarán de brindarte el mejor servicio posible para que no te vayas, asegúrate de conseguirlo.

CONFIGURA TU CMS

Lo siguiente que querrás hacer es instalar un Sistema de Administración de Contenido, o CMS, en tu plan de hosting. Esto te permitirá escribir fácilmente nuevas páginas en tu sitio web y controlar todo lo que sucede entre bastidores. El CMS más popular hoy en día es WordPress y recomiendo usarlo ya que también es altamente personalizable. Tiene todo tipo de complementos y temas que puede elegir para hacer que su sitio web se vea y actúe exactamente como usted lo desea. Y la mejor parte es que es absolutamente gratis. Como no quiero tratar muchos problemas técnicos relacionados con la configuración de un sitio web en este libro, esta es la mejor guía que pude encontrar en la web sobre cómo instalar un CMS. Es una guía paso a paso, que incluye capturas de pantalla. Fue escrito por un sitio llamado WPBeginner (significa principiante de WordPress). Este es un recurso increíble para todas tus necesidades de WordPress y me encuentro visitando con frecuencia yo mismo. Si en algún momento parece que todavía no puedes resolver las dudas o problemas, WPBeginner también proporciona un servicio de configuración de blog gratuito de WordPress.

EL DISEÑO DE TU WEB

Los sitios web de WordPress usan "temas" para diseñar un sitio. Hay infinitas cantidades de temas disponibles para WordPress. Solo busque "Temas de WordPress" en Google y verá a qué me refiero. Muchos de los temas se ofrecen de forma gratuita a cambio de mostrar un enlace en la parte inferior del tema al sitio web de su creador. También hay temas premium que cuestan unos pocos dólares pero generalmente se ven mucho mejor que los temas gratuitos. Cuando comiences con tu MVP, no te preocupes demasiado por tu tema, incluso el tema predeterminado debería ser el truco. Así es como se veía 66 bitcoins cuando estaba en su versión MVP:

¿qué es el bitcoin?

www.66bitcoins.com ▾ Translate this page

66Bitcoins ofrece videos y tutoriales de texto sobre cómo comprar Bitcoins con Paypal, tarjeta de crédito, tarjeta de débito y más. También le proporcionamos su ...

como minar bitcoin
Este website no trata sobre el aspecto técnico del Bitcoin ...

minar con mobileminer
Antes de revelar los secretos de COMO MINAR CON IPHONE Y ...

compra venta bitcoin
Guía de Trading o Comercio de Bitcoin. Compra Ethereum ...

¿SE PUEDE MANIPULAR ...
Uno de los principales problemas del Bitcoin hoy en día es que ...

Utilice nuestro motor de ...
Este website no trata sobre el aspecto técnico del Bitcoin ...

Es rentable la minería de ...
+¿Qué es la minería de Bitcoin? + ¿Significa que puedo ... +¿Sigue ...

¿ES BITCOIN ...
¿Bitcoin es completamente anónimo? Por un lado, es ...

novatos del bitcoin
Este website no trata sobre el aspecto técnico del Bitcoin ...

bileteras wallets monederos ...
Antes de revelar los secretos del Bitcoin ... os queremos felicitar ...

Elija la billetera más segura ...
Una billetera de Bitcoin es un programa para enviar y recibir ...

More results from 66bitcoins.com »

Como puedes ver, era muy básico y funcionaba. Recuerda, queremos probar rápido y fracasar o tener éxito lo más rápido posible para poder planear nuestro siguiente paso. Puedes cambiar tu tema desde su panel de WP en "apariencia" -> "temas". Si necesitas más orientación, puede echar un vistazo a esta guía. www.wpbeginner.com/beginners-guide/how-to-install-a-wordpress-theme

AGREGA O AÑADE CONTENIDO A TU SITIO WEB

Ahora es el momento de agregar páginas de contenido a tu web. Puedes escribir tus propias cosas o contratar profesionales independientes para que lo hagan por ti. En el Capítulo 8 explicaré todo acerca de cómo lograr que las personas escriban contenido para ti o te ayuden con otras tareas relacionadas con el sitio web. Por ahora, que sepas que si vas a configurar tu propio sitio web, debes tener al menos 10-20 páginas de contenido para que Google no lo considere demasiado bajo en contenido. Además, siempre se recomienda asegurarse de tener las páginas generales como "sobre mi", "contacto", "condiciones de uso" y "política de privacidad". Los términos y las páginas de privacidad se pueden crear a través de generadores como este. Soy consciente de que todavía no estás enterado de qué escribir, pero cubriremos muchas tácticas para obtener ideas para tu blog en la Parte III. Por ahora solo asegúrate de que las páginas generales estén en su lugar.

Herramientas adicionales de construcción de sitios web

Hay algunos complementos y herramientas muy populares que puede usar que ayudarán a encender su sitio web.

Supongo que estás utilizando la plataforma WordPress y, por lo tanto, la mayoría de estas herramientas son complementos de WordPress. Si no dije lo contrario, todas estas herramientas son gratuitas.

Google analytics

El software estándar para rastrear el comportamiento del usuario en su sitio web. Una vez que se registre, obtendrá un código para pegar en el encabezado de su sitio. Si no sabes cómo hacerlo, utiliza este tutorial para una instalación simple y fácil. Además, a continuación se explica cómo configurar objetivos en Google Analytics. También puedes usar esta guía para instalar **Analytify**
[www.wpbeginner.com/plugins/how-to-add-google-analytics-in-wordpress-with-analytify/], un software de pago que hace que los análisis sean mucho más fáciles de usar. Dudo que sea necesario sin embargo.
https://support.google.com/analytics/answer/1032415?hl=es

Formulario de contacto 7

Un plugin de WordPress que le permite implementar formularios de contacto dentro de su sitio web. Ideal para la página "Contáctenos".

Caché total W3

Un gran complemento que aumentará la velocidad de carga de su sitio web. También hay métodos de configuración avanzados disponibles, pero solo instalar y activar este complemento marcará la diferencia.

Akismet

Evita que las personas envíen spam a tu blog con comentarios irrelevantes para obtener enlaces a tu sitio.

Wicker de Bitcoin Ticker

Nuestro propio ticker de precios de Bitcoin que muestra los precios de Bitcoin de cuatro intercambios diferentes.

WordPress SEO por Yoast

Un complemento que te ayudará a configurar tu blog para la optimización del motor de búsqueda (SEO). Discutiremos cómo usarlo en la Parte III de este libro.

ThemeForest

Un mercado para temas premium. Estos temas cuestan un precio más alto pero valen la pena. Esto no es tan relevante para su MVP, ya que es más adelante en el futuro.

DEBERES: ¡CREA TU PROPIO MVP DEL BITCOIN!

1.Vamos a trabajar. Mira tu suposición de la solución y resultado y piensa en la mejor manera de crear un MVP. Esto tiene que ser una versión "floja" de tu proyecto final.

2. ¡Adelante y construye tu MVP! Intenta pensar si puedes usar una de las alternativas del sitio web sugeridas en este capítulo en lugar de crear un sitio web completo.

3. Si tienes que crear un sitio web, asegúrate de seguir los cinco pasos y ponerlo en funcionamiento.

4. Si estás creando un producto / sitio de información: agrega el contenido general a tu MVP. Esta sería las páginas de "contacto", "sobre", "términos" y "política de privacidad".

5. Si estás creando un producto / sitio de información: agrega el contenido principal a tu MVP. Estos serían los artículos sobre tu tema seleccionado.

6. Configura el seguimiento a tu MVP y define los objetivos que deseas alcanzar.

7. Mide bastantes muestras para decidir si el MVP es un éxito o un fracaso.

Estos últimos deberes concluyen todo lo que has aprendido sobre cómo implementar la metodología Lean o con valor para tu idea de negocio del Bitcoin. Una vez finalizado, debes tener una idea clara de si vas a seguir adelante con tu idea y comercializarla como un profesional (siguiente parte de este libro) o volver al punto de partida y pensar en una nueva.

CÓMO UTILICÉ LA METODOLOGÍA LEAN PARA CREAR 66BITCOINS

Ahora ya sabes cómo crear y validar un MVP. Quería aprovechar la oportunidad de este último capítulo para mostrarte todo el proceso que pasé con 66Bitcoins de principio a fin para que puedas ver cómo implementé todo lo que hemos visto hasta ahora. La idea que elegí para 66Bitcoins originalmente era solo un sitio web de información sobre cómo comprar Bitcoins con PayPal. Encontré un intercambio único que te permite hacerlo y afortunadamente también tenían un programa de afiliados.

Viene con mi mejor idea a través del análisis

Por supuesto, comparé esta idea con otras ideas con el "Análisis de Beigel", como expliqué en capítulos anteriores, y así es como lo evalué:

Necesitar

Se me ocurrió esta idea por mi propia necesidad personal de comprar Bitcoins con PayPal y ver que era una tarea difícil. Así que asumí (y probé esta suposición más adelante) que este es un problema lo suficientemente grande para todos los nuevos Bitcoiners. La puntuación general de necesidad que di fue de 4 de 5.

Viabilidad

Dado que yo era muy versado en la construcción de sitios web y técnicas de marketing en Internet, la creación de un sitio web de información era completamente viable en lo que a mí respecta. El puntaje de viabilidad fue 5 de 5.

Competencia

La búsqueda en Google no me dio ningún resultado para los competidores al hablar de esto. Sin embargo, descubrí este método desde un sitio diferente que estaba haciendo lo mismo. Entonces, había poca competencia, que es exactamente lo que quería averiguar. Sin embargo, temía que fuera muy poca, lo que significa que no hay suficiente dinero que ganar en esta área sino había suficientes competidores. Terminé dando a la calificación de competencia un 3.5 de 5.

Rentabilidad

Este fue de lejos el mayor enigma. Como sabía que podía ganar dinero con esto, pero no sabía si podía ganar grandes cantidades de dinero. Y no quería pasar mi tiempo en un proyecto que me daría $ 100 / mes. Viendo que Bitcoin aún no era popular en ese momento, pero sentí que estaba muy cerca de llegar allí (ya que apareció en TechCrunch) le di a la rentabilidad una puntuación de 2.5 sobre 5. La puntuación tital total que obtuve para este proyecto fue de 4 + 5 + 3.5 + 2.5 = 15. Esta fue la puntuación más alta de todas mis otras ideas (que incluyeron un sitio de noticias de Bitcoin, un intercambio local de Bitcoin y algunas otras cosas). Como dije antes, no hay una ciencia exacta para esto. Todo se basó en conjeturas educadas y puede haber estado equivocado. Por ejemplo, Coindesk, que se estableció al mismo tiempo que yo comencé, ahora es un enorme sitio web.

No tengas miedo de equivocarte sobre esto, solo estás al principio y es mejor probar las cosas rápidamente y descubrir si te equivocaste ahora en lugar de fallar después de haber invertido mucho tiempo y dinero.

Ahora tenía que diseñar mi idea de la manera más centrada en el láser posible. Podría decir que es una "guía para principiantes de Bitcoin", pero quiero estar lo más centrado posible en este momento. Terminé con esto: Un sitio web de Bitcoin para principiantes que explica cómo comprar Bitcoins con PayPal y una tarjeta de crédito.

Bastante centrado, ¿verdad?

Ahora viene mi parte favorita: las suposiciones.

Si lo recuerdas correctamente, debemos hacer tres suposiciones: el problema, la solución y el objetivo, y el modelo de negocio.

Aquí estaban mis suposiciones:

El problema: las personas están buscando formas de comprar Bitcoins con PayPal

La solución y el objetivo: si proporciono a las personas un tutorial escrito sobre cómo comprar Bitcoins con PayPal, al menos el 2% comprará en mi intercambio recomendado.

El modelo comercial: me convertiré en un afiliado del intercambio recomendado y generaré comisiones por cada venta.

Vamos a probar cada una de estas suposiciones. Comenzaremos con la suposición del problema. Para ver si otras personas también experimentan este problema, utilicé la herramienta Google KW para ver cuántas personas buscan este término cada mes. Esto es lo que observé:

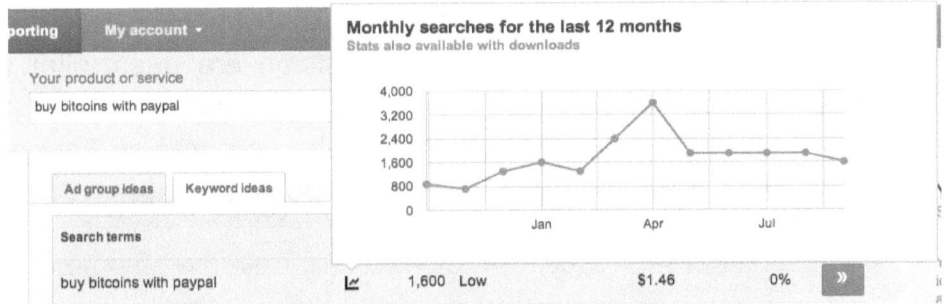

Si recuerdas de lo que hablamos antes, más de 1,000 búsquedas al mes son una buena indicación para mí. Así que tuve mi primer intento. Pero eso no fue suficiente para mí, luego verifiqué la función de autocompletar de Google para ver si las personas realmente escribían esto en google. Aquí están los resultados:

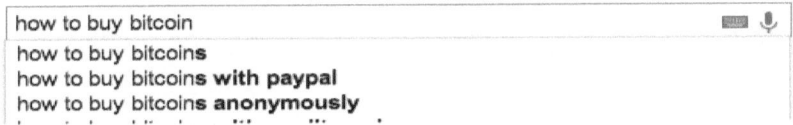

¡Increíble! Es el segundo resultado de autocompletar después de la consulta muy genérica, "Cómo comprar Bitcoins". Así que es seguro y adecuado decir que comprobé mi suposición del problema. En el siguiente. Para probar mi solución y la suposición del objetivo tuve que establecer algún tipo de tutorial para poder probarlo y ver si la gente realmente seguía mis recomendaciones. También integé mi supuesto comercial en este paso, porque si las personas siguen mis recomendaciones y se convierten en clientes del intercambio relevante, recibiré mi comisión.

La forma obvia de probar esta suposición era desarrollar una versión básica del sitio web y probarla. Pero me gusta ser muy vago si puedo, así que decidí solo escribir una nota en Facebook dentro de mi perfil de Facebook. Así es como se veía:

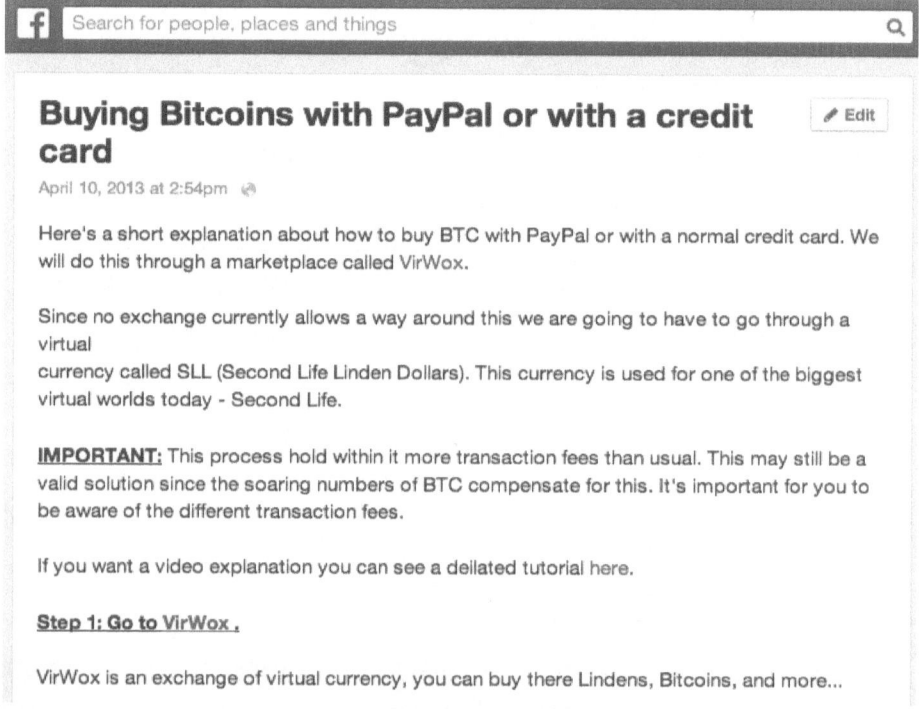

También me inscribí a **Virwox** como afiliado y me aseguré de poner mis enlaces de afiliado dentro de la publicación.

Me llevó unos 15 minutos escribir esta publicación y la publiqué en dos grupos de Facebook de Bitcoin israelíes relevantes. En ese momento, solo había 800 personas en total en ambos grupos.

La parte problemática del uso de notas de Facebook es que no puedes rastrearlos. Tampoco pude rastrear mi publicación en los grupos de FB. Pero lo que pude ver fue cuánta gente vio la publicación (FB te da esa información como el póster original). [www.virwox.com/?r=21549]

Revisé mis estadísticas en FB y Virwox después de cuatro horas y vi lo siguiente:

☐ 30 personas vieron mi publicación en total en ambos grupos de FB. Esto no significa que necesariamente lo lean, solo significa que vieron el enlace a mi nota FB.

☐ Obtuve tres conversiones en Virwox (dándome la friolera de $0.96)

Así que, aunque no sabía mi tasa de conversión exacta, podría especular que en el peor de los casos, las 30 personas que vieron la publicación hicieron clic en Virwox y solo tres de ellas se convirtieron. Eso todavía me da una increíble tasa de conversión del 10%.

Ahora sé que probablemente estés pensando en lo que dije antes y en cómo no puedes decidir nada hasta que recolectes al menos 300 muestras y tengas razón. Pero a veces no tendrás la oportunidad de recolectar 300 muestras.

En aquel entonces no sabía sobre todos los otros canales de tráfico de Bitcoin como **BitcoinTalk** y **Reddit**. Solo conocía estos grupos de FB, así que esa era mi única fuente de tráfico. Una vez dicho esto, dado que tenía una tasa de conversión fuera de lo normal (por lo general, debería rondar el 2%) decidí que aunque no recolecté suficientes muestras, seguiría adelante con mi idea. Así que he probado mi solución y mi objetivo, y también mi modelo de negocio. Pero aún quedaba un problema: he demostrado que podría hacer dinero con esta idea, pero no sabía si podría ganar suficiente dinero.

Es por eso que necesitaba una última suposición de bonificación que fue:

Bitcoin va a tener tanto existo que podré ganar al menos $1000 / mes con este método.

Pero para probar esta suposición, debería obtener más fuentes de tráfico y esperar hasta que Bitcoin sea lo suficientemente grande. Lo que hice en ese momento fue recurrir a la optimización del motor de búsqueda (SEO). Quería que mi sitio apareciera en la parte superior de los resultados de búsqueda cuando alguien buscara en Google "*Cómo comprar Bitcoins con PayPal*". Hablaré mucho más sobre SEO en la próxima parte de este libro, pero por ahora solo diré que debido a que la competencia fue baja, gasté $ 80 en la construcción de un sitio web muy delgado y vago que llegó a la primera página. de Google en aproximadamente cuatro semanas. Aquí es en lo que gasté el dinero:

$10-Nombre de dominio

$50-Contratar a un profesional independiente para escribir contenido para mi sitio web (explicado en el próximo capítulo)

$20-Contratar a alguien para que crea algunos enlaces para que el sitio suba más rápido en Google (NO SE RECOMIENDA !!!! Hablaré sobre esto más adelante).

Aquí hay una captura de pantalla de mis ganancias desde abril de 2013 hasta octubre de 2013. Las ganancias están en una moneda llamada SLL (Second Life Lindens) y si las divides por aproximadamente 252, obtienes su valor en USD dólares. Pero ya lo hice y escribí en rojo cuánto ganaba en dólares cada mes:

			July	Aug.	Sep.	Oct.
66 Bitcoins https://business.facebook.com/ 66 bitcoins? business_id=15406298195217						
0	0	0	0	0	0	0
0	0	0	0	0	0	0
0	0	0	0	0	0	0
0	0	0	0	0	0	0
0.0%	0.0%	0.0%	0.0%	0.0%	0.0%	0.0%
0	0	0	0	0	0	0
0.0%	0.0%	0.0%	0.0%	0.0%	0.0%	0.0%
0	0	0	0	0	0	0
0.0%	0.0%	0.0%	0.0%	0.0%	0.0%	0.0%
119	265	580	1,248	2,055	2,008	4,052
$68	$134	$289	$706	$1094	$1276	$1622
17,170.33	34,003.86	73,059.30	178,015.25	275,796.60	321,612.94	408,744.93
71.67	0.00	0.00	0.00	30.94	0.00	0.00
17,242.00	34,003.86	73,059.30	178,015.25	275,827.54	321,612.94	408,744.93

Entonces ahí lo tienes. Este es exactamente el proceso que pasé para comenzar con 66Bitcoins. Desde entonces, las ganancias han crecido aún más y alcanzan incluso $ 10K / mes en algunos casos. Por supuesto, hoy tengo varios canales de ingresos y no solo de Virwox.

En la siguiente parte de este libro, aprenderás exactamente cómo crecí en mi sitio web al generar de $ 1K / mes a $ 10K / mes, pero por ahora quiero que tengas una idea clara de cómo usar la metodología Lean para probar en tu propio sitio web tus ideas de negocio.

CONTRATACIÓN DE AUTÓNOMOS INCREÍBLES POR CASI NADA

Algunas personas evitan comenzar su propio negocio en el internet ya que carecen de la experiencia en campos como diseño gráfico o de web, programación web, etc. La belleza del siglo XXI es que gracias a Internet ahora puedes contratar a alguien del otro lado del mundo para hacer todo de esas cosas para usted y probablemente terminará pagando una fracción de lo que le habría costado en primer lugar.

Contrato a AUTÓNOMOS BASTANTE. Y cuando digo bastante, me refiero a que apenas trato de trabajar realmente en 66Bitcoins directamente. Estas son algunas de las cosas que delego a mis autónomos:

☐ **Diseño del sitio web**

☐ **Escribir artículos de noticias**

☐ **Promover el sitio web en las redes sociales**

☐ **Codificar mi aplicación 66Bitcoins de Android**

☐ **Codificar mi widget 66Bitcoins WordPress**

☐ **Corregir problemas técnicos en el sitio**

☐ **hacer videos y colgarlos tanto en YouTube como en la Web**

Casi no hago nada que no esté relacionado con la estrategia del sitio web : planificar hacia dónde se dirige el sitio. Una vez que se diseña la estrategia, uso freelancers para llevarla a cabo. Este capítulo de bonificación está aquí para ayudarlo a entender los mercados de profesionales independientes y darte consejos prácticos sobre cómo contratar a los mejores para que no tenga que trabajar tan duro.

Hoy solo hay cuatro grandes mercados independientes que uso. Por supuesto, hay muchos otros en la web, pero descubrí que a través de estos cuatro puedo hacer la mayoría de mis trabajos:

Upwork o Freelancers

Probablemente el sitio que uso más. Upwork o Freelancers que son grandes lugares para encontrar programadores para tu sitio web. Si encuentras algún problema técnico, este es el lugar para comenzar a resolver cómo solucionarlos. Freelancers, si buscas algo relacionado con la escritura, artículos traductores etc.. definitivamente miraría aquí. Tiendo a utilizar Upwork principalmente para tareas de programación.

www.freelancer.es

www.upwork.com

Elance

Considero que Elance es un Upwork algo más caro. Aquí puedes encontrar muchos contratistas de los EE.UU. Y si buscas algo relacionado con la escritura, definitivamente miraré aquí. Dado que Elance cuenta con traductores independientes de mayor calidad, generalmente es más costoso.

Fiverr

Este es el mercadillo de los mercados independientes. Aquí puedes encontrar todo tipo de tareas por tan solo $ 5. Uso Fiverr cuando necesito una solución rápida para algo, como cuidar un error menor en mi tema de WordPress.

Lo llamo el mercadillo de los mercados de freelance, ya que puedes encontrar gangas totalmente alucinantes. De hecho, contraté la voz en off para TODOS mis videos instructivos a través de Fiverr. Básicamente obtuve una voz en off castellana nativa profesional de dos minutos por solo $15, ¡esto me hubiera costado $200 en cualquier otro lado!

99 diseños / tareas

Este es un mercado relativamente nuevo por 99Designs. 99Designs es un sitio web que le permite realizar un concurso para su próxima idea de diseño. Digamos que quieres diseñar un sitio web. Carga los wireframes en 99Designs y anuncia un premio para el diseño ganador. Luego tienes varias docenas de diseñadores compitiendo en tu concurso y diseñando tu idea. Todo lo que necesitas hacer es elegir el ganador. Lo increíble de 99Designs es que puedes ver diferentes ideas de diseño y el diseño final antes de elegir un ganador. Pero me estoy desviando del tema. La característica principal que utilizo en 99Designs se llama "tareas". Esto se usa para pequeños trabajos de diseño, como arreglar un diseño de flyers o pancarta o poster, cambiar el color de un logotipo, etc. Todos los trabajos se realizan por $19 y en 1 hora. Por lo tanto, si tienes un pequeño trabajo de diseño, debe ocuparse rápidamente de que este sea el lugar. Puede seguir utilizando Fiverr para este tipo de tareas, pero Fiverr generalmente tiene diseñadores de baja calidad. Tambien freelancer.es puede ser muy bueno en España.

Realizar una subasta para tu próximo proyecto

Me concentraré principalmente en Upwork, freelancer.es y Elance en este capítulo, ya que estos son los dos mercados más grandes que vas a utilizar. También son el lugar donde probablemente gastarás la mayor cantidad de dinero. Cuando contratas un profesional independiente estás básicamente realizando una subasta. Publica tu proyecto y los trabajadores independientes harán una oferta de tu proyecto. Tú eliges el que crees que es más adecuado. Pero no está limitado solo a las personas que ofertaron en su subasta, sino que también puede invitar a trabajadores independientes específicos que considere calificados.

El problema es que la mayoría de la gente evita los mercados independientes. Demasiadas veces escucho a la gente decir que probaron en un determinado mercado y que no obtuvieron lo que esperaban, así que decidieron abandonar la idea de usar freelancers.

El problema no es el mercado

Si tu trabajo no salió como creías, cometiste un error por el camino. He trabajado con profesionales independientes durante 10 años y he gastado más de $50,000 en estos mercados, así que tengo alguna referencia y experiencia al respecto. Aprenderás el proceso exacto que utilizo cuando subcontrate mi proyecto para que tu también puedas obtener los resultados deseados de la manera más rápida y económica posible.

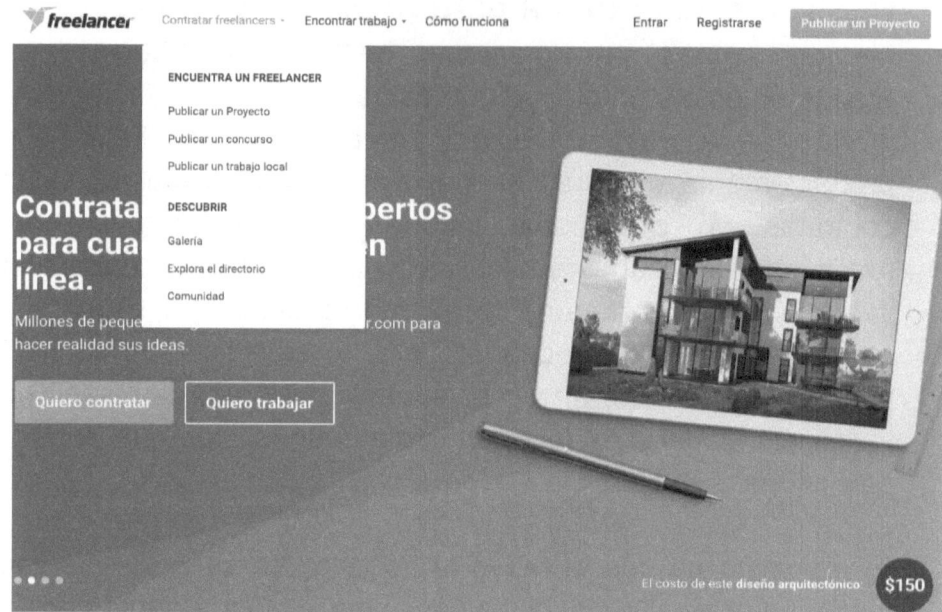

Para lograr los mejores resultados, nos centraremos en los siguientes factores:

1. Publicar un proyecto como un profesional.
2. Investigar a tus solicitantes de manera efectiva.
3. Mantener las mejores relaciones extranjeras posibles.

Publica como un profesional

Como siempre ... el título es crucial.

Hay tantos puestos de trabajo en freelancer.es, Elance y Upwork que es difícil destacarse. Los contratistas revisan cientos de ofertas de trabajo cada día y necesita llamar su atención. Intenta que tu título sea lo más descriptivo posible. Entonces, por ejemplo, el título *"Sitio web necesario"* es mucho menos comprensible que, *"Se necesita programación en el sitio web de WordPress"*. En este último caso, aunque no es realmente detallado, aún se puede entender que estamos hablando de WordPress y de la parte de programación y no del diseño.

Así que asegúrate de llenar el título con tantas palabras descriptivas para tus puestos de trabajo y proyectos como sea posible, de modo que los profesionales autónomos pertinentes identifiquen al instante que tienen las habilidades para ello.

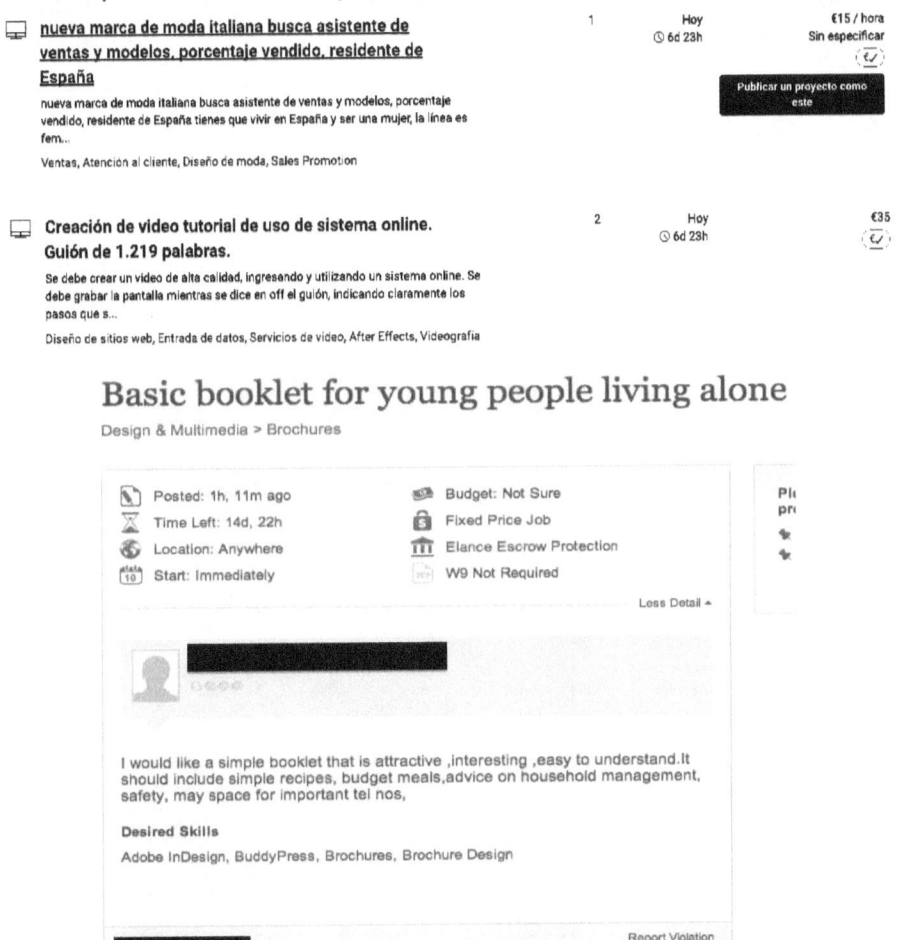

nueva marca de moda italiana busca asistente de ventas y modelos, porcentaje vendido, residente de España

nueva marca de moda italiana busca asistente de ventas y modelos, porcentaje vendido, residente de España tienes que vivir en España y ser una mujer, la línea es fem...

Ventas, Atención al cliente, Diseño de moda, Sales Promotion

1   Hoy   €15 / hora
6d 23h   Sin especificar

Publicar un proyecto como este

Creación de video tutorial de uso de sistema online. Guión de 1.219 palabras.

Se debe crear un video de alta calidad, ingresando y utilizando un sistema online. Se debe grabar la pantalla mientras se dice en off el guión, indicando claramente los pasos que s...

Diseño de sitios web, Entrada de datos, Servicios de video, After Effects, Videografía

2   Hoy   €35
6d 23h

Basic booklet for young people living alone

Design & Multimedia > Brochures

Posted: 1h, 11m ago
Time Left: 14d, 22h
Location: Anywhere
Start: Immediately

Budget: Not Sure
Fixed Price Job
Elance Escrow Protection
W9 Not Required

Less Detail ▲

I would like a simple booklet that is attractive ,interesting ,easy to understand.It should include simple recipes, budget meals,advice on household management, safety, may space for important tel nos,

Desired Skills

Adobe InDesign, BuddyPress, Brochures, Brochure Design

Report Violation

Crea una descripción de la publicación o post que un niño de seis años pueda entender

Cuando publicas un proyecto o trabajo en un mercado independiente, generalmente tiene una visión de lo que quieres que se cree, ya sea un artículo, un sitio web o un diseño. El problema es que olvidas que los contratistas en ese mercado no saben lo que tienes en mente. Sé que suena estúpido, pero muchas personas no caracterizan sus proyectos de la A a la Z. Aquí hay algunos ejemplos: Echemos un vistazo a este puesto de trabajo, por ejemplo. Imagínese que eres un contratista que mira este puesto de trabajo, ¿qué preguntas podría tener? Tal vez, ¿cuánto tiempo debe ser este folleto? ¿Cómo debería ser una página? Está en color o no, etc. Tomemos otro ejemplo:

Si fuera un contratista o autónomo el que leyera este proyecto, estaría pensando, ¿cómo debería verse este programa? ¿Cuáles son los requisitos? ¿Está basado en la web o en el cliente? ¿aplicaciones móviles? Umm ¿interesante no? Probablemente pensaría que este tipo es un gerente serio y de empresa multinacional seria y definitivamente publicaría mi oferta para ellos.

Estas son las reglas para escribir una buena descripción de la publicación de trabajo:

Explica todo

Lo que no explicas no se hará o no se hará de tu agrado. Para trabajos más complejos, lo que suelo hacer es proporcionar un documento de caracterización que tenga wireframes, bocetos y las explicaciones que sean necesarias.

Dar la mayor cantidad de datos posible

Si deseas un logotipo para un sitio web, ingrese la URL del sitio web. Si necesitas un artículo escrito, suministre los puntos clave de lo que deberías tratar en el artículo.

Dar ejemplos en directo

No puedo enfatizar esto lo suficiente. Si tiene ejemplos de cosas que le gustan y son similares a su solicitud de empleo, úselos. Entonces, si está buscando a alguien para programar una aplicación por ti y tienes una aplicación similar que te guste su interfaz, utilízala como referencia.

Tener demandas específicas

No tema pedir muestras de trabajo o que los contratistas escriban cómo planean realizar el trabajo. Una de las frases que me gusta usar cuando publico un trabajo simple es: "Esta debería ser una tarea fácil para alguien que sabe lo que está haciendo". Por favor, no haga una oferta si esta no es su área de especialización. "Tener demandas muestra que usted habla en serio y atraerá mejores contratistas con mejores solicitudes de empleo. Asi que, ya tienes la descripción del trabajo clave, es hora de modificar tu puesto de trabajo. Aquí hay algunas cosas que puedes hacer para obtener mejores solicitantes:

SECRETOS DEL BITCOIN

1. Asegúrate de solicitar a los solicitantes que hayan realizado trabajos previos en ese mercado (incluso una hora es suficiente).

2. Solicita al solicitante una feedback o comentarios positivos de 4 y más (hay más que suficiente).

3. Si corresponde, formula preguntas específicas sobre el trabajo. p.ej. "¿Cómo vas a implementar esto?", "¿Dónde has escrito antes?", etc.

FILTRA DOCENAS DE AUTÓNOMOS Y CONTRATISTAS INDEPENDIENTES EN SOLO 5 MINUTOS

Ahora viene la parte divertida, las aplicaciones de filtro. Después de escribir una buena publicación y descripción del trabajo, este es probablemente el paso más importante del proceso.

De promedio, cada puesto de trabajo de programación / diseño recibirá más de 30 candidatos. Esto no está sacado de alguna estadística de Wikipedia, esto está sacado de mi propia experiencia personal. ¿Quién tiene tiempo de repasar y filtrar a todos estos candidatos? Tiene que haber una manera fácil de detectar y filtrar los buenos y al menos la mayoría de ellos ... Buenas noticias: lo hay. A lo largo de los últimos años, he creado y mejorado una metodología simple que me permite seleccionar a increíbles profesionales independientes todo el tiempo. Esto es importante porque ahorra dinero y, además, te ahorra tiempo (que probablemente es tu recurso más valioso).

freelancer   Entrar   Registrarse   Publicar un Proyecto

CERRADO

web wallet bitcoin   PRESUPUESTO $8-15 USD / hora

Freelancer › Trabajos › Comercio electrónico › web wallet bitcoin

asesoria en la programacion de un sitio web que tenga su propio wallet.

Habilidades: Comercio electrónico, Diseño gráfico, HTML, PHP, Diseño de sitios web

Ver más: bitcoin wallet reviews, bitcoin wallet hardware, best bitcoin wallet, bitcoin account sign up, blockchain wallet, bitcoin wallet login, bitcoin wallet download, bitcoin wallet reddit, Desarrollar un sitio ERP en la nube para ser utilizado por multiples tiendas de multiples empresas, búsqueda en la web, buesqueda en la web, buscar en la web, trabajar freelance en programacion en la red, publicarse freelance gratis en la web, personal freelance en la web

Información del empleador:

(0 comentarios)   Armenia, Colombia

N° del proyecto: #16336566

Publicar un proyecto como este

Otros trabajos de este empleador

· Build an Online Store ($250-750 USD)

· desarrollar un soft para tomar fotos desde la webcam sincronizadas en tiempo ($10-30 USD)

· Desarrollo de software de lectura de caracteres y analisis (máx €100 EUR)

· Desarrollar software ($250-750 USD)

· desarrollo lectura de caracteres ($30-250 USD)

Paso 1: un corte aproximado de todos los que no siguen las reglas

Ya sabes que debes tener algunas exigencias específicas de profesionales independientes. Por ejemplo, es posible que desees que expliquen en su solicitud cómo van a resolver tus problemas o te den referencias específicas de trabajos similares.

El primer paso sería eliminar a todos los que aparentemente no leyeron la publicación de su trabajo en su totalidad. Esto significa:

☐ Aplicaciones "copiar y pegar" que no tienen ninguna referencia personal a su publicación; estas son casi el 80% de sus aplicaciones.

☐ Aplicaciones que no respondieron una pregunta específica.

☐Aplicaciones de nuevos candidatos que no tienen ningún comentario o historial en el sitio web.

☐ Aplicaciones que están drásticamente fuera de tu margen o rango de precio

Paso 2 – Filtro de feedback y tiempo de respuesta.

En este punto, supongo que te quedarán hasta 10 candidatos. Ahora es el momento para algunos exámenes en profundidad. La primera acción será filtrar o dar el corte a cualquiera que no tenga una calificación de 4.7 o superior. Esto puede sonar duro, pero estamos buscando una superestrella aquí. La razón por la que no busco un hotel de 5 estrellas es porque tengo en cuenta que las personas a veces cometen errores. Además, algo parece poco natural en un profesional independiente que tiene una calificación de 5 estrellas en cada uno de los trabajos que completó. Eso no quiere decir que no sea bueno, solo dice que diferentes personas tienen estándares diferentes. Entonces, si alguien ha hecho 500 trabajos en Upwork o www.freelancer.es por ejemplo, y tiene una calificación de 5 estrellas, sospecho. Después de hacer esto, es hora de verificar el tiempo de respuesta. La idea es ver qué tan atento es el freelancer en su buzón de mensajes. Lo que hago es escribir un breve mensaje a cada uno de los candidatos con una pregunta adicional. Por ejemplo:

"Hola [nombre del profesional independiente],

Quiero agradecerle el haber hecho la oferta por mi proyecto. Antes de procesa la solicitudr, solo tengo una pregunta más.

[inserto la pregunta aquí].

Gracias de nuevo.

Colin ".

Ahora veo quién responde y cuánto tiempo les lleva. Ten en cuenta que los trabajadores independientes provienen de diferentes zonas horarias, por lo que podría enviarlas por correo electrónico en el medio de la noche.

Echa un vistazo al país del profesional independiente específico y asegúrate de que esté despierto y espabilado (no me importa si es domingo, espero un servicio 24/7). Una vez que obtengas respuesta, léelas y esto te dará una mejor idea de quién es adecuado para el trabajo. Además, selecciona a todos los trabajadores independientes que tardaron demasiado en responder (considero que más de dos horas es demasiado si es de día).

Paso 3*****comentarios detallados positivos o negativos

Supongo que ahora te quedan muchos freelancers. La mayoría de ellos deberían tener algunos comentarios negativos, esa es la parte interesante. Ve dentro de cada uno de sus perfiles y lee sus reseñas. Descubrirás por qué las personas no los calificaron 5 estrellas *****antes. Esto te dará una mejor idea de quién es el mejor profesional independiente para ti.

MUY IMPORTANTE:

A veces los proyectos salen "mal" y las cosas se ponen feas en los comentarios o feedback. Estos comentarios son extremadamente útiles para evaluar la calidad del profesional independiente. Lee sus comentarios sobre este feedback y fíjate si se enfada, es maleducado y tiene falta de respeto o si responde de manera digna.

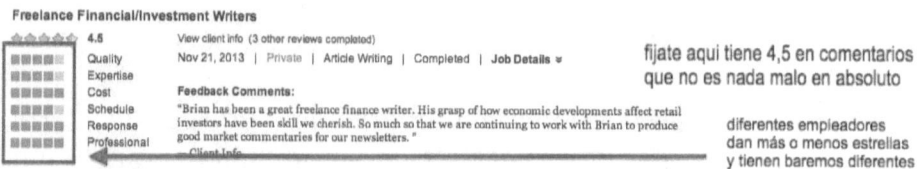

Freelance Financial/Investment Writers

4.5 — View client info (3 other reviews completed)

Quality · Expertise · Cost · Schedule · Response · Professional

Nov 21, 2013 | Private | Article Writing | Completed | Job Details ⌄

Feedback Comments:

"Brian has been a great freelance finance writer. His grasp of how economic developments affect retail investors have been skill we cherish. So much so that we are continuing to work with Brian to produce good market commentaries for our newsletters."

Client Info

fíjate aquí tiene 4,5 en comentarios que no es nada malo en absoluto

diferentes empleadores dan más o menos estrellas y tienen baremos diferentes

Ahora deberías poder elegir a tu mejor profesional independiente. Si todavía estás dudando entre dos o tres candidatos, te sugiero que acuerdes una entrevista por Skype o google hang out (15 minutos como máximo con cada uno).

Paso 4: entrevistas personales (opcional)

Al entrevistar a un profesional independiente por Skype o Google hang out, la idea es solo ver si tu cliente potencial sabe lo que hace y que está preparado para hacer el trabajo. Recuerda que el nivel de inglés o español de tu prospecto puede no ser tan bueno para que no se sienta cómodo hablando con usted y prefiera chatear. Personalmente prefiero chatear también porque es menos aceptado por ambas partes y así es como se corresponderá principalmente a lo largo del trabajo o proyecto. Toda la entrevista debería llevar alrededor de 15 minutos. Por lo general, me tomo este tiempo para preguntarle al profesional independiente sobre planes para completar este proyecto y también agrego algunas preguntas más para ver si realmente está calificado. Si todavía estás dudando entre dos candidatos diferentes después de la etapa de entrevista, todo se trata de presentimiento e intuición desde ese momento. Recuerda que no importa qué tan concienzudamente realizaras tu proceso de selección; siempre hay una posibilidad de calcular mal y elegir a alguien que no sea adecuado para ti. Todo el mundo se equivoca. Tu contratista te tratará de la misma manera que lo tratas tu ... Debes pensar en el contratista como tu compañero de trabajo y no tu "esclavo". El hecho de que hayas pagado a alguien por 5, 50 a la hora o incluso 500 dólares no significa que no merezca ser tratado con respeto.

Si eres grosero, molesto o irrespetuoso, esto te pasará factura. Y aunque no pienses que le afecta porque termina cada frase con "sí señor" o "gracias señor", créeme ... lo hace. Estas son algunas pautas a seguir:

Tu freelancer coincide con tu tasa de respuesta

Cuanto más rápido respondas al contratista, más rápido responderá. Desde mi experiencia, si te lleva dos días responder a un mensaje, es malo. Así que asegúrate de que incluso los mensajes sin importancia sean respondidos. Incluso si solo es un "Bien" o "Gracias" - calibrará el tiempo de respuesta del contratista.

Nunca pagues todo el trabajo antes de que se complete el trabajo 100%

Este es uno crucial. Siempre deja algo de apalancamiento de tu parte para que el contratista no se relaje. Sé que a veces las personas quieren sacar el tema del pago para que paguen temprano. Esto es solo naturaleza humana. Recuerda, una vez que alguien alcanza su meta (es decir, dinero), no trabajará tan duro como cuando están luchando por algo. Por lo tanto, asegúrate siempre de mantener una pequeña cantidad sin pagar hasta que esté 100% satisfecho con el trabajo.

SIEMPRE paga a tiempo

Esto es más un problema de "karma", pero creo que pagar a tiempo hará que los autónomos quieran trabajar con usted de nuevo. Además, si algún día tienes un problema y no podrás pagar en la fecha acordada, el profesional independiente aún puede trabajar para ti sabiendo que es bueno para el. Pagar a tiempo también ayuda a su empleador a obtener puntuación al aumentar tus comentarios (más sobre esto en un segundo).

El feedback y comentarios o estrellas es casi tan importante como el dinero

La mayoría de los profesionales independientes se preocupan por sus comentarios casi tanto como les importa que les paguen. Principalmente por el hecho de que la competencia en Elance, freelancer.es y Upwork es feroz.

Esto actúa como otro punto de apalancamiento para nosotros como empleadores. Siempre asegúrate de dejar comentarios, pero siempre déjalo solo después de que el trabajo haya terminado por completo. Al igual que pagar todo el montante de la operación por adelantado, una vez que el profesional independiente obtiene lo que necesita de ti, es más probable que se vuelva vago y menos receptivo.

Consigues feedback también ...

Muchos mercados independientes también brindan retroalimentación o feedback a los empleadores. Esta es una buena razón para comenzar a tratar bien a tus empleados. Si tienes comentarios negativos de los empleadores, te resultará difícil encontrar traductores autónomos o escritores o programadores de calidad.

Por lo tanto, debes tener en cuenta que las siguientes cuestiones son importantes para tu perfil de cliente:

☐ Cuantos trabajos has publicado
☐ Cuantos trabajos has otorgado (tu "tasa de adjudicación")
☐ La cantidad de dinero que gastas en el mercado
☐ Cantidad de feedback o comentarios que has dado
☐ Comentarios que has recibido

Translate 1400 words from English to Turkish Necesito traducir 1400 palabras del inglés al turco

My Rating for this Job		Freelancer: girayt
☆☆☆☆☆	5.0	Jan 10, 2014	$73	Translation	Completed	**Job Details** ≈

■■■■■	Quality
■■■■■	Expertise
■■■■■	Cost
■■■■■	Schedule
■■■■■	Response
■■■■■	Professional

Feedback Comments:
"Quick turnaround, great communication. Will definitely hire again"
— Ofirbeigel

un gran placer trabajar juntos eres una persona justa y generosa -girayt

Freelancer Feedback Comments for Client:
"Was a great pleasure to work together. Client is a kind and fair person with good understanding."
—girayt

El ejemplo anterior está sacado de Elance. Aquí hay un ejemplo de una revisión escrita que recibí de un profesional independiente. Como puedes ver abajo, en Upwork también obtienes una calificación como empleador. En resumen, la ética importa, si no fuera por el karma. Así que eso es todo en cuanto a trabajar con profesionales independientes. Es de esperar que ahora tengas una mejor comprensión de cómo contratar al profesional independiente que necesitas de forma rápida y al menor costo.

Y así es como se ve un perfil de cliente-EMPLEADOR en Upwork:

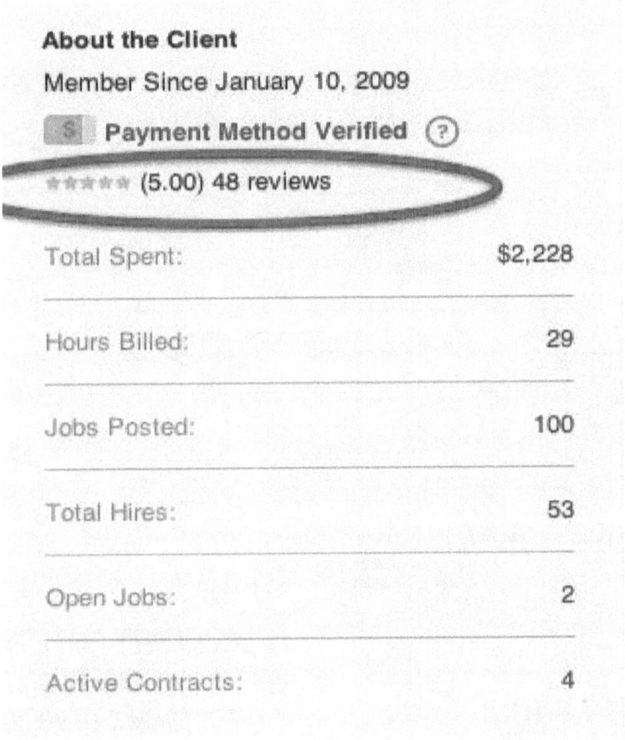

About the Client

Member Since January 10, 2009

$ Payment Method Verified (?)

★★★★★ (5.00) 48 reviews

Total Spent:	$2,228
Hours Billed:	29
Jobs Posted:	100
Total Hires:	53
Open Jobs:	2
Active Contracts:	4

ESQUEMA DE COMO CREAR UN PRODUCTO ALREDEDOR
DEL ECOSISTEMA BITCOIN O CRIPTOS

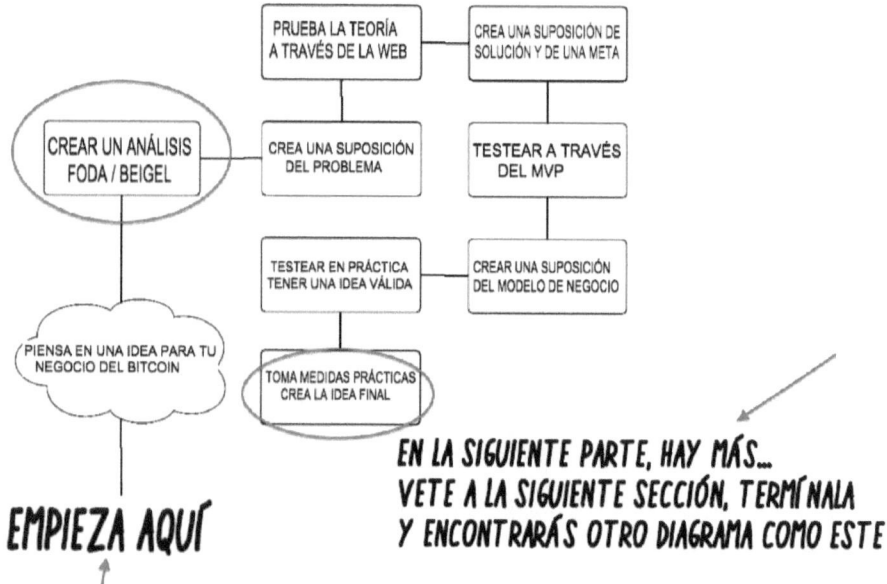

EMPIEZA AQUÍ

EN LA SIGUIENTE PARTE, HAY MÁS...
VETE A LA SIGUIENTE SECCIÓN, TERMÍNALA
Y ENCONTRARÁS OTRO DIAGRAMA COMO ESTE

PART III
COMO ATRAER A CLIENTES A TU NEGOCIO DE BITCOIN COMO UN VERDADERO PROFESIONAL

Si yo tuviera que hacerlo todo de nuevo, en lugar de construir un negocio al estilo tradicional, yo iniciaría a construir un negocio de mercadeo en red.

Redes de Mercadeo es el negocio perfecto!

¡Hola de nuevo!

Me alegra ver que has llegado hasta la parte final y de verdad aprecio que te hayas sacado tiempo para aprender y dominar todos estos temas. Ahora llegamos a las tácticas y técnicas verdaderas que te permitirán atraer a clientes a tu negocio de Bitcoin y hacerlo como un verdadero profesional. Si ya tienes un negocio de Bitcoin y te has saltado las dos primeras partes de este libro para llegar a esta última sección, no te preocupes, está bien, la mayoría de los temas que trataremos en esta sección no hace referencia a mucho de lo que ya hemos lidiado en las dos partes anteriores. Después de haber mencionado esto, creo que incluso si ya posees un negocio del Bitcoin u otra criptomoneda, tienes mucho que ganar al repasar las dos primeras partes (especialmente la Parte II).

Esta es probablemente la parte más detallada del libro, ya que cubre todas las principales tácticas de marketing disponibles online o en el intrenet, como se dice, hoy en día. Para cada táctica de la que hablamos, también te daré ejemplos específicos de las empresas de Bitcoin y, por supuesto, de **66Bitcoins**

O sea, ¿estás listo para obtener tráfico para tu negocio de Bitcoin?

Venga Vamosssssss…

LOS FUNDAMENTOS
DEL MARKETING ONLINE

Para que podamos entendernos, tenemos que hablar el mismo idioma. Al igual que vimos los conceptos básicos del Bitcoin al principio de este libro, ahora necesitamos estudiar los aspectos básicos del marketing online. Te prometo que será más interesante de lo que te puedas imaginar.

En primer lugar, define su producto

Para comenzar a construir un plan de mercadeo, debe definir su producto con tres simples preguntas:

1. ¿Qué problema soluciona mi producto?

2. ¿Cuáles son sus beneficios?

3. ¿Cuáles son sus características?

La primera pregunta debería ser bastante simple de contestar si viste la Parte II de este libro, ya que debe correlacionarse con la suposición de tu problema. Me gustaría tomar un momento y describir la diferencia entre las preguntas dos y tres, es decir, cuál es la diferencia entre las características y los beneficios.

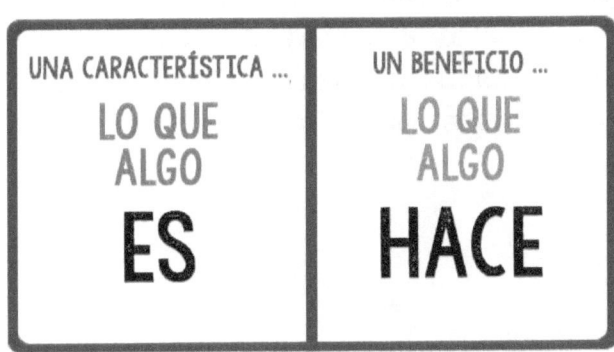

UNA CARACTERÍSTICA ...	UN BENEFICIO ...
LO QUE ALGO **ES**	LO QUE ALGO **HACE**

En pocas palabras, un beneficio es lo que el usuario obtiene al usar su producto. Asía que, el beneficio de leer este libro sería ganar más dinero o aprender sobre las oportunidades comerciales del Bitcoin u otras criptomonedas. Las características son aspectos técnicos de tu producto. Entonces, en el caso de este libro, las características serían que es un libro de tapas blandas o digital o pdf, que tiene más de 300 páginas y contiene al menos 15 capítulos.

Cojamos otro ejemplo: la billetera de hardware **TREZOR**. Los beneficios de **TREZOR** [shop.trezor.io]son que sus Bitcoins o cualquier cripto que metas en esta wallet o monedero o billetera, como la quieras llamar, están seguros y que puedes enviar Bitcoins desde cualquier ordenador que desees sin necesidad de preocuparte si está comprometido, hackeado o no. Las características de la billetera TREZOR son que es compatible con 6 **billeteras calientes** de Bitcoin diferentes, utiliza un **seed**-semilla de recuperación de 24 palabras, y cuesta $129 y así sucesivamente.

Por lo tanto, las características generalmente serán más aburridas que los beneficios. Los beneficios le dan al usuario la respuesta a la pregunta más importante que tienen: ¿qué hay en esto para mí? La distinción entre los dos es fundamental, ya que será la base de toda nuestra copia de marketing. Piensa en estas tres preguntas para tu propio producto y trata de ver si puedes responderlas ahora, todavía estaré aquí cuando vuelvas, lo prometo.

Hay una cosa que TIENES que averiguar antes de llevar a cabo TU plan de marketing

Sé que quieres abordar todos los ingeniosos trucos de marketing que te voy a enseñar en este libro, pero antes de que podamos siquiera considerar que tenemos que responder a otra pregunta muy básica: ¿A quién nos dirigimos? Muchas veces escucho la respuesta "todos" y esa es una receta segura para el fracaso. No puedes apuntar o captar a "todos"; necesitas tener un público objetivo bien definido y enfocado. Cada universo tiene sus personajes. El universo de Star Wars tiene caballeros Jedi, soldados imperiales y wookiees. El universo de El señor de los anillos tiene guerreros, magos y ladrones. Cada personaje tiene un rol específico que mantiene ese universo en equilibrio, y el universo de Bitcoin o criptos no es muy diferente. Echemos un vistazo a los diferentes personajes que participan en el universo de las criptos y Bitcoin e intentemos ver cuál describe mejor a tu público objetivo.

Evangelistas de Bitcoin- Cripto evangelistas

Techie

El Techie suele ser un programador hardcore, cuando estudia el Bitcoin, ve la Matrix de toda la cripto. Él entiende qué es, cómo está construido y los algoritmos que lo alimentan. Él puede explicarle los protocolos que se utilizan para realizar transacciones y las diferentes encriptaciones utilizadas a lo largo del proceso. El Techie tiene un papel importante ya que creó Bitcoin, y sin él no habría universo.

OBI-WAN KENOBI

Trader-Inversor-Inversionista

Después de Techie viene el trader. El trader ve a Bitcoin como un instrumento de inversión. Él entiende la visión de Techie, pero también mira a Bitcoin desde una perspectiva comercial. Él sabe cómo analizar su fluctuación en el precio, intenta predecir a dónde irá el Bitcoin. Si los Techies crearon el universo Bitcoin entonces los traders son su motor al igual que los mineros. Ellos son los que influyen en las tasas de cambio y los volúmenes de comercio. Sin el Comerciante, el Bitcoin seguiría siendo otra loca idea sobre la que nadie actúa.

HAN SOLO

Buscavidas o Hustler

The Hustler, es un concepto anglosajón de alguien que es un listillo o buscavidas o vividor, y con el minimo esfuerzo en superioridad de conocimiento logra el máximo rendimiento. ve la oportunidad de negocio en Bitcoin. Él ve en acción al comerciante o trader y entiende que está surgiendo un nuevo mercado. El Hustler presentará diferentes empresas comerciales y nuevas empresas relacionadas con Bitcoin. Configurará sitios web para monetizar la idea. Mientras su amigo, el trader o comerciante, está ocupado "buscando oro", se centrará en "venderle una pala". El Hustler juega un papel

LUKE SKYWALKER

importante en el universo de Bitcoin ya que es el único personaje que transmite la idea de Bitcoin a los nuevos usuarios de una manera fácil de comprender. Esto se debe al hecho de que él es un vendedor en la naturaleza, y como vendedor entiende que la idea de Bitcoin tiene que ser simplificada para el público.

Usuarios de Bitcoin

Merchant-Comerciante

El comerciante permite que la palabra sobre Bitcoin se propague a medida que la permite como forma de pago en su tienda. El papel del comerciante es crucial ya que sin él no habrá Comprador y, por lo tanto, no hay justificación para la existencia de dicha moneda. Los comerciantes son lo que le da a Bitcoin su poder real: la capacidad de valer algo.

Comprador-Buyer

Cada persona que usa Bitcoins para comprar bienes se considera un comprador. Esto podría ser un visitante en un sitio de comercio electrónico como Overstock o alguien que está tratando de obtener armas de fuego o drogas ilegalmente. El Comprador valida el poder que el Comerciante dicta para el Bitcoin al elegirlo como su moneda. Aunque los compradores y

KYLE KATARN

comerciantes parecen personajes "sencillos", sin ellos no habría un valor real para Bitcoin.

Bitcoin Amateur

Escéptico

El Escéptico es básicamente un idiota. No porque sea un tipo malo, sino principalmente porque critica a Bitcoin sin saber realmente qué es o incluso tratar de usarlo. Pero el escéptico también tiene un papel en el universo de Bitcoin, nos ayuda a entender a qué le tiene miedo la gente. Quien se beneficia al máximo del trabajo del Escéptico es el buscavidas, que comprende cuáles son las objeciones comunes a la moneda, y encuentra la manera de neutralizarlas.

C-3PO

BOBA FETT

Instituciones Tradicionales

Finalmente llegamos a las instituciones tradicionales. Los **bancos**, los **gobiernos**, las **grandes corporaciones**, todo lo que se mueve lentamente y odia el cambio. Ellos son probablemente el opsitor más difícil al que se enfrentan los evangelistas de Bitcoin y si son vencidos, entonces Bitcoin ganará. El poder de estas instituciones es fuerte y pueden hacer todo tipo de cosas desagradables, desde

DARTH VADER

prohibir completamente el uso de Bitcoin hasta simplemente no permitirle transferir dinero a intercambios de Bitcoin.

Si observamos todos estos tipos de personajes juntos, podemos segmentar estos personajes en varios arquetipos:

Desconocido e ignorante

Este grupo se compone de personas que no saben nada y algunos no saben que existe Bitcoin, y si lo saben no saben que hay más de 1.500 criptos y tampoco saben nada al respecto. Si te diriges a este grupo, no podrás hablar "bitcoinish", lo que significa que tendrás que explicar todo desde el primer paso. Un buen ejemplo para este grupo sería mi abuela o mi suegra. Este grupo consiste en pseudoescépticos e instituciones tradicionales.

EWOKS

Consciente e incognoscible

Este grupo es el Bitcoin **"novatos"**. Son personas que conocen Bitcoin u otras criptos como ethereum, iota, ripple o incluso Bitcoin cash. Le suenan cosas, se creen que son la repera, y porque saben de economía algo, saben y opinan de criptos y pueden estar interesadas en ellas, pero no saben nada más. No entienden cómo funciona la divisa, qué es la

PRINCESS LEIA

minería, dónde puedes comprarla, etc. Si te diriges a este grupo, todavía no puedes hablar "Bitcoinish", pero al menos sabes que están dispuestos a escuchar. En mi opinión, este es el grupo más grande y más rentable de captar. A menudo, las personas de este grupo entrarán en Bitcoin por curiosidad o porque creen que pueden sacar provecho de él. En este grupo, generalmente encontrarás al comprador, el buscavidas, el comerciante y el trader.

Consciente y conocedor

Estos son los **"Techies"**. Gente que sabe del Bitcoin y su funcionamiento interno. Entienden lo que es un hash, qué confirmación hay y no necesitan explicaciones técnicas. Están en Bitcoin porque ven el valor tecnológico en él. Sé que puedes pensar que todo esto es una

YODA

mierda filosófica, pero en realidad te ayudará a redactar tu mensaje de marketing mucho más fácilmente, ya que conocerás el idioma de la persona a la que te diriges.

Los mineros

Estos pueden ser además **"Techies"**, traders, compradores y vendedores. Los mineros son los que cumplen las reglas del juego. Pasan su tiempo minando, son los que aprueban transacciones para que sean las criptos sean justas, democráticas y de confianza y mantengan el universo bitcoin en equilibrio. Son, y gracias a ellos, los que dan la confianza a las personas que

STORM TROOPER

tanto comercian, compran o venden Bitcoin. Son de una manera a veces junto con los techies, *"los olvidados."* Están detrás del ordenador poniendo todo en orden, pueden también revertir el orden de las cosas y pasarse a la parte de la resistencia en un periquete, aunque a veces sin darse cuenta pueden haber trabajado para las fuerzas oscuras. Conocen todos los entresijos técnicos de software, hardware y del ecosistema de criptomonedas. Como son los mas currantes y soldados del imperio, debes seguir muchas veces sus consejos y fiarte de ellos.

Por ejemplo, el público de 66Bitcoins está compuesto principalmente por traders, buyers y buscavidas. Es por eso que no encontrará ningún balbuceo técnico en el sitio. Si ya posee un sitio que tiene tráfico entrante, puede usar Google Analytics para comprender mejor a su público. Todo lo que necesitas hacer es habilitar los datos demográficos y los informes de intereses como se explica aquí.

[support.google.com/analytics/answer/2819948?hl=es]

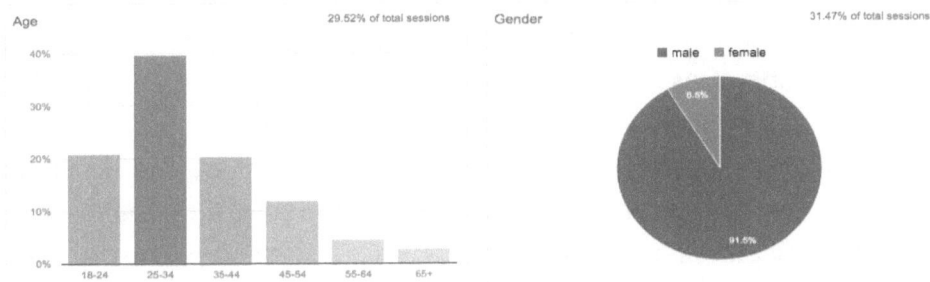

Como puedes ver, hay una mayoría de hombres con la edad de 25-34 años, y aquí hay un desglose de sus gustos:

Affinity Category (reach)			38.64% of total sessions
7.46%		Technophiles	
5.75%		Movie Lovers	
5.65%		TV Lovers	
4.89%		Avid Investors	
4.03%		Mobile Enthusiasts	
3.74%		News Junkies & Avid Readers	
3.69%		Shutterbugs	
3.24%		Travel Buffs	
3.13%		Music Lovers	
2.80%		Gamers/Hardcore Gamers	

In-Market Segment			33.30% of total sessions
5.61%		Financial Services/Investment Services	
3.46%		Employment	
3.32%		Consumer Electronics/Mobile Phones	
2.78%		Computers & Peripherals/Computer Accessories & Components	
2.66%		Dating Services	
2.32%		Financial Services/Banking Services	
2.25%		Travel/Hotels & Accommodations	
1.98%		Real Estate/Residential Properties	
1.87%		Computers & Peripherals/Computers/Laptops & Notebooks	
1.86%		Autos & Vehicles/Motor Vehicles/Motor Vehicles (Used)	

Other Category			37.68% of total sessions
5.75%		Finance/Investing/Currencies & Foreign Exchange	
3.19%		Arts & Entertainment/TV & Video/Online Video	
2.41%		Internet & Telecom/Mobile & Wireless/Mobile Phones/Smart Phones	
2.14%		Business & Industrial/Business Services/E-Commerce Services/Merchant Services & Payment Systems	
1.38%		Sports/Team Sports/Soccer	
1.32%		Arts & Entertainment/Humor	
1.18%		Arts & Entertainment/Celebrities & Entertainment News	
1.13%		Internet & Telecom/Email & Messaging	
1.05%		News/Weather	
0.99%		News/Politics	

Entonces ahora entiendo mejor a mi público. Por supuesto, hay mucha más información que puedo extraer de los análisis, como la información geográfica, qué dispositivos usan para explorar mi sitio, etc.

Así es como creo lo que se conoce como **"persona"** en el marketing. Las personas son personajes ficticios creados para representar los diferentes tipos de usuarios que pueden usar un sitio web, marca o producto de forma similar. Por lo tanto, lo ideal sería crear alrededor de 2 a 3 personas de personas que usarían su sitio / producto y luego decidir a cuál de ellos se dirigirá primero. Creas una persona dándole un nombre real, describiendo dónde viven, qué desayunan y continúas con todos los detalles posibles hasta que entienda claramente a su cliente. Una gran herramienta que te guiará en tu creación de personajes es **PersonaDo**. Un sitio web completamente gratuito que le ayuda a crear sus personajes haciéndole (muchas) preguntas sobre ellos.

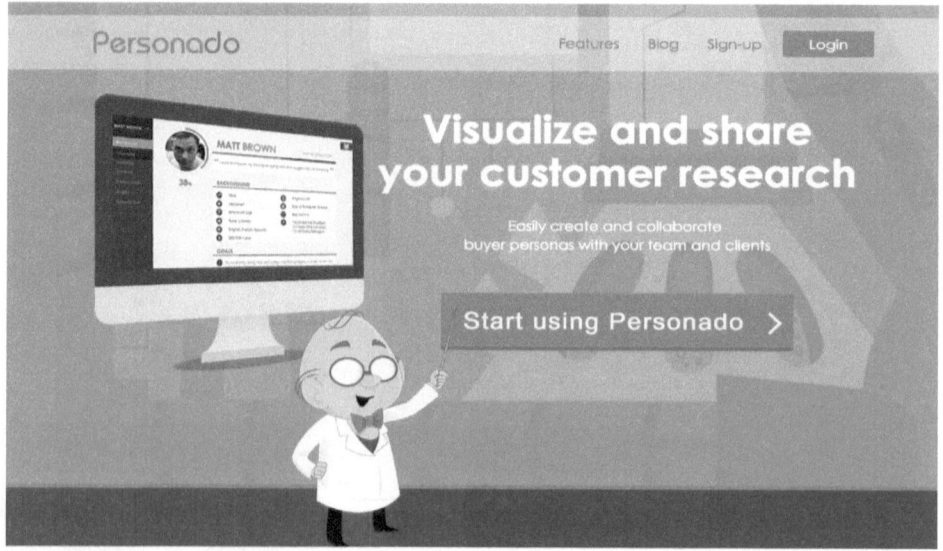

CUALQUIER COPIA QUE HAGAS SIEMPRE EMPIEZA CON AIDA (NO TE MONTES UNA PELÍCULA...)

Glengarry Glen Ross es una película (titulada *Éxito a cualquier precio* en España y *El precio de la ambición* en Hispanoamérica) es una película dramática estadounidense de 1992. En una empresa americana inmobiliaria de la ciudad de Chicago, se lanza un reto muy tentador para todos los empleados: el mejor vendedor será recompensado con un Cadillac, el segundo más eficiente con un juego de cuchillos, y el que menos venda será despedido. Los vendedores reaccionan de distintas formas: empiezan a tenderse trampas y a pensar en la manera de vender o al menos de evitar ser el peor vendedor, incluso en el robo de las fichas de referencias (que contienen información sobre posibles clientes) para conseguir el éxito. Y adentrándonos más en el tema del film, los 4 agentes inmobiliarios venden propiedades o solares malos a personas que realmente no los quieren. Uno de los agentes es un óptimo vendedor. Los otros tres no lo son al principio de la película, Blake, una persona muy exitosa de un lugar sin nombre, llega a la oficina.

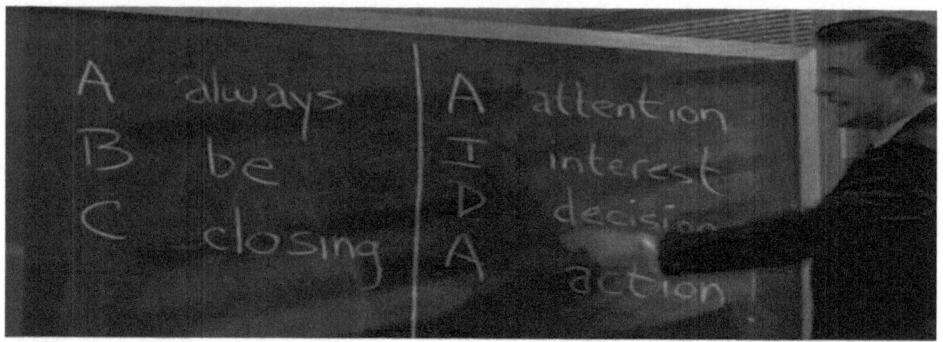

Él ha sido enviado por los propietarios de la empresa inmobiliaria o de bienes raíces para ayudar a motivar a los vendedores. A lo largo de unos 7 minutos, él ofrece un monólogo prístinamente venenoso, uno que, en el pasado, con cerca de dos décadas y media, ya tradicionalmente trasnochado y caducado. Es, en términos muy claros, una escena magnífica. Es monumental. Es inolvidable... ¿Pero que ... tiene que ver con nuestro caso? Alec Baldwin, en la película, habla de dos pasos para tener éxito que podemos aplicar a nuestro manual ...del ABC del marketing [**Always Be Closing**- siempre cierra los acuerdos] y AIDA [Atención, Interés, **Decisión**, y Acción] ... La tercera- **Decisión** aquí la he cambiado por **Deseo** ya que se ajusta más a la realidad. Vemos entonces, que el marketing en Internet es básicamente el arte de hacer que las personas tomen una acción deseada online. Para hacerlo, utilizaremos algún tipo de copia. Esa copia puede ser un anuncio de Adwords, puede ser una publicación de blog, una imagen en Facebook o un correo electrónico que envíes a tus suscriptores. Cualquiera que sea esa copia, necesitas saber cómo crearla. Afortunadamente, es una tarea bastante fácil una vez que conoces las reglas del juego.

Ves, hay una lógica común para CADA copia de marketing efectiva que se llama **AIDA** como en la pelicula. AIDA es la abreviatura de Atención, Interés, Deseo, y Acción como he mencionado antes.

[escena del film **www.youtube.com/watch?v=zmpN1kxRSLg**]

Llama la atención – !Qué te hagan caso!

Antes de hablar con alguien, debes llamar su atención ¿no? No puedes mostrar tu anuncio a alguien en Facebook si no puedes hacer que deje de desplazarse por tu **feed**. Entonces, la primera parte de cualquier copia de marketing efectiva sería llamar la atención del visitante.

La mejor manera de captar a alguien en medio de estar viendo posts y feeds es destacarse de los otros y resaltar. Pero dado que hay diferentes canales que podemos utilizar, lograr la atención de los usuarios siempre será diferente. Por ejemplo, si queremos llamar la atención de un usuario en Facebook, la mejor manera de hacerlo sería con una imagen muy convincente. Por otro lado, si estamos tratando de llamar la atención del usuario en su bandeja de correo electrónico, usaremos su **nombre en el título del correo electrónico**.

Entonces, aunque la parte de "**atención**" parece bastante obvia, puedo decirte por experiencia que la gente parece subestimarla. Un buen ejemplo de cómo captar la atención de un usuario existente en Facebook sería utilizar un gran logotipo de Bitcoin, ya que es algo que atraería a un Bitcoiner activo.

Despertar su interés

Una vez que captas la atención del usuario, es hora de despertar su interés. Esto no significa que es hora de descargar toda la carga sobre él, sino más bien darle curiosidad sobre tu oferta. El interés generalmente se genera a través de un título intrigante.

Estos son algunos buenos ejemplos de interés generando titulares de Bitcoin:

☐ "7 errores que probablemente cometió cuando comenzó con Bitcoin"

☐ "Cómo generar $ 1,243 con el Bitcoin en solo 10 días"

☐ "¿Puede Bitcoin ayudarte a predecir el futuro?"

El único propósito del título es generar interés para que el usuario lea tu artículo o **haga clic en tu anuncio**. ¿Sabías que el 60% de los usuarios en línea solo leen el título y omiten todo el artículo? Pero tranquilos, vamos a aprender 7 técnicas de poder que harán que tus lectores estén tan interesados que tendrán que seguir leyendo.

Técnica del poder del titular n.º 1 - Usa palabras poderosas

Las palabras de poder son palabras que tienen una intensidad alta para anuncios. Un ejemplo de este tipo de palabras podría ser: matar, revelar, desencadenar, aturdir, mendigar, etc. Aprendí este concepto de una de las leyendas del marketing en Internet, John Carlton. De hecho, publicó un documento con más de 20 páginas de palabras poderosas que puedes revisar y elegir.

Técnica de poder básico n.º 2 - Evitar el dolor>lograr placer

Cuando estás escribiendo un título, usa palabras clave negativas para crear emociones más poderosas y así alentar la reacción. Uno de mis titulares de correo electrónico más exitosos son estos:

"El déficit está matando países en todo el mundo. ¿Bitcoin es la solución?"

"¡Advertencia! Me mantendría alejado del 99.9% de los timos de minería en la nube de Bitcoin "

"¿Bitcoin está sangrando hasta la muerte? 15% de disminución en el optimismo de precios de Bitcoin "

"El pánico se agita en torno al colapso de Bitcoin (un 15% menos en 3 días)"

Estos ejemplos funcionaron mucho mejor para lograr que las personas abrieran y leyeran mis correos electrónicos que cualquier otro ejemplo "**positivo**".

Técnica de una cabecera poderosa n.º 3: creación de bucles abiertos

Los bucles abiertos se usan en libros, películas y series de televisión para que básicamente sepas lo que sucede a continuación. Se llama **bucle abierto** ya que no se cierra para dejarlo colgando. Es cuando doy una especie de pista sobre lo que está pasando, pero no doy suficiente información para resolver todo el rompecabezas. Un ejemplo para un título de bucle abierto puede ser:

"Noticias de última hora: Coinbase ya no es la capital de Bitcoin de los Estados Unidos"

Si ves ese título, automáticamente empiezas a pensar: "¿Quién es entonces?". Es de esperar que te haga leer el artículo para averiguarlo. La serie de televisión LOST utilizó esta táctica con gran efecto. Al final de cada episodio verás un giro dramático de los acontecimientos en el próximo episodio, lo que hará que no puedas dejar de pensar en lo que sucederá a continuación.

Técnica del encabezado poderoso n.º 4 - Haz preguntas

Hacer preguntas en su título es una excelente manera de motivar a su lector. Nos guste o no, vamos a responder la pregunta a lo que leemos en nuestra cabeza. Las preguntas no deberían ser difíciles de responder y deberían indicar de qué trata su artículo, anuncio o producto. Por ejemplo, un buen título para este libro sería:

"¿Te gustaría saber cómo generar cantidades alucinantes de usuarios para tu negocio de Bitcoin?"

¿Ves cómo formulo el titular como una pregunta y al mismo tiempo incorporo una palabra poderosa en el interior (alucinante)? Además, la pregunta no fue difícil de responder y dio una pista sobre el valor de mi producto.

Técnica del encabezado poderoso n.º 5 - Se específico

Veo tantos titulares "**generales**" en webs que me vuelvo loco. Debes ser extremadamente específico en tu título con respecto al beneficio para con tu usuario. Si echas un vistazo a la página de ventas de este libro, dice:

"Así es como gano $ 4,826 / mes" por una razón. Podría haber dicho cómo gano miles de dólares, pero quería ser específico. Cuando eres específico, haces que el usuario comprenda mejor el valor de tu producto y lo que puede hacer por él. También le da mayor credibilidad ya que está dando un número exacto.

Técnica del titular poderoso n.º6: usar caracteres especiales

Una forma en que puede hacer que tu título se destaque del resto es mediante el uso de caracteres especiales en él. Cuando hablo de caracteres especiales, me refiero a cualquier personaje que no sea una letra del alfabeto. Algunos buenos ejemplos serían el signo $, el signo%, el signo #, el signo @ y el signo &. Por supuesto, puedes volverte loco con esto y agregar cualquier personaje que desees, pero no vayas más allá, puntuando el titular y haciendo que parezca basura, como "¡¡Revelaré todos mis secretos !!!!!!!!!"

Técnica del titular poderoso n.º 7 - WIFM

WIFM significa **"Qué hay para mí"** en inglés [Whats in For Me?]. Recuerda el responder a esta pregunta a la hora de escribir tu título, ya que es lo único que le importa al usuario.

Una buena forma de probar esto sería escribir tu título y luego dárselo a alguien para que lo lea. Después de que lo lean, pregúntales si entienden qué ganarán si continúan leyendo su artículo, página de ventas o lo que sea que esté escribiendo. Si no logran beneficio de lo que intentas transmitir, vuelve al encerado y traza otro plan mejor.

Crear deseo

Ahora viene la parte difícil, ya que hasta ahora dimos todo tipo de consejos y técnicas. En este momento las cosas se vuelven un poco más abstractas. Una vez que captas la atención del usuario y despiertas su interés, y ya están listos para escucharte. Ahora es el momento de crear deseo. El deseo se crea a través de una gran copia, y una gran copia generalmente tiene algunos de los siguientes elementos:

Beneficios primero, características posteriores

Es importante comenzar siempre enfatizando los beneficios de tu producto y no tanto de lo que haces. Como puedes ver en el ejemplo de la página principal de Coinbase, solo dice: "Comience con Bitcoin", eso es un beneficio.

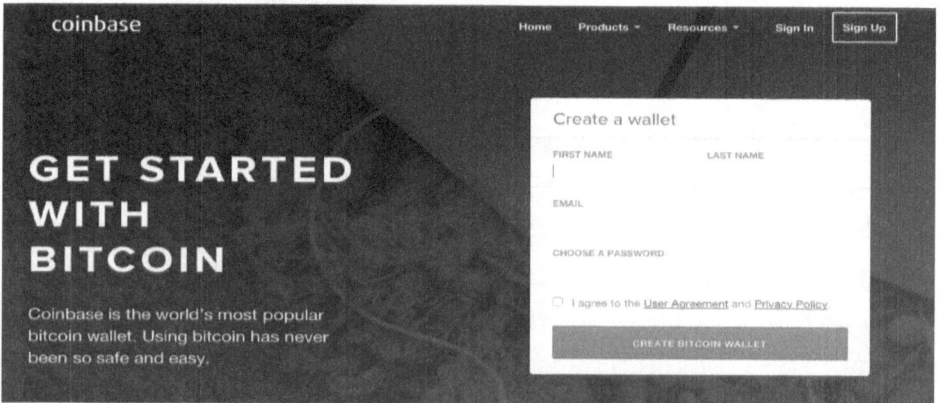

Solo si vas abajo en la página tendrás las características reales de Coinbase, como la posibilidad de acceder a Coinbase desde una aplicación móvil, el proceso de 2fa (autenticación de dos factores) que tienen y más.

Así que recuerda el comenzar con los beneficios. No es que las características no son importantes, lo son; solo necesitan venir en el momento correcto.

Prueba social

Presumir de tu prueba social es algo que crea deseo por tu producto. Por ejemplo, si tienes algún sitio de noticias famoso que escriba sobre ti, presente tu logotipo. Si tienes una entrevista con una persona famosa de la industria que habla de tu producto, preséntelo. Incluso si no tienes ninguno de estos, siempre puedes usar algún tipo de sello de confianza o una insignia de miembro de la fundación Bitcoin en tu sitio web, son cosas que debes sopesar.

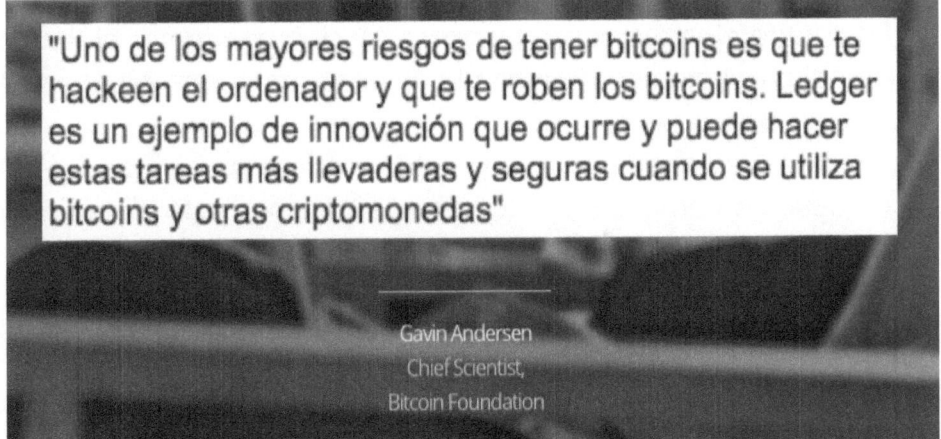

"Uno de los mayores riesgos de tener bitcoins es que te hackeen el ordenador y que te roben los bitcoins. Ledger es un ejemplo de innovación que ocurre y puede hacer estas tareas más llevaderas y seguras cuando se utiliza bitcoins y otras criptomonedas"

Gavin Andersen
Chief Scientist,
Bitcoin Foundation

Por ejemplo, Ledger wallet - un fabricante de billeteras de hardware de Bitcoin utiliza una cita de Gavin Andersen, el científico en jefe de la fundación Bitcoin en su página de inicio, foto arriba.

Abordar los temas que están atascados y obstáculos

Si ya intentaste vender tu producto en el internet, probablemente sepas cuáles son los puntos de fricción de tus usuarios. Los puntos conflictivos son cosas que obstaculizan la venta. Un punto de fricción puede ser un precio alto o una marca desconocida. Un buen ejemplo para abordar el punto de estancamiento de los precios es ofrecer una garantía de devolución de dinero, al igual que la que conseguiste en este libro. Otro ejemplo de un punto de fricción puede ser el temor de que el producto sea demasiado difícil de entender. Muchos sitios web tienen una sección de Preguntas frecuentes (FAQ) que ayuda a los usuarios a aliviar estos puntos conflictivos. La etapa de deseo es probablemente la etapa más difícil de elaborar. Más adelante en este capítulo hablaremos sobre la elaboración de páginas de inicio y comprenderá mejor lo que se puede hacer.

Un llamamiento claro a la acción

La parte final de AIDA es Acción. Y por acción quiero decir que debes poner en práctica una llamada a la acción (también conocida como CTA-clear call to action como decimos en inglés), visible, clara, corta, emocionante. Básicamente debe ser una oferta que su visitante no puede rechazar y que es tan simple como se puede ejecutar. Aquí hay un ejemplo de la página de inicio de Circle.

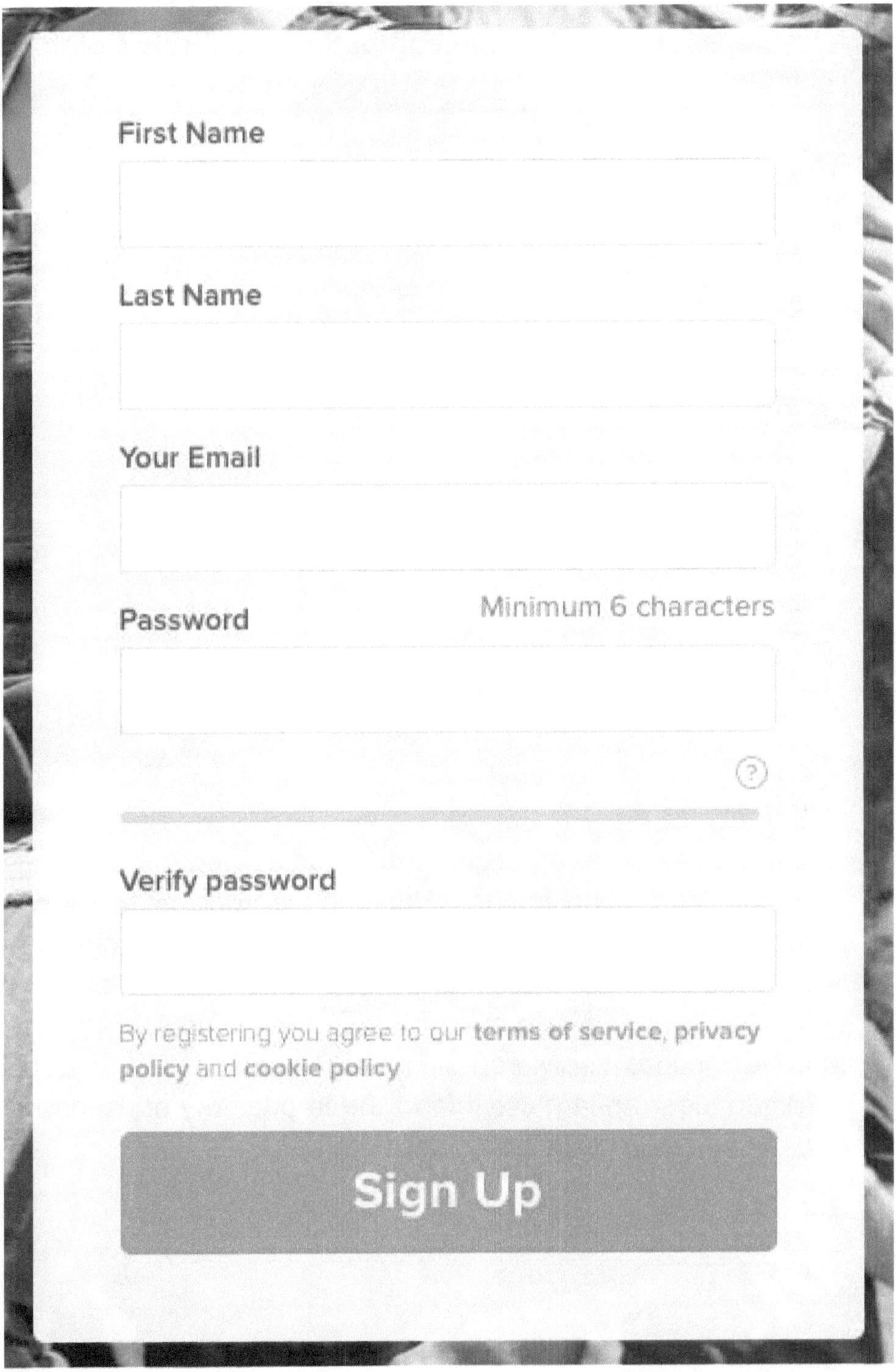

First Name

Last Name

Your Email

Password

Minimum 6 characters

ⓘ

Verify password

By registering you agree to our **terms of service**, **privacy policy** and **cookie policy**

Sign Up

Ahora veamos el CTA del competidor de Circle Coinbase:

Create a wallet

FIRST NAME

LAST NAME

EMAIL

CHOOSE A PASSWORD

☐ I agree to the User Agreement and Privacy Policy.

CREATE BITCOIN WALLET

Ambas CTAs son prácticamente iguales, pero yo diría que Coinbase es mucho mejor. ¿Por qué? Porque tiene un campo menos para completar y "crear una billetera de Bitcoin" es una acción mucho más emocionante que simplemente "**entrar**-sign up". Además, asegúrate que sea fácil para tu usuarios encontrar tu CTA. Muchas veces veo sitios web donde la CTA está oculta en algún lugar en la parte inferior de la página y el usuario tiene que desplazarse hacia abajo para verla.

UNIR LAS PIEZAS DEL ROMPECABEZAS Y HACER LA MEJOR COPIA DE VENTAS

A estas alturas ya hemos visto todos los conceptos básicos del marketing online que tienes que saber, ahora vamos a atar todos los cabos. En los siguientes capítulos, cada vez que veamos un canal de marketing, también explicaré cómo crear la copia para ese canal específico. Entonces, si, por ejemplo, explico **Google Adwords,** también hablaré sobre los mejores trucos para escribir un anuncio de Adwords. Pero, por ahora, me gustaría utilizar la información que hemos visto hasta ahora para explicar cómo crear una página de destino con alta conversión.

En esta sección solo hablaremos sobre el diseño de la página de inicio. Después de eso, necesitas diseñar y codificar la página. Puedes hacerlo tu mismo o mediante el uso de profesionales independientes, como se explica en el ultimo capítulo de de la Parte II de este libro. Comencemos con una plantilla muy general que utilizo para casi todas las páginas de inicio que configuro. Una página de destino es solo el nombre de la página en la que el visitante "aterriza". Por lo general, es la página que ves después de hacer clic en un anuncio y tiene el único propósito de lograr que el visitante realice algún tipo de acción (comprar algo, suscribirse, etc.). Cualquier página en tu sitio web se puede considerar una página de inicio.

Por supuesto, que esto es solo una sugerencia y puedes diseñar tu página de aterrizaje-inicio-como quieras, pero creo que este ejemplo te ayudará a ilustrar cómo utilizo lo que hemos aprendido hasta ahora. Comenzamos con el titular. Como ya sabes, esta es probablemente la parte más importante de la página, ya que hará que el usuario decida si va a permanecer en la página o se irá. La mayoría de los usuarios abandonará su sitio web en 10-20 segundos si no entienden claramente dónde están y qué hay para ellos.

Examina el marco de página que he dibujado arriba una vez más. Probablemente notarás que hay una línea que dice "este es el pliegue o aquí se separa la página" en algún lugar en el medio del bastidor. Esto se refiere a todo lo que es visible en tu página web sin desplazamiento y es la parte más importante de la página web, ya que es la que todos los visitantes ven.

El término "*pliegue o separación*" proviene de periódicos que están doblados en dos y solo se puede ver la parte superior del papel antes de decidir si vas a comprarlos. Es por eso que generalmente verás el título más interesante en negrita "arriba de la doblez o liegue" en casi todos los periódicos.

Así que la presentación de tu sitio web tiene básicamente dos partes, arriba de la doblez y debajo de la doblez. Comencemos con lo que nos gustaría poner en el pliegue. La línea de pliegue de arriba es normalmente entre 570-600 píxeles de largo. La elaboración del título se realiza mediante el uso de las técnicas poderosas que aprendimos anteriormente.

El título debe tener una frase larga. Si aún te encuentras con cosas más importantes que decir, también puedes agregar un subtítulo más pequeño como se muestra en la estructura anterior.

Cuando se trata de páginas web, cuanto menos pones suele ser mejor. La gente no pasa mucho tiempo leyendo en páginas web, generalmente las saltan. Es por eso que el texto más corto y al grano es mucho mejor que los párrafos largos y engorrosos. Debajo de los titulares aparece el CTA (llamamiento a la acción). Este debería ser un botón o enlace muy claro que indique el beneficio de seguir con la acción; por ejemplo, si miras MI página principal de 66BITCOINS.com, verás lo siguiente:

Como puedes ver, hay un titular muy claro con un gran beneficio. Un subtítulo con características adicionales y un botón claro de llamamiento a la acción que explica el resultado de esa acción. Abajo el famoso sitio bit2me.com con un tema parecido…

Si aún tienes espacio en la parte superior para entrar más información, puedes considerar el mostrar alguna prueba social en forma de testimonios, o mejor aún, logotipos de sitios de noticias que escribieron sobre ti con un enlace al artículo.

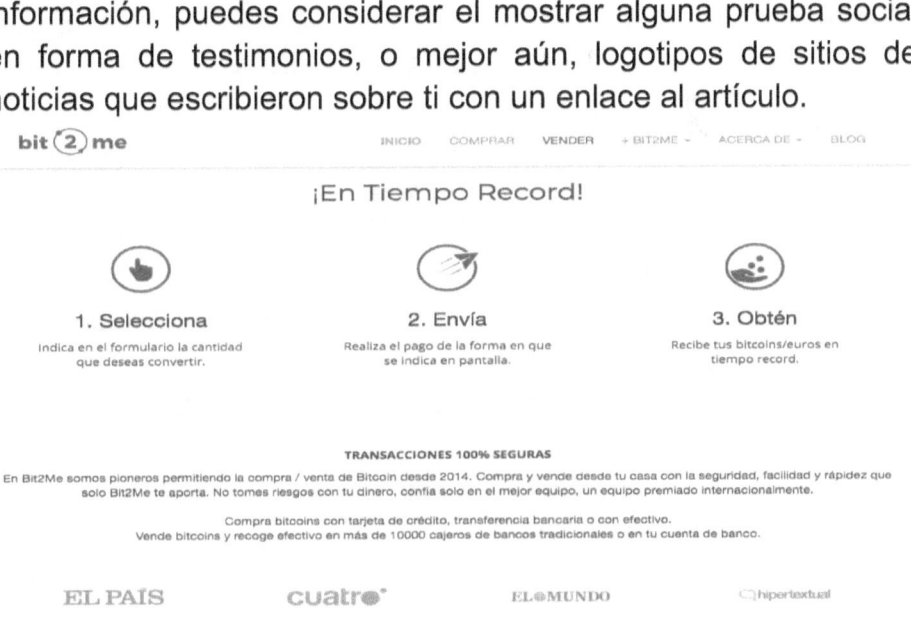

Pero recuerda que la parte de arriba del pliegue es la única parte de su sitio web que el 100% de sus visitantes ve, por lo que tiene que ser muy preciso en su mensaje de marketing. Muchas empresas hablan de sí mismas en esta parte en lugar de los beneficios que pueden brindar a sus visitantes; es solo una pena

Aquí hay un buen ejemplo de una sección bien desarrollada de un sitio web llamado **www.purse.io**. con esta aplicación puedes además usar tus bitcoins para comprar en amazon.com y en otras tiendas.

Pregúntate esto: si hubieras llegado a este sitio, ¿entenderías de inmediato qué beneficios lograrías? Sé que lo harías. La propuesta de valor es muy clara, el llamamiento a la acción es breve y simple y el botón indica el resultado de lo que sucederá después. También notarás que ni siquiera mencionan el nombre del sitio y eso es algo bueno. A nadie le importa tu marca, créeme. Todo lo que les importa es lo que pueden hacer por ellos, así es como las personas están programadas en su núcleo. Así que asegúrate de dejarlo completamente claro y no desperdicies texto en mencionar tu marca o cualquier cosa que no esté relacionada con ello. Volviendo a nuestro diagrama, debajo de la doblez debes insertar características adicionales y prueba social. El diseño que sugerí arriba es una manera de hacerlo y probablemente también verás muchas otras maneras. Solo asegúrate de que si pones texto en tu página de aterrizaje entiendes el propósito y la meta. En este momento, el propósito debería ser crear deseo.

Como hemos razonado anteriormente, puedes hacerte algunas preguntas frecuentes para evitar puntos conflictivos, mostrar algunos testimonios o incluso dar una especie de demostración de tu producto. No olvides incorporar CTA adicionales si la página llega a ser larga, ya que no deseas que el usuario tenga que desplazarse hasta la parte superior de la página para poder seguir con su oferta. Para el último ejemplo, me gustaría tomar **Local Bitcoins**, **[localbitcoins.com/es/]**un sitio web dedicado a ayudarte a encontrar personas que compren o venden Alt coins y Bitcoins cerca de tu ciudad.

¿Ves lo simple que es la sección de la doblez? Un beneficio muy claro, características muy específicas (16.000 ciudades, 250 países ...). Sin embargo, hay una cosa que creo que podrían haber hecho mejor. ¿Puedes verlo?

Buy and sell bitcoins near you

Instant. Secure. Private.

Trade bitcoins in 16164 cities and 248 countries including Spain.

☑ Sign up free

| QUICK BUY | QUICK SELL |

| Amount | EUR ⬍ | Spain ⬍ | All online offers ⬍ | Search |

El llamamiento a la acción.

Parece que hay dos llamamientos a la acción aquí, que pueden confundir al visitante. Uno dice "registrarse gratis", que es texto bastante estándar y no tan emocionante. El otro dice "encontrar ofertas", lo cual es mucho mejor en mi opinión ya que entiendo lo que lograré una vez que haga clic en el botón. Por lo tanto, si pudiera hacer una mejora en esta página, sería eliminar la CTA "registrarse gratis" y dejar solo la CTA "encontrar ofertas".

Eso es todo, con suerte sabrás cómo diseñar su página de inicio o página de inicio para su producto. Ahora que hemos cubierto todos los aspectos básicos, estamos listos para pasar a la acción.

HAY CUATRO CANALES PRINCIPALES DE MARKETING

En general, hay cuatro canales principales de marketing que utilizaremos cuando promocionemos algo online. Cada uno de estos cuatro canales se puede dividir en subcanales.

Tráfico orgánico

También conocido como "obtener usuarios gratis". Esta es la ciencia de llevar a las personas a su sitio web sin pagar un centavo. Este canal incorpora todo lo relacionado con SEO, marketing de contenido y publicación de invitados en otros blogs. Todo lo cual será discutido más adelante.

Tráfico pagado

También conocido como "pagar por usuarios". Este canal se trata de publicidad pagada. En este libro, veremos cómo utilizar publicidad pagada extremadamente rentable en **Google Adwords y Facebook.**

Marketing social

Este canal tiene que ver con el boca a boca (**WOM** Word Of Mouth en inglés es la forma corta). En esta sección trataremos cómo hacer que las personas hablen de ti en las redes sociales, promocionen tu sitio y también sobre cómo conseguir afiliados para tu negocio.

Correo de marketing – email viral

Mi favorito personal es El correo electrónico es probablemente la herramienta de marketing más poderosa que puede tener, pero necesitas saber cómo usarla de manera efectiva.

En esta sección se tratará cómo crear una lista de correo electrónico súper enfocada, cómo comunicarse con suscriptores, qué enviar, cuándo enviar y mucho más.

¡IMPORTANTE! Solamente debes seguir estos pasos de estas dos secciones siempre que hayas visto y completado con éxito las dos primeras partes de este libro. {Part I y Parte II}

¿Por qué?

Porque no quieres hacer todo este trabajo y luego descubrir que no hay necesidad o demanda por tu producto. La metodología Lean explicados anteriormente en este libro están aquí para protegerte y no malgastar tiempo y dinero que no necesitas malgastar.

DISEÑA TU PLAN DE MARKETING Y TU PÁGINA DE VENTAS

Lo sé, lo sé, no me lo digas…ya quieres empezar a hacer marketing y empezar a desarrollar tu página web. ¡Pero tranqui, espera, se paciente! Tenemos que terminar la fase de planificación antes de crear cualquier campaña en línea. El key de la cuestión es que si no te tomas tu tiempo para descubrir las cosas de las que hemos hablado, tus anuncios y otros esfuerzos de marketing serán bastante inútiles. Así que esto es lo que quiero que hagas hoy:

1. Responde las tres preguntas sobre tu producto (qué problema soluciona, cuáles son sus características y cuáles son los beneficios). Enumera al menos tres beneficios y tres características.

2. Usa **PersonaDo o similar** para caracterizar a tu público objetivo. Crea al menos tres personajes diferentes y decide cuál de ellos es el más relevante para tu meta u objetivo inicialmente.

3. Usa un software como **LucidCharts** para crear un marcos de pagina o modelos de pagina de inicio. Sigue la estructura de AIDA que vimos.

4. Haz de tu web algo real ya sea diseñando y codificándolo tu mismo o contratando a un profesional independiente para que lo haga por ti. También puedes usar desarrolladores de sitios web como **instapage**, **wix** y otros para crearlos tu mismo sin ningún conocimiento previo.

5. Si ya tienes un sitio web / producto, asegúrate de tener instalado Google Analytics. Luego asegúrate de habilitar Demographics e Intereses como se explica en el libro.

¡Buena suerte y nos vemos en el próximo capítulo!

GOOGLE ADWORDS: SE TRATA DE PALABRAS CLAVE

Cuando hablamos de publicidad pagada, generalmente discutimos dos plataformas principales: **Google Adwords** y **anuncios de Facebook**. Considera este capítulo como el 20% que tienes que saber para lograr el 80% de los resultados que deseas. **Adwords** es la plataforma de publicidad de Google y es la principal fuente de ingresos para Google. La red de Adwords está dividida en dos redes separadas. La red de búsqueda, que está a cargo de todos los anuncios patrocinados que ves cuando buscas en el motor de búsqueda de Google. Y la red de visualización que está a cargo de todos los anuncios que se muestran en los sitios web con anuncios de Google. La principal ventaja de utilizar la red de búsqueda de Adwords es que puedes mostrar anuncios a un público objetivo cuando buscan una solución específica. Es lo que se conoce como **"atracción de marketing"**, ya que no necesitas convencer al usuario de nada, ya están buscando una solución para su problema. Por otro lado, tenemos marketing por colocación o inclusión : la red de visualización de Adwords. Esta red llega a un público más amplio que la red de búsqueda, ya que hay muchos más sitios web que muestran anuncios Google que búsquedas en Google. En este capítulo, voy a hablar solo de los aspectos básicos de la red de búsqueda, ya que creo que es el principal cambio de juego que puedes usar para tu negocio de cripto o Bitcoin. Si crees que quieres obtener más información sobre la Red de Display, también hay una excelente guía de Google aquí [support.google.com/adwords/answer/117120?hl=es]

Las palabras clave son lo que desencadena los anuncios

Los anuncios en la red de búsqueda se activan mediante palabras clave que las personas escriben en Google. Cuando digo palabras clave (o KW en resumen), no me refiero solo a las palabras, sino también a las frases. Entonces, por ejemplo, en la campaña Adwords de 66Bitcoins puse **KWs- palabras clave** como,

Compre Bitcoin con PayPal

Compre Bitcoin con crédito

¿Cómo puedo comprar Bitcoin de forma anónima?

y así…

Cada una de estas frases se considera un KW diferente

Ahora digamos que eres un anunciante en Adwords. Te registras en el sistema y cargas una lista de palabras clave que consideras relevantes para el producto. Después de que cargues tus KW y escribas el anuncio de tu producto, estarás preparado (no te preocupes, todo esto se explicará en profundidad más adelante, solo quiero que entiendas la idea general en este momento). Una vez que alguien busca uno de tus KW, Google mostrará tu anuncio. Por lo tanto, se trata de elegir los KW correctos para que su anuncio aparezca en el momento adecuado.

Pero aquí es donde se complica la cosa.

Google quiere que tus anuncios sean relevantes para lo que el usuario está buscando, por lo que no puede colocar un anuncio para un intercambio de Bitcoin si el usuario está buscando "zapatillas de tenis rojas". Esto significa que debes tener una alta correlación entre tus KW y tus anuncios. También necesitas que la página de destino esté relacionada con los KW que elijas. Entonces, si el KW que está pujando es "intercambio o casa de cambio de Bitcoin" y envías a tu usuario a una página web sobre fruta orgánica, eso es un gran no-no en términos de Google.

UN POCO DE LA TERMINOLOGÍA DE ADWORDS

La correlación entre las **KW-palabras clave**, el anuncio y la página de inicio se denomina **Nivel de calidad (QS)** y es uno de los principales factores que decide en qué posición aparecerá tu anuncio, si es que lo hace. Cada KW que agregas a tu campaña logrará un QS diferente entre 1 y 10 según esta correlación.

El QS también cambia según la efectividad de su anuncio. Si muchos usuarios hacen clic en su anuncio, su QS aumenta. Si nadie hace clic en su anuncio, se desactivará. El porcentaje de usuarios que hacen clic en tu anuncio se llama **Click Through Rate o CTR.**

Será tu trabajo asegurarte de tener un CTR alto para que tu QS suba y su anuncio se muestre con más frecuencia. Cada vez que se muestra tu anuncio, significa que recibió una impresión (o diablillos en resumen). Por lo tanto, si tu anuncio se mostró 200 veces, significa que recibió 200 impresiones. Y si de estas 200 veces, 10 personas hicieron clic en él, significa que tu CTR será 10/200 = 5%.

Así que, para recapitular lo que hemos aprendido hasta ahora:

- Hay dos redes principales: búsqueda y visualización.
- La red de búsqueda está activada por KWs.
- Las KW también deben estar relacionadas con los anuncios y la página de destino.
- Cuanto mayor sea la correlación, mayor será su QS para ese KW.
- CTR también afecta a QS.
- Cada vez que se muestra un anuncio, significa que recibió una impresión.

Si todavía no te has perdido, te lo estás currando bien. Tengo un tema más técnico que quiero comprobar que es crucial comprender y eso es el modelo de precios de **Adwords**.

Solo pagas si alguien hace clic en tu anuncio

Adwords funciona en un modelo de pago por clic (también conocido como PPC). Esto significa que solo pagas por tu anuncio si alguien hizo clic en él. Esto lo hace extremadamente efectivo para los anunciantes ya que no tienen que gastar un centavo si nadie hace clic en sus anuncios. Tu CPC máximo es la cantidad máxima que estás dispuesto a pagar por 1 clic. Puede ser cualquier número entre 1 centavo y un millón de dólares, dependiendo de su presupuesto. Casi nunca te pagarán un CPC máximo. Es por eso que se llama CPC máximo: es lo máximo que estás dispuesto a pagar, pero generalmente pagarás menos.

No entraré en detalles sobre cómo calcular cuánto pagarás en realidad, ya que es un poco complicado, pero por ahora solo recuerda que generalmente pagarás un precio menor que su CPC máximo.

Entonces, ¿por qué no mostrar mis anuncios todo el tiempo? No pagaré si nadie hace clic ...

Pensé que podrías preguntar eso. El hecho es que Google quiere ganar dinero y no te permitirá publicar anuncios en los que nadie haga clic si pueden colocar anuncios más relevantes que serán cliqueados. Es exactamente por eso que QS se ve afectado tanto por el CTR. Si su CTR es bajo, significa que nadie está haciendo clic en tu anuncio. Si nadie está haciendo clic en tu anuncio, probablemente no sea tan relevante. Si no es tan relevante, no va a aparecer durante mucho tiempo ya que estás perdiendo dinero en Google.

¿Cómo decide Google si se mostrará su anuncio?

Cada anuncio que posees tiene su propio rango publicitario. El ranking publicitario es el resultado de que su QS X sea su CPC máximo. Entonces, por ejemplo, digamos que deseas anunciar para las KW "comprar bitcoins baratos" y tu CPC máximo es de $ 2. Google calcula tu QS y te da un resultado de 7. Esto significa que el ranking de tu anuncio para ese KW específico es de 2 * 7 = 14. Cuando alguien escribe "comprar bitcoins" en Google, tu ranking compite con todos los otros rangos de anuncios para ese KW y el orden de aparición se decide desde el rango más alto hasta el más bajo. Dado que solo hay 10 espacios publicitarios en una página de Google, los anuncios que aparecen después del décimo lugar no se mostrarán en absoluto.

Para ilustrar esto, digamos que tenemos tres anunciantes para el KW "comprar Bitcoins baratos":

Advertiser	Max CPC	QS	Ad Rank	Ad position
John	$1	6	6*1 = 6	1st
Mellisa	$0.5	9	0.5 * 9 = 4.5	2nd
Craig	$3	1	3 * 1 = 3	3rd

Como puedes ver, a pesar de que Craig pujó más alto que Melissa, todavía se mostrará por debajo de ella porque su QS es una mierda. Por lo general, las KW con QS de 1 no aparecerán en absoluto. Entonces ahora sabes por qué es importante que tu QS sea lo más alto posible. Si tiene un QS extremadamente alto, puede pagar un CPC más bajo y aún así mantener una posición alta.

Para aquellos de vosotros que realmente quieran profundizar en esto, la fórmula exacta para calcular cuánto pagarán es: (rango del anuncio debajo de usted / su QS) + $ 0.01

Oye, ya te dije que era complicado ...

Otra resumen corto:

☐ *Tu ranking publicitario = su QS X su CPC mac*

☐ *El ranking de tu anuncio decidirá la ubicación de tu anuncio*

☐ *QS más alto significa que puedes pagar un CPC más bajo para la misma ubicación*

☐ *Solo pagas si alguien hace clic en tu anuncio*

Terminología de las KW-palabras clave

Cuando buscas las KW hay varios términos con los que necesitas familiarizarte:

Short tail KWs- Palabras Clave de Cola Corta

Estas son frases cortas que generalmente tienen un alto volumen de búsqueda, pero también son muy caras de pujar y no están muy enfocadas. Un ejemplo para un KW de cola corta de Bitcoin puede ser "comprar bitcoins" o "bitcoin minería".

Digo que estos KW no están enfocados ya que si alguien escribe "bitcoin minero" no sabe si está buscando comprar una plataforma minera, aprender sobre minería o unirse a un grupo de minería, el término es demasiado amplio.

Long tail KWs- Palabras Clave de Cola Larga

Estas son frases largas que generalmente tienen un volumen de búsqueda más bajo pero están muy enfocadas y por lo general son menos costosas para pujar. Ejemplos de KW de cola larga incluyen: "comprar bitcoins con PayPal" o "cómo minar bitcoins desde casa".

Concordancia amplia

Cuando entras o pones tus KW en el sistema de Google Adwords, los ingresa en una concordancia amplia. Esto significa que cada vez que alguien meta una consulta en Google que tenga tu KW, tu anuncio se mostrará. No importa en qué orden se metieron las KW o si hay algo antes de ellas, después de ellas o en el medio.

Por ejemplo, si tu KW es "robot de comercio de bitcoin", tu anuncio aparecerá para todas las consultas siguientes en concordancia amplia:

hay un buen robot para intercambiar bitcoin

mejores robots comerciales de bitcoin

mejores robots automáticos para el marketing online de bitcoins

También hay una coincidencia de frase que mostrará tus anuncios solo si tus KW vienen en el orden correcto, pero puedes meter otras palabras antes o después de ellos. Por lo tanto, la concordancia de frase mostrará tu anuncio solo para estas consultas:

Los mejores robots comerciales de bitcoin

lista de robots comerciales de bitcoins

Una coincidencia exacta mostrará tus anuncios solo si algunos escriben tu KW exacto y nada más. Entonces, solo si alguien escribe "robot de comercio de bitcoins" sin nada antes o después, saldrá tu anuncio.

KW negativas

Estas son KW que si los colocas en tu campaña en la categoría "KW negativas", Google nunca mostrará tu anuncio si aparecen en la consulta de búsqueda.

Esto es bueno para filtrar los clicks no deseados que no se convertirán en clientes reales, ya que la concordancia amplia puede mostrar tu anuncio a los usuarios que metieron una consulta diferente a la que originalmente pretendían.

Por ejemplo, supongamos que eres propietario de un sitio web que vende Bitcoins solo con una tarjeta de crédito y no con PayPal. Decides agregar la palabra "comprar bitcoin" a tu campaña de Adwords. También puedes agregar "PayPal" como KW negativa a tu campaña.

Cada vez que un usuario busca algo con la palabra "PayPal" en él, tu complemento no se mostrará. Por lo tanto, consultas como "comprar bitcoin con PayPal" o "cómo usar PayPal para comprar Bitcoins" no activarán tu anuncio, mientras que "Cómo comprar Bitcoins" lo activará.

HERRAMIENTAS PARA LA BÚSQUEDA E INVESTIGACIÓN DE LAS KW-PALABRAS CLAVE

Ahora que hemos visto cómo se desarrolla la red de búsqueda de Google Adwords, pasemos a configurar nuestra primera campaña. Lo primero que debes hacer es buscar algo de KW para averiguar qué personas de las KW ya están buscando en el nicho de Bitcoin o tu criptomoneda.

Hay muchas herramientas que puedes usar para comenzar a elaborar tu lista de KW. Aquí hay algunas ideas:

Planificador de Google KW

Como se explicó en el Capítulo 2, puedes usar el planificador de KW de Google para obtener ideas de KW. Escribe algún tipo de KW básico de cola corta (por ejemplo, "Comprar bitcoin") o "comprar ethereum" y ves los resultados que el planificador KW te ofrece en la pestaña de ideas de KW. También puedes ver el volumen de búsqueda mensual para cada KW en la columna de la derecha.

Keyword (by relevance)		Avg. monthly searches ?	Competition ?	Suggested... ?	Ad impr. s... ?	Add to plan
buy bitcoin		18,100	High	$3.84	–	»
buying bitcoins		2,400	Medium	$3.34	–	»
buy a bitcoin		480	High	$3.20	–	»
buy bitcoin online		720	High	$2.47	–	»
buy bitcoins online		880	High	$2.77	–	»
what can i buy with bitcoins		720	Medium	$4.14	–	»
how to buy bitcoins uk		590	Medium	$6.51	–	»
how do i buy bitcoins		720	High	$3.39	–	»
buy bitcoins uk		2,900	Medium	$4.25	–	»
buying bitcoin		1,000	Medium	$5.52	–	»

Ad group ideas | Keyword ideas | Download | Add all (801)

UberSuggest

Como se explicó en el Capítulo 2, puedes usar **UberSuggest** para ver qué personas están buscando según la función de autocompletar de Google. El proceso es similar al planificador de KW, solo inserta un KW básico de cola corta y mira de qué se trata la herramienta.

Jerga - Usa el vocabulario de Bitcoin para pensar en KWs como "tasa de hash", "dificultad de minería", "explorador de blockchain", etc. neilpatel.com/es/ubersuggest/

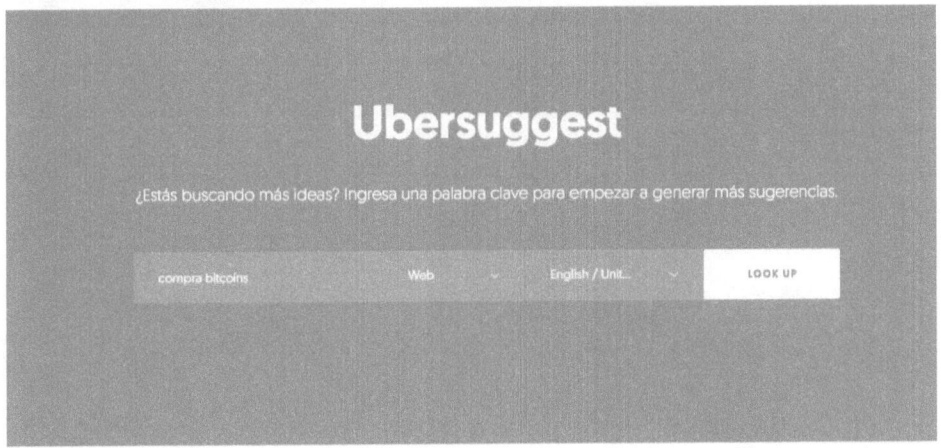

Palabra clave: **compra bitcoins**

VOLUME	CPC	COMPETITION
	$	

115 Ideas de Palabras Clave Encontradas Para compra bitcoins

KEYWORD SUGGESTIONS

I want to see keyword suggestions from

✓ Google Keyword Planner

✓ Google Suggest

FILTRAR RESULTADOS

Buscar palabras clave dentro de los resultados

Ej. Nuevo [IR]

PALABRA CLAVE	VOLUMEN DE BÚSQUEDAS	CPC	COMPETENCIA
a como esta el bitcoin	40	$ 0.82	0.34
banco bitcoin	10	$ 1.42	0.11
bbva compra bitcoins			
bitcoin a dolar	480	$ 1.68	0.06
bitcoin agora	10		
bitcoin argentina	110		0.14
bitcoin brasil	210	$ 3.13	0.44
bitcoin comprar y vender			
bitcoin español	480	$ 1.63	0.31

Lluvia de ideas: como es habitual, es mejor dar este paso con otras personas relacionadas con Bitcoin para que puedas aumentar el proceso de pensamiento grupal.

Preguntas: muchas veces las personas escriben preguntas o problemas en Google y no en soluciones. Si estás creando un producto de información de Bitcoin, esta es una excelente oportunidad para usar preguntas de KW. Por ejemplo: "¿Cómo extraer Bitcoins en casa?" O "¿Cuál es el mejor intercambio de Bitcoin?". Asegúrate de repetir y practicar las KW de una manera vertical y horizontal. Cuando practicas en KW verticalmente, tomas cierto KW como tu "KW de base" y luego agregas diferentes variaciones.

Por ejemplo, si quiero practicar verticalmente en la base KW "bitcoin minería", obtendría los siguientes KW:

Hardware de minería Bitcoin

Calculadora de minería Bitcoin

Cómo minar Bitcoin en casa

Guía minera de Bitcoin

y así….

Cada nueva KW tendrá la base KW y un agregado a ella. Cuando profundizas horizontalmente, tratas de encontrar KW relacionadas con tu KW base. Entonces, si practico horizontalmente en la misma base de KW "bitcoin minería", obtendré estos KW relacionados:

Dificultad de red

Plataformas mineras SHA

Cómo generar Bitcoins

El resultado de la perforación horizontal es que la base KW debe estar presente en cualquiera de los nuevos KW que se te ocurran. Ahora puedes sacar estas nuevas KW y practicar verticalmente en cada uno de ellos.

Agrupación de KW en grupos de anuncios

Después de crear una lista de 100 KW o más, puedes ir al siguiente paso, que es agrupar KW en grupos de anuncios. Los grupos de anuncios son grupos de KW que terminarán mostrando el mismo anuncio. Como no deseas crear un anuncio diferente para cada KW, pero aún quieres mostrar anuncios diferentes a diferentes categorías de KW, los agruparemos en grupos de anuncios. Un grupo de anuncios consta de 10-20 KW que están estrechamente relacionadas y que el mismo anuncio puede adaptarse a todas ellas con una gran relevancia. Aquí hay un ejemplo.

Digamos que tenemos un sitio web para principiantes de Bitcoin y queremos apuntar al siguiente KW:

cómo comprar bitcoins en España

cómo minar bitcoin

equipos de minería bitcoin

mejores equipos de minería de bitcoin

comparación de la billetera bitcoin

revisión de billeteras bitcoin

guía de minería bitcoin

compre bitcoins con tarjeta de crédito

Suponiendo que estos fueran los únicos KW que pensé que eran relevantes (en realidad, debería tener una lista mucho más grande), ahora agruparé estos KW en grupos de anuncios:

Grupo de anuncios n. ° 1: comprar bitcoins:

cómo comprar bitcoins en los Estados Unidos

compre bitcoins con tarjeta de crédito

Grupo de anuncios n.° 2: guías de minería:

cómo minar bitcoin

guía de minería bitcoin

Grupo de anuncios n. ° 3 - Equipo de minería:

equipos de minería bitcoin

mejores equipos de minería de bitcoin

Grupo de anuncios n.° 4: carteras bitcoin

comparación de la billetera bitcoin

revisión de billeteras bitcoin

Por supuesto, agregaré un grupo de anuncios de KW negativas más adelante también. Una vez que tengas agrupados tus grupos de anuncios, puedes ir a la etapa final que escribe tus anuncios.

ELABORACIÓN DE UN ANUNCIO DE ADWORDS

El último paso será crear tu anuncio. Afortunadamente, si has leido en el Capítulo 9: Conceptos básicos del Marketing online, debería ser muy fácil. Los anuncios de Adwords se recopilan a partir de los siguientes elementos:

Título: 25 caracteres, generalmente lo mejor es que aparezca tu KW en tu título (te mostraré cómo hacerlo en un segundo).

Descripción línea n.º 1: 35 caracteres, por lo general tendrá sus beneficios escritos aquí.

La línea de descripción n.º2: 35 caracteres completará el beneficio desde la primera línea o incluirá una función + llamamiento a la acción.

URL visible: 35 caracteres, esto se puede usar para transmitir su mensaje. Como esta es solo la URL visible, puede agregar palabras a su dominio para que parezca más relevante.

URL de destino: la URL a la que conduce el anuncio (puede ser diferente de la URL visible).

display o despliegue
de la dirección URL
customizada

Estas son algunas pautas sobre cómo crear tu anuncio:

Haz mayúsculas cada palabra: si echas un vistazo al primer anuncio que se muestra arriba, verás que cada palabra tiene mayúsculas. Esta es una técnica conocida para obtener más visibilidad en tus anuncios.

Usa la colocación dinámica de palabras clave (DKI) en su título: recuerda cómo le dije que era mejor si tus KW aparecían en el título de tu anuncio. Bueno, eso se hace mediante el uso de DKI. DKI es simplemente una forma de decirle a Google que inserte tu KW dentro de tu anuncio. Si las KW no encajan porque son demasiado largas, en su lugar aparecerá un KW predeterminado. Para usar DKI en tu título, inserta este texto en su título:

{**KeyWord**: palabra clave predeterminada}

Asegúrate de cambiar "palabra clave predeterminada" a la predeterminada que desees que aparezca si la palabra clave que lo activa no coincide (es decir, tiene más de 25 caracteres). También mira cómo escribí KeyWord con K y W con mayúsculas. Eso se ocupará de tapar la primera letra de cada palabra en su título como hemos hablado antes.

Usa números o signos: si puedes meter números o firmar como%, # o @ en su anuncio, generalmente lo destacará y obtendrás un mejor CTR. Vea cómo el anuncio que se muestra arriba usa el signo ®

CONFIGURANDO UNA CAMPAÑA

Una vez que hayas creado tu lista de KW, las hayas agrupado en grupos de anuncios y hayas redactado tus anuncios, podrás comenzar tu campaña de Adwords. Vete a Google Adwords, abres una cuenta y configuras o creas tu campaña. El proceso es bastante sencillo, pero hay algunas cosas que se deben tener en cuenta.

Crear una campaña diferente para cada producto / país

Recomiendo crear campañas diferentes para cada producto o país. Te ayudará a comprender mejor tus estadísticas y también permitirá una mejor optimización más adelante.

Crear una campaña solo para la red de búsqueda

Al comenzar tu primera campaña, asegúrate y elege "buscar solo en la red". Esto evitará que se ejecute en la red de visualización. Si te olvidas de hacerlo, también corres el riesgo de aparecer en la red de display y obtener un CTR mucho más bajo y un público menos específica.

Creando y configurando un presupuesto diario

Adwords te deja elegir un presupuesto diario que una vez que lo alcances, tus anuncios no se mostrarán. Asegúrate de calcular cuánto estás dispuesto a gastar mensualmente y simplemente divídelo entre 30.

Decidir un CPC máximo

Una de las preguntas más intrigantes es cómo decidir tu CPC máximo. Una opción sería calcularlo al revés del coste del equilibrio de tu producto. Aquí hay un ejemplo: gana $40 por cada usuario que compre tu producto. Si de promedio 2 de cada 100 (2%) personas compran tu producto, esto significa que puedes pagar 40 * 2/100 = $ 0,8 por clic.

Piénsalo de esta manera: si 100 personas llegaran a tu sitio web con un CPC de $ 0.8, gastarías $80 en publicidad y obtendrías $80 en ingresos, lo que significa que alcanzarías un punto de equilibrio. Entonces puedes comenzar con tu oferta de punto de equilibrio y luego optimizar según tus resultados. Ahora sabes que si terminas pagando más de $ 0,8 por clic, probablemente perderás dinero. Otra opción sería dar una oferta súper alta para alcanzar el 1er lugar y aumentar su CTR y luego bajar el tono un poco después de obtener algunas estadísticas iniciales. El riesgo de este método es que puedes terminar pagando mucho dinero. Habiendo dicho esto, este método aumentará tus QS más rápido ya que tendrás un CTR alto desde el principio. La última opción sería usar lo que el sistema de Adwords o el planificador de KW te dicen que es la oferta adecuada. En general, no me gusta esta opción ya que parece ser muy incorrecta en la mayoría de las casos.

Qué hacer y qué no hacer al lanzar una campaña

Una vez que la campaña está en el aire hay algunas reglas que debe seguir.

Verifica el QS inicial de tus KW

Vete a la pestaña KWs y agregas la columna QS haciendo clic en "columnas" -> "modificar columnas" y luego seleccionas Nivel de calidad en la sección "Atributos". No olvides hacer clic en "aplicar" en la parte inferior.

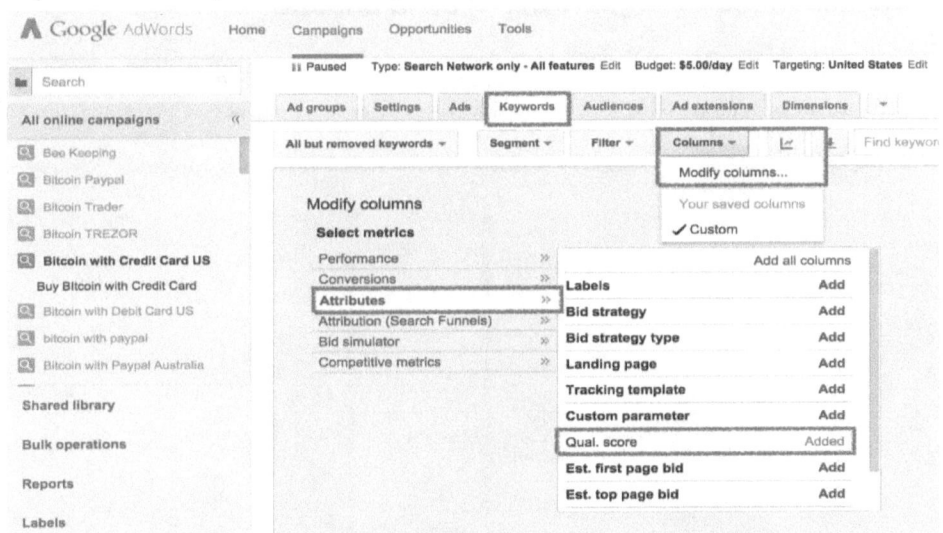

Tu QS inicial debe estar en algún lugar entre 3 y 8. Si es más que eso, buen trabajo. Si es menos, probablemente hayas hecho algo mal. Quizás tus KW no estén relacionados con tu anuncio o con tu página de destino.

Verifica que tus anuncios aparezcan

Verifica que tus anuncios aparezcan mediante el uso de la herramienta de vista previa de anuncios de Google que se mostró en el Capítulo 2. Asegúrate de poner la herramienta en la configuración geográfica de la campaña y luego simplemente escribes uno de tus KW para ver qué anuncios se muestran. arriba. Si tus anuncios no se ven, es posible que haya hecho algo mal.

Verifique que todos sus KW estén activos

Verica que todos tus KW estén activos al ir a la pestaña **Palabras clave** y escanear la columna "Estado". En el siguiente ejemplo, mis KW no están activos porque mi campaña está pausada [campaign paused] en la captura.

		Keyword	Ad group	Status ?	Max. CPC ?	Clicks ?	Impr. ?	CTR ?
		Total - all campaign ?				0	0	0.00%
		"buy bitcoins credit card"	Buy BItcoin with Credit Card	Campaign paused	$0.76	0	0	0.00%
		[buy bitcoins credit card]	Buy BItcoin with Credit Card	Campaign paused	$0.71	0	0	0.00%

(Ad groups | Settings | Ads | Keywords | Audiences | Ad extensions | Dimensions)
(All but removed keywords ▾ | Segment ▾ | Filter ▾ | Columns ▾)
(+ KEYWORDS | Edit ▾ | Details ▾ | Bid strategy ▾ | Automate ▾ | Labels ▾)

A veces descubrirás que sus KW no están activas porque no tienen suficiente volumen de búsqueda (nada que puedas hacer al respecto) o que la oferta que les diste a google es demasiado baja (en la que puede aumentar la oferta solo para aquellos KW).

No compruebes la campaña cada cinco minutos

No compruebes la campaña cada cinco minutos; no es bueno para tu salud. Confía en mí, he hecho eso ya. Después de terminar los controles preliminares de los que acabamos de hablar, puedes volver a la campaña después de 24 horas y ver qué sucedió.

No hagas cambios antes de que hayan pasado 48 horas

No hagas cambios antes de que hayan transcurrido 48 horas, ya que generalmente no tendrás suficientes datos para realizar cambios inteligentes. La mayoría de los cambios que se hacen de esta manera son solo cambios impulsivos impulsados por el miedo y no por la razón verdadera o sentido común.

No hagas clic en tus propios anuncios para aumentar tu CTR

No hagas clic en tus propios anuncios para aumentar tu CTR. Google sabe cómo encontrarte y te lo prohibirán.

¿Para qué funciona el seguimiento de conversiones?   Google

Una etiqueta libera muchos datos y características avanzadas.

Beneficios del Seguimiento de conversiones

Fácil de rastrear
seguimientos para venta, registros, llamadas, leads y vistas de páginas a través de las cuentas– online u offline.

Mide el valor de las conversiones.
Es posible optimizar o automatizar las ofertas buscando ROAS

Ten acceso a reportes y datos más profundos: a través de diferentes dispositivos, Embudos de búsqueda, conversiones post impresión y conversiones por posición, etc.

Te permite utilizar elementos avanzados como el Optimizador de conversiones, CPC mejorado, rotación optimizada para conversiones y Remarketing.

CONFIGURAR EL SEGUIMIENTO DE CONVERSIONES - AYUDA DE ADWORDS

Lo último que debes hacer es configurar el seguimiento de conversiones para que puedas ver quién compró realmente tu producto, se inscribió en tu boletín informativo o tomó cualquier otra medida que tu decidas que vale la pena seguir. El seguimiento de conversiones se realiza implementando un pequeño fragmento de código en la página de agradecimiento de la acción requerida. Si, por ejemplo, quiero crear una conversión cada vez que un cliente comprara mi libro, pondría mi código de conversión en la página "gracias por su compra" en mi sitio web.

Elige "conversiones" en "herramientas" en tu panel de administración de Adwords. Haga clic en "+ conversión". Sigue las instrucciones en Adwords hasta que obtengas un fragmento de código que es tu código de seguimiento de conversiones. Luego deberás pegar este código dentro de la página que deseas rastrear.

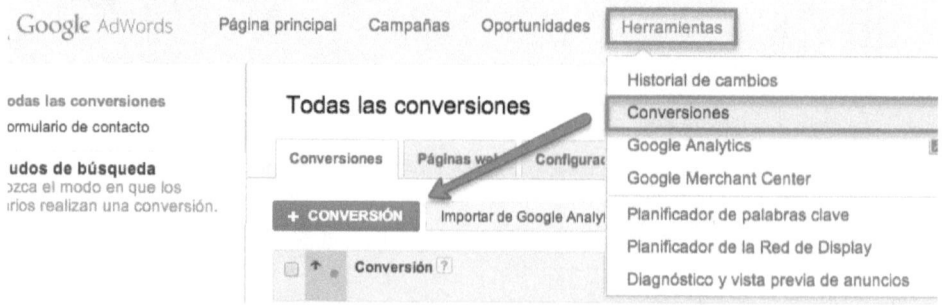

Como esta parte es un poco técnica, siempre puedes usar un profesional independiente de **Fiverr** para hacer esto, por unos pocos dólares. Una vez implementado, también podrás seguir qué KWs son las más conversoras y centrarte en ellas en lugar de convertir KWs de baja conversión.

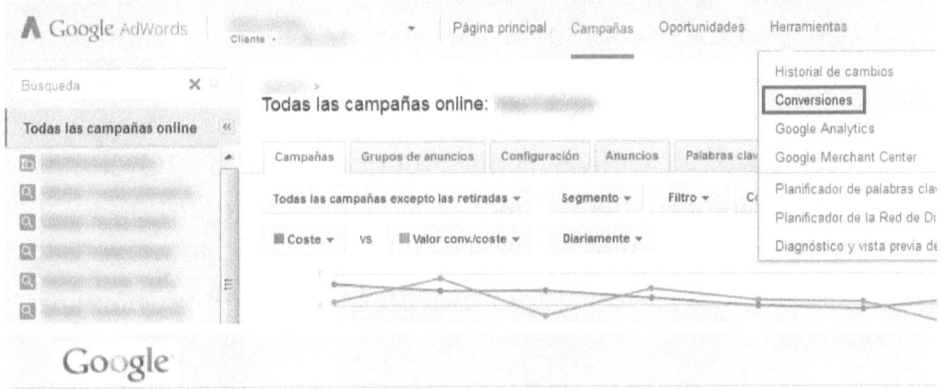

Consideraciones acerca del seguimiento de conversiones

Puesto que el seguimiento de conversiones es una función para cuentas, es posible que sea necesario un nuevo etiquetado.

Situación	¿Se necesita un nuevo etiquetado del seguimiento de conversiones?	Pasos siguientes
Fusión de cuentas independientes para móviles y ordenadores	Sí	Asegúrese de que las conversiones tanto para móviles como para ordenadores se etiquetan en la cuenta fusionada
Fusión de campañas independientes para móviles y ordenadores (en la misma cuenta)	No	Si el sitio para móviles todavía no está etiquetado, esta es una buena ocasión para hacerlo a fin de medir de una forma precisa la repercusión de su publicidad para móviles
Actualización de una campaña a las campañas avanzadas	No	Ninguno

TRUCOS RELACIONADOS CON ADWORDS DEL BITCOIN

Solía dirigir y ejecutar la campaña de Adwords para 66Bitcoins durante aproximadamente un año. Me detuve cuando me di cuenta de que mis ganancias de la inversión (ROI- return of investment en inglés) no era positivo, o en otras palabras, estaba perdiendo dinero. Pero lo que puedo decirte desde el momento en que llevaba estas campañas es esto: Usar DKI en tu título te da una ventaja sobre tus competidores. Como la mayoría de los anunciantes de Bitcoin no lo usan, tu anuncio se destaca de la multitud.

Intenta buscar los KW de cola larga que están orientados para tu público. Los KW de cola corta son menos efectivos y muy caros de todos modos. Concéntrate en diferentes países con campañas dedicadas. Cuando anunciaba las KWs como "compre bitcoin con una tarjeta de crédito", vi grandes diferencias entre países como Estados Unidos y el Reino Unido. Averigüa cuál es el país más rentable para ti mediante la creación de pruebas de bajo presupuesto para cada país. Utiliza las erratas a posta del tipo tipográfico para expandir tu lista de KWs. Sorprendentemente, unade las KW más efectivas que oferté fue "pero bitcoin con PayPal". Como es un error tipográfico común (la "t" está cerca de la "y") mucha gente estaba buscando esta KW en Google.

DEBERES

CREA UNA CAMPAÑA DE ADWORDS

Tarea bastante obvia, supongo. Pero quiero desglosarlo todo para estos èqueños deberes que vas a hacer, así que es más fácil abarcarlo:

1.Lleva a cabo una investigación de KWs y logra al menos 100 KW para tu campaña, incluidos KW negativas.

2. Agrupa tus KW en grupos de anuncios. Cada grupo de anuncios no debe contener más de 20 KW.

3. Escribe un anuncio para cada grupo de anuncios.

4. Calcula tu CPC máximo a través de tu punto de equilibrio.

5.Abre una cuenta de Google Adwords y configura y crea tu primera campaña.

6. Configura el seguimiento de conversiones para tu campaña.

Una cosa más…

Pregúntate: "¿Por qué te estoy enseñando cómo pagar por usuarios obtenidos antes de enseñarte cómo conseguirlos gratis?" Quiero decir que eso es lo que a todos les interesa, ¿verdad? Las tácticas de guerrilla que no cuestan un chavo. Según mi experiencia, es mucho mejor comenzar con publicidad de pago y solo entonces pasar a la publicidad orgánica. La razón es por la cual la publicidad orgánica, como la SEO, lleva mucho tiempo para que funcione, por lo que debe asegurarte de segmentar las palabras clave correctas. Así que comienza con AdWords, busca las KWs más conversoras y luego avanza para orientar estas KWs hacia la SEO.

CONSEGUIR TRÁFICO Y USUARIOS DE BITCOIN DE FORMA ORGÁNICA

Probablemente el mayor éxito de 66Bitcoins es la cantidad de tráfico orgánico que logran producir. Cuando digo tráfico orgánico me refiero al tráfico que es básicamente gratis y proviene de motores de búsqueda o enlaces que las personas publican sobre ti en la web. Dado que Bitcoin y otras criptos son bastante nuevas, hay enormes oportunidades de SEO-la **optimización del motor de búsqueda**- dentro de este espacio. Te daré algunos ejemplos al final de esta sección. La base del tráfico orgánico es la optimización de motores de búsqueda, o SEO en resumen. SEO es la práctica de mejorar y promover un sitio web para aumentar el número de visitantes que el sitio recibe de los motores de búsqueda.

A pesar de que hay muchos aspectos diferentes del SEO, generalmente podemos categorizar nuestros esfuerzos de SEO en tres temas principales: optimización en la página, optimización fuera de la página y comportamiento del usuario. Antes de comenzar, es importante saber que la SEO generalmente se hace para apuntar a KWs específicos. Esto significa que deberás averiguar qué KW deseas que ocupen los primeros puestos en Google y luego centrar las energías en la SEO en estos KW específicos. Esa también es la razón por la cual vimos Adwords antes de pasar a la SEO. Dado que es mucho más rápido descubrir qué KW se están convirtiendo a través de Adwords, y luego tratar de orientarlas también a través de SEO.

Dado que Google siempre está actualizando su algoritmo, a veces es difícil hacer un seguimiento de todos los cambios que se deben realizar, por eso trataremos de enfocarnos solo en las pautas básicas que casi nunca cambian en este capítulo.

La optimización SEO en la página es básicamente lo que puedes decirle a Google sobre tu página. Por supuesto, Google tomará esto con un grano de sal ya que hay muchos manipuladores que le dicen a Google que su página es sobre una cosa y en realidad no lo es. Es por eso que Google también usará los otros dos parámetros para ver si tu web o producto "es verdad" más adelante. Hay varios parámetros que Google busca en tu página para establecer de qué se trata. Estos son los factores determinantes en una página que le dicen a Google de qué trata la página:

OPTIMIZACIÓN DE SEO

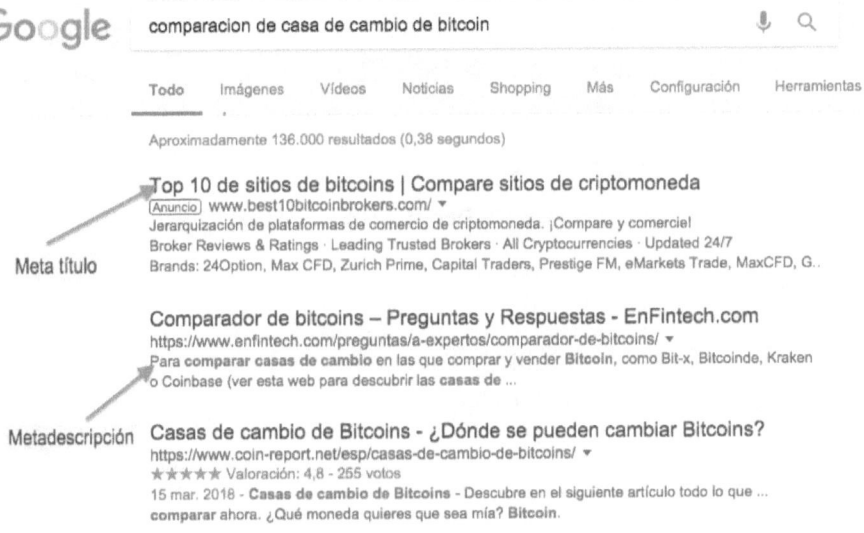

Meta título

El título meta de la página le dice a Google el tema de la página. Decidir sobre tu meta título es crucial ya que también es el título que aparecerá en los resultados de búsqueda de Google.

Metadescripción

La metadescripción es una versión más larga de lo que trata esta página específica. Puedes verlo en los resultados de búsqueda justo debajo del título.

Contenido

El contenido de la página o artículo es escaneado por Google y lo ayuda a decidir sobre el tema de la página web. A lo largo de tu página también debe haber varias etiquetas de titulares que implicarán en que se basan los contenidos de la página.

Las etiquetas de encabezado son etiquetas que rodean los titulares de tus artículos y le dicen a Google que estos son los temas principales de esta página. Como no quiero convertir este libro en un manual técnico sobre cómo escribir código html, voy a explicar la versión simple de cómo hacer la optimización en el sitio web. Suponiendo que tienes un sitio de WordPress, todo lo que necesitas hacer es instalar el plugin de WordPress SEO por Yoast y listo. wordpress.org/plugins/wordpress-seo/

Sitio de navegacion

¿Es fácil para los usuarios navegar por el sitio y encontrar lo que están buscando?

Optimización móvil

¿tu sitio web está ajustado correctamente cuando un usuario lo ve desde un dispositivo móvil?

Velocidad de carga del sitio

¿Qué rápido carga tu sitio tu contenido? Este es un factor crítico en el algoritmo de Google.

Optimizar las metaetiquetas-tags

Cada vez que escribes una nueva publicación, tendrás la oportunidad de cambiar tu Meta título y Meta descripción en la parte inferior sin ningún tipo de codificación. Una vez que se instale el complemento, puedes configurar el título meta y la descripción de cada página desde el panel de WordPress, por ejemplo.

WordPress SEO por Yoast   EL META TÍTULO

General   Análisis de página   Avanzado   Social

AQUÍ CAMBIAS EL META TÍTULO

Previsualización del Snippet:

Accesorios para iPad
www.ipadizate.es/accesorios-ipad/ - Cached
Todos los Accesorios para iPad por categorias: Fundas, Soportes, Altavoces, Protectores de Pantalla, Stylus, Baterías...

Palabra clave principal:

¿Cuál es la palabra clave principal o frase clave principal por la que esta página debería ser encontrada?

Título SEO: Accesorios para iPad

El título mostrado en los buscadores esta limitado a 70 caracteres, 50 caracteres restantes.
El SEO Title está vacío, la vista previa muestra lo que el plugin genera basado en tu title template

Meta Descripción: Todos los Accesorios para iPad por categorias: Fundas, Soportes, Altavoces, Protectores de Pantalla, Stylus, Baterías...

La meta descripción estará limitada a 156 caracteres, 36 caracteres a la izquierda.

Si la meta descripción está vacía, la vista previa mostrará lo que el plugin genere basado en tu meta description template.

Aquí pongo las pautas para la elaboración de tu meta título:

☐ Asegúrate de que el título sea descriptivo y convincente. Use los consejos de escritura del título que aprendimos al comienzo de este capítulo.

☐ Trata de incorporar su KW objetivo dentro de su título si es posible.

☐ Asegúrate de que el título no tenga más de 64 caracteres o, de lo contrario, no todo será legible en Google.

☐ Tu título es lo que hará que los usuarios decidan si van a hacer clic en tu enlace o no, haz que cuente. El alto CTR en los resultados de búsqueda orgánica de Google generará una clasificación más alta.

Aquí hay pautas con respecto a su meta descripción:

☐ Intentar incorporar su KW dentro de la metadescripción también.

☐ La metadescripción debe tener aproximadamente 155 caracteres.

☐ Considera tu meta descripción como tu título secundario ya que aparece después del título en Google. Trátalo como la parte del "deseo" de tu mensaje de marketing.

Optimizando tu contenido

Si escribes contenido bueno, entonces la SEO te seguirá en breve. Una vez dicho esto, hay algunas pautas que puedes seguir para dar un empujón a tu contenido:

☐ Intentar escribir para personas reales y no para motores de búsqueda.

☐ Nunca desarrolla contenido con ningún programa o escritura "técnica" SEO

☐ Por lo general, Google prefiere contenido más largo. Intenta apuntar a que tus publicaciones tengan entre 1500-2500 palabras e irás por buen camino.

☐ Divide tu contenido usando etiquetas de titulares. Hay seis etiquetas de titulares diferentes desde H1 (la más grande) hasta H6 (la más pequeña). Usando el interfaz de WordPress puedes llegar a añadir titulares a tu página que le ayudarán a Google a entender de qué se trata la página.

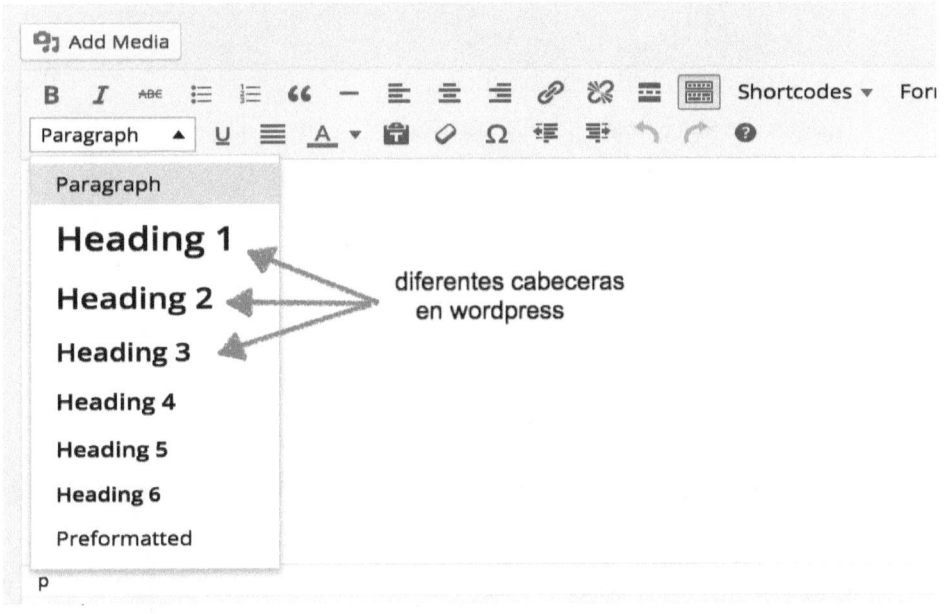

☐ Solo debe haber un título H1 en su página y generalmente es el título de su página.

☐ Un buen método para ver si dividiste tu contenido correctamente en secciones secundarias es asegurarte de que alguien pueda leer solo los titulares y aún así comprender de qué se trata la página.

☐ Google no solo busca tus KW exactos sino que también busca palabras clave de LSI. LSI (siglas en inglés de indexación semántica latente) significa que Google también busca KW relacionados con su contenido. Entonces, si tuvieras como objetivo el KW "comprar Bitcoins", trataría de incorporar dentro de mi contenido KW similares como "intercambio de Bitcoin" y "obtener bitcoins". Escribe tu KW en Google y desplázate hasta el final donde dice "búsquedas relacionadas con [su palabra clave]" y obtendrás ideas para palabras clave de LSI para poner en tu contenido.

Searches related to buy bitcoins

buy bitcoins **with paypal**	buy bitcoins **visa**
buy bitcoins **with credit card**	**paypal bitcoin**
bitcoin mining	buy bitcoins **with cash**
bitcoin exchange	**get** bitcoins

Goooooooooogle ›

1 2 3 4 5 6 7 8 9 10   Next

Asegúrate de que la navegación de tu sitio sea fácil de entender

Google intenta averiguar qué fácil es de usar es tu sitio web visitando tu estructura de navegación. Estos son algunos consejos para optimizar la navegación de su sitio:

☐ Asegúrate de que se puedas llegar a cada página de tu sitio con cuatro clics como máximo. Cuanto más importante sea la página, menor será el número de clics que se necesitarán para alcanzarla.

☐ Utilizar las categorías de WordPress para agrupar su contenido en secciones. Por ejemplo, 66Bitcoins tienen diferentes categorías como Noticias, Guías, Preguntas frecuentes, etc. Cada categoría es una pestaña en el menú del sitio web. También puede tener subcategorías dentro de las categorías.

#66 BITCOINS CRIPTOPÍA› NOVATOS› COMPRA & VENTA› MINAR› BILLETERAS› Search in example.com (Search)

MEJORES EXCHANGE BITCOIN›
Elija la billetera más
segura para guardar sus
monedas (Análisis Aquí)

COMPRA BITCOIN AHORA›
¡NUEVO! Cómo Minar con
iPhone o iPad con la App
Mobile Miner

MEJORES MONEDEROS›
Utilice nuestro motor de
búsqueda para encontrar
el intercambio más
rápido en su área
(Análisis Aquí)

#CURSO BITCOIN

#PRODUCTOS TOP

¿ES BITCOIN/CRIPTOMONEDAS ANÓNIMO?

Una de las principales características que la gente
suele asociar a Bitcoin es el anonimato, pero ¿Bitcoin
es completamente anónimo? Por un lado, es completamente
anónimo. Por otro lado, es completamente transparente y
rastreable ya que todas las transacciones se registran
en un libro digital público.Bitcoin es como un
seudónimo. Enviar y recibir bitcoins es como escribir
bajo un seudónimo.

LEE MÁS

¿Tu sitio está listo para dispositivos móviles?

Uno de los mayores cambios que Google implementó en el
último año fue su algoritmo de compatibilidad móvil. Los sitios
que no son adaptables para dispositivos móviles muestran
automáticamente clasificaciones más bajas. Debe asegurarse de
que su sitio se muestre bien en dispositivos móviles. Si usas
WordPress, la manera más fácil de hacerlo será asegurarse de
que su tema responda.

Esto significa que tu tema cambia según la pantalla en la que se
presenta. De esta forma, si alguien ve su sitio web desde un
teléfono móvil o iphone, el tema cambiará en consecuencia
(haciendo que el sitio web sea más legible).

¿Cuán rápido es tu sitio?

Cuidar la velocidad de carga de su sitio puede ser una tarea desafiante. Antes que nada, ve a Pingdom y realiza una prueba de velocidad. Idealmente, debería ver la carga de su sitio en menos de dos segundos. Si ese no es el caso, es posible que desee considerar la optimización.

Uno de los mejores complementos de optimización disponibles para WordPress hoy en día es W3 Total Cache (también es gratuito). Otro factor de la velocidad de su sitio es la empresa de alojamiento, pero si su sitio no tiene mucho tráfico, esto no debería ser un gran problema. Si su sitio aún no funciona, recomiendo seguir estas instrucciones y usar la ayuda de un profesional independiente con experiencia. Acuerdate de que puedes utilizar **Everweb** para mac- es muy fácil y útil y contiene todas estas características de Wordpress también.

Configuración recomendada adicional para Yoast

El plugin Yoast SEO es probablemente el recurso más valioso que puedes tener en tu sitio de WordPress para personalizarlo para SEO. Asegúrate de revisar la opción de "inicio de recorrido o tour" que tienes en tu pestaña de complementos. (ver abajo ajustes)

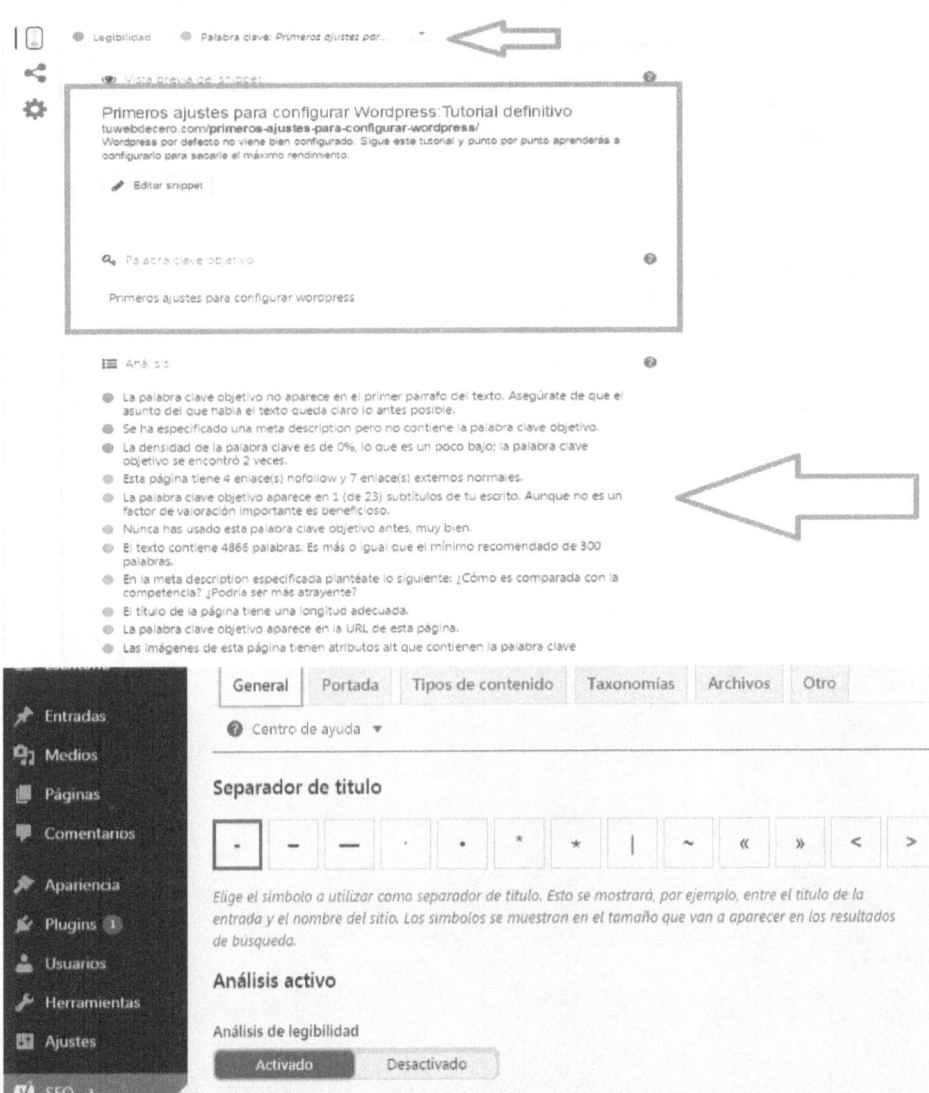

Legibilidad   Palabra clave: *Primeros ajustes par...*

Vista previa de snippet

Primeros ajustes para configurar Wordpress: Tutorial definitivo
tuwebdecero.com/primeros-ajustes-para-configurar-wordpress/
Wordpress por defecto no viene bien configurado. Sigue este tutorial y punto por punto aprenderás a configurarlo para sacarle el máximo rendimiento.

✏️ Editar snippet

🔍 Palabra clave objetivo

Primeros ajustes para configurar wordpress

Análisis

- La palabra clave objetivo no aparece en el primer párrafo del texto. Asegúrate de que el asunto del que habla el texto queda claro lo antes posible.
- Se ha especificado una meta description pero no contiene la palabra clave objetivo.
- La densidad de la palabra clave es de 0%, lo que es un poco bajo; la palabra clave objetivo se encontró 2 veces.
- Esta página tiene 4 enlace(s) nofollow y 7 enlace(s) externos normales.
- La palabra clave objetivo aparece en 1 (de 23) subtítulos de tu escrito. Aunque no es un factor de valoración importante es beneficioso.
- Nunca has usado esta palabra clave objetivo antes, muy bien.
- El texto contiene 4866 palabras. Es más o igual que el mínimo recomendado de 300 palabras.
- En la meta description especificada plantéate lo siguiente: ¿Cómo es comparada con la competencia? ¿Podría ser más atrayente?
- El título de la página tiene una longitud adecuada.
- La palabra clave objetivo aparece en la URL de esta página.
- Las imágenes de esta página tienen atributos alt que contienen la palabra clave

---

| General | Portada | Tipos de contenido | Taxonomías | Archivos | Otro |

❓ Centro de ayuda ▾

Entradas
Medios
Páginas
Comentarios
Apariencia
Plugins ①
Usuarios
Herramientas
Ajustes
SEO ›
Panel de Control
Títulos y metas
Social
Mapas del sitio XML
Avanzado
Herramientas
Consola de búsqueda

Separador de título

| - | – | — | · | • | * | ★ | | | ~ | « | » | < | > |

Elige el símbolo a utilizar como separador de título. Esto se mostrará, por ejemplo, entre el título de la entrada y el nombre del sitio. Los símbolos se muestran en el tamaño que van a aparecer en los resultados de búsqueda.

Análisis activo

Análisis de legibilidad

[Activado] [Desactivado]

Quita la pestaña de legibilidad de la caja meta y desactiva todas las sugerencias relacionadas con la legibilidad.

Análisis de palabra clave

[Activado] [Desactivado]

Quita la pestaña de palabra clave de la caja meta y desactiva todas las sugerencia relacionadas con la palabra clave.

[Guardar cambios]

Si tienes algún perfil social para tu empresa, también le sugiero que agregue su información en la pestaña "social" del complemento para compartir sus páginas web de una mejor manera.

ADVERTENCIA

No alteres ninguna configuración que no entiendas en Yoast. Si tienes alguna duda, solo haz una pregunta en la página de ayuda de su complemento. Lo digo porque no hace mucho marqué accidentalmente una casilla de verificación llamada **"noindex"** que le decía a Google que no indexara la mayoría de mi sitio. El resultado fue que casi la mitad de mi sitio desapareció de Google y tardé una semana en resolverlo, así que ten cuidado al jugar con esta aplicación.

OPTIMIZACIÓN DEL COMPORTAMIENTO DEL USUARIO

Una vez que hayas configurado tu **SEO** en la web correctamente, es hora de pasar al segundo parámetro: el comportamiento del usuario. Dado que Google obtuvo su gloria y llegar a ser el mejor motor de búsqueda de la ciudad, quiere asegurarse de que siga siendo así. Por eso es muy importante que los usuarios de Google encuentren lo que buscan cuando hacen clic en tu web en Google.

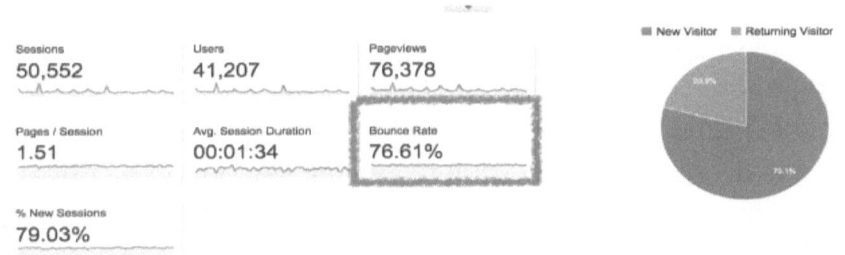

Para determinar qué tal rinde tu sitio web y cómo de bien se indexa, Google analiza muchas estadísticas diferentes, pero voy a hablar de las principales aquí. Ten en cuenta que estos números se pueden encontrar en Google Analytics.

Mejorando Tu Bounce Rate- tasa de rebote

El porcentaje de rebote se define de manera diferente para cada software de seguimiento, pero en GA (Google Analytics) el porcentaje de rebote o *bounce rate* es el porcentaje de visitantes que solo visitó una página en su sitio. Se dice que debes reducir tu tasa de rebote tanto como sea posible.

Como puedes ver en la imagen de arriba, 66Bitcoins.com tienen una *bounce rate*-tasa de rebote del 76.61%. Es decir, 3/4 de las personas que visitan nuestra web solo leen una página y se van. La bounce rate en la que probablemente puedo mejorar, pero no quiero necesariamente, aquí está el por qué. Habrá momentos en los que querrás que los usuarios se muden a otro sitio después de visitar solo una página en tu web. Por ejemplo, si tu eres un vendedor afiliado y escribes una reseña sobre un producto Bitcoin, quieres que las personas pasen a la página actual del producto fuera de tu sitio web y lo compren. Pero en otros casos, querrá que los usuarios sigan participando en su sitio.

Cómo mejorar el porcentaje de rebote:

☐ Lo peor que le puede pasar a usted en lo que respecta a Google es si el usuario pulsa el botón "Atrás", ya que no encontró lo que estaba buscando. Este es exactamente el tipo de cosas que Google quiere evitar. Asegúrese de que la información importante de la página se muestre claramente en su sitio y no esté oculta en miles de anuncios.

☐ Asegúrese de finalizar sus publicaciones con un llamado a la acción adicional. Esto puede ser desde registrarse en un boletín de noticias hasta leer publicaciones relacionadas adicionales. Thrive Leads es un complemento que le permitirá ingresar un formulario de registro de correo electrónico al final de cada publicación (se trata en el Capítulo 14). Un buen complemento para publicaciones relacionadas es **YARPP** (otro complemento de publicaciones relacionadas). A veces encontrarás temas con las publicaciones relacionadas integradas, por lo que ni siquiera necesitarás un complemento.

☐ Anime a las personas a comentar en su sitio web. Aunque seguirán en la misma página, pero Google reconocerá que tomaron algún tipo de acción

Mejorando tu tiempo en la web

Otra medción métrica que debes ver es tu *"tiempo en la web"*-time on site. Por supuesto, querrás que sea lo más alto posible. Si implementas lo que hemos hablado hasta ahora, entonces la métrica *"tiempo en la web"*debería solucionarse solo. Por lo general, un tiempo más alto en una web es el resultado de publicaciones más largas, información adicional en la parte inferior de cada publicación y contenido más atractivo. Un método que utilizo para ayudar a mi *"tiempo en la web"* es crear videos siempre que sea posible para mis publicaciones. Así que puedo, por ejemplo, escribir sobre la minería de Bitcoin, y luego agregar un video de 2:30 minutos al respecto. Esto automáticamente hace que el usuario se involucre más y lo mantiene en el sitio más tiempo. Si pudiera resumir toda la sección de *"comportamiento del usuario"* en una oración sería algo así como: Asegúrese de que los visitantes encuentren lo que estaban buscando y tomen algún tipo de medida al final.

OPTIMIZACIÓN FUERA DE PÁGINA (ENLACES, ACCIONES SOCIALES Y DE COMPARTIR)

Después de decirle a Google de qué va nuestra web, y también medir cómo las personas actúan sobre la web, el último parámetro que Google tiene en cuenta es lo que otros sitios web dicen sobre nuestra web. A lo largo de la historia de los *backlinks* de SEO (enlaces que enlazan de regreso a su sitio) han tenido un tremendo efecto en SEO. En los últimos años, el murmullo social también comenzó a tener efecto.

Backlinking correctos a tu sitio web

Los **Backlinks** son los enlaces que recibe una página web desde otros sitios web. El número de **backlinks** es la cantidad de páginas que enlazan con el sitio web.

Hay una gran cantidad de factores a tener en cuenta cuando Google analiza un enlace a tu sitio web. Aquí están los principales:

☐ **El texto de anclaje:** este es el texto visible que se puede hacer clic en un enlace. Por lo general, esto le indicará a Google de qué trata el enlace, pero muchas veces un texto de anclaje puede ser simplemente "leer esta publicación" o "hacer clic aquí".

☐ ¿Cuanta **confianza** tienes en el **dominio** del que se originó el enlace? ¿Encontró Google un enlace a su sitio web en un dominio de spam con cientos de otros enlaces o recibió un enlace de calidad desde que se lo mencionó en Coindesk u otro sitio de confianza?

También hay enlaces que se conocen como "super enlaces" como enlaces .edu y .gov. El enlace de Wikipedia también se considera bastante valioso.

☐ La diversidad de páginas enlazadas en su sitio: ¿todos los enlaces al enlace de su sitio web a la misma página o varias páginas de su sitio se vinculan? ¿El texto de anclaje es siempre el mismo? Si no hay diversidad, Google puede sospechar que está realizando algún timo o engaño de vinculo de enlaces. En pocas palabras, Google quiere ver otros sitios web ya consolidados de toda la web que se vinculan a tu sitio de forma natural. Por lo general, si tratas de engañar a Google con cualquier artimaña de vinculo de enlaces, Google lo verá en muy poco tiempo. Lo digo por experiencia, y al final de este capítulo, incluso he agregado mi propio ejemplo personal de esto. Así que asegúrate de conseguir enlaces a tu sitio web, pero no a cualquier precio. Cómo Aquí hay algunas técnicas para comenzar:

Marketing de Contenido: la última palabra de moda en SEO

Si has pertenecido al mundo del marketing online el tiempo suficiente, es probable que hayas escuchado el término marketing de contenido. El marketing de contenido es solo una forma bonita de decir *"crea un contenido excelente para que la gente lo comparta y lo promocione por ti"*. Es más fácil decirlo que hacerlo. Aquí hay algunos consejos prácticos e ideas para el marketing de contenido que puedes usar de inmediato:

Guías y tutoriales

Dado que Bitcoin es un tema tan complejo, la creación de tutoriales y guías sobre él de una manera sencilla es una excelente manera de hacer que las personas se vinculen con usted. Este video sobre *"qué es Bitcoin"* me costó $ 15 crearla y ya tiene más de 14,000 visitas.

Herramientas y widgets gratuitos

Siempre puedes construir o contratar a alguien para construir una herramienta útil de Bitcoin. **CoinLlama o coindollar.com** es un motor de búsqueda de comparación de Bitcoin que creé a través de **Upwork**. *AmIfilthyRich* es un sitio web que le permite comparar la cantidad de Bitcoins que posee con todas las otras direcciones de Bitcoin que existen.

DISCOVER THE BEST RATES FOR BUYING BITCOINS

I want [Enter Amount] [USD ▼] in [Bitcoin ▼]

[FIND BEST OPTION >>]

Coindesk creó BTCQuote - un ticker de precios de Bitcoin incrustable. Preev es un excelente conversor de divisas de Bitcoin. En 66Bitcoins no solo he creado el ticker de precios de WordPress Bitcoin, sino también un widget de noticias. Todas estas herramientas pueden hacer que las personas hablen de ti y vuelvan a enlazar a tu sitio web.

Escribe contenido interesante

No te preocupes, no voy a dejarte colgado con este mantra. Hay formas en que puedes descubrir lo que le interesa a la gente y luego escribir sobre ello. Ve a **BuzzSumo** y escribe "Bitcoin". Verás de inmediato las historias de Bitcoin más compartidas en la web. Ahora puede intentar y escribir historias similares para su propio sitio web, sabiendo que estos ya son temas que interesan a las personas.

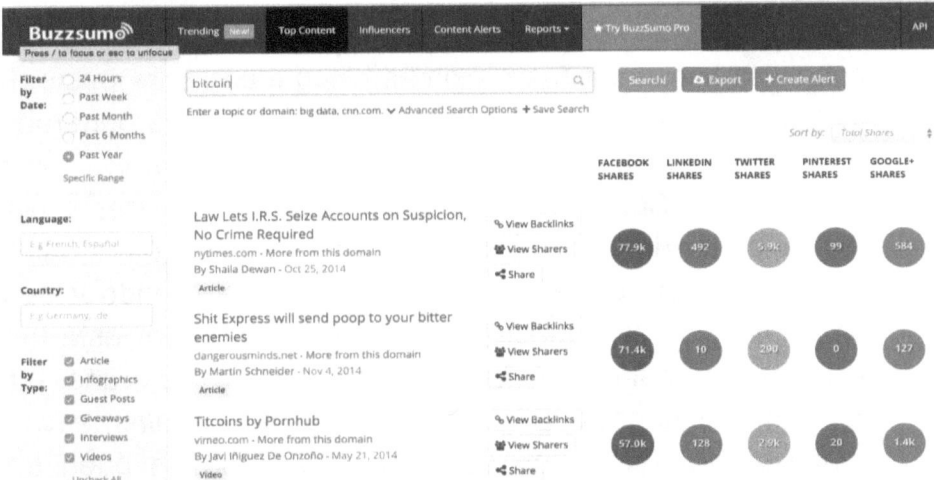

Otra gran herramienta para este tipo de investigación es **Quickspourt**. Al usar Quicksprout, simplemente eliges el sitio de información de Bitcoin muy popular (por ejemplo, Coindesk) y ves qué historias recibieron el mayor impacto social. Escribe **"X vs. Y"** publicaciones: esta es probablemente la mejor estrategia para obtener tráfico orgánico en poco tiempo. Elija una marca en su industria y escriba su nombre es Google con la palabra "vs" y vea qué aparece.

← → C 🔍 coinabse vs |

🔍 coinabse vs - Google Search
🔍 **coinbase vs circle**
🔍 **coinbase vs blockchain**
🔍 **coinbase vs bitpay**
🔍 **coinbase vs bitstamp**
🔍 **coinbase vs xapo**

Acabas de conseguir tus próximas cinco ideas para posts. Esto puede sonar gracioso, pero uno de mis principales generadores de tráfico en el sitio es la palabra clave "Coinbase vs. Circle" o "Circle vs. Coinbase". Por supuesto, puedes utilizar Autocompletar de Google para encontrar muchas otras palabras clave de Bitcoin que las personas ya están buscando y escribir una publicación al respecto. Otra forma de abordar esta táctica es utilizar la palabra "*alternativas*" después de una marca importante. Entonces, por ejemplo, atacar las *"alternativas de Coinbase"* de KW puede dar como resultado un buen tráfico orgánico.

Blog invitado en otros sitios web

Una excelente forma de obtener vínculos y enlaces para aumentar tráfico o backlinking y compartir es escribir un blog invitado para otros sitios web. Hice una serie para principiantes en dos sitios web relacionados con Bitcoin que me proporcionaron enlaces y tráfico de calidad. Ten en cuenta que la mayoría de los sitios no te permiten que crees blogs de invitado sin conocerlos de antemano, esto significa que tendrás que hacer networking y empezar una relación con ellos antes de sugerir tal cosa.

Crea un glosario profesional

Esta táctica es extremadamente relevante para Bitcoin, ya que hay muchos términos y frases que las personas "de la calle" no entienden. Publica un *libro blanco* o una *infografía* basada en investigaciones actuales: el internet le encanta la investigación. Si tienes acceso a la información que otras personas no tienen, puedes crear fácilmente una buena infografía utilizando *picktochart* o incluso publicar un documento técnico. Un buen ejemplo de un libro blanco que recibió TONELADAS de tráfico y backlinks es *el informe willy.* https://willyreport.wordpress.com

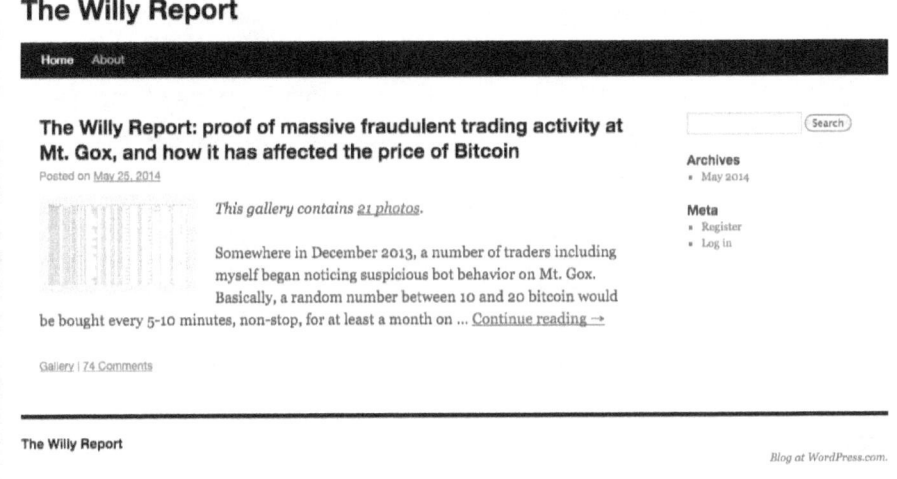

Mejorando tu rango social

Como mencioné anteriormente, no son solo los enlaces que cuentan en Google, sino también su alcance social. Si ya escribes contenido interesante, probablemente comiences a pillar "Me gusta" y "Compartir" de todos modos, pero aquí hay algunos consejos sobre cómo mejorar estos números aún más.

Mostrar botones sociales en tu sitio web

Sorprendentemente, encontrar el widget de botón social correcto es un coñazo, ya que por lo general ralentizan significativamente tu web. Después de mucha investigación encontré un widget de pago que parece hacer el trabajo excepcionalmente bien. **Ultimate Social Deux** es el complemento que utilizo en 66Bitcoins para compartir mi contenido y parece cargar lo suficientemente rápido sin dejar de ofrecer opciones de personalización.

https://codecanyon.net/item/ultimate-social-deux/6556073

Pide ayuda a tus usuarios

La página de 66Bitcoins llegó a tener el año pasado más de 750 FB, 200 tweets y 100 + 1, y no pagué ni un centimo por ellos. ¿Cómo los conseguí? Simple. Después de enviar personas allí primero 0.1millliBitcoin, posteé lo siguiente:

Encantado de conocerte, te envié las monedas. Dime si necesitas algo más. Te agradezco cualquier ayuda que nos prestes para diseminar el nombre de 66bitcoins y comominar.info, si quieres hacer un +1, haz tweets mencionándonos o compártelo en facebook [los enlaces están en este email para twitear o compartir]

La gente están tan contentos que tienen monedas (estamos hablando de tres céntimos de euro o dollar) que son más que felices de compartir mis webs.

Usa el social locker

Social Locker, es un plugin con el que puedes ofrecer un intercambio digital a tu lector. Tú le ofreces tu contenido y él a cambio lo vota o comparte. Si escribes algún tipo de buen contenido, puedes usar un social locker para bloquear tu contenido a los visitantes que no les gustó su sitio. No utilizo esta estrategia en 66Bitcoins pero escuché a muchas personas decir que aporta muchas acciones de compartir o *shares*.

PRÁCTICAS DE SEO QUE DEBES EVITAR A TODA COSTA

Debido a que el SEO ha existido por mucho tiempo, algunas personas todavía usan técnicas antiguas y desactualizadas que le prohibirán salir de Google en muy poco tiempo. Como regla general, cada vez que intenta hacer algo que es manipulador en lugar de crear valor real para sus usuarios, probablemente no siga las pautas de Google.

Aquí hay algunos ejemplos de lo que NO debes seguir:

Relleno de palabras clave

Escribir artículos con repeticiones múltiples de su KW dentro de ellos. Esto no solo hace que el artículo sea ilegible, sino que también le indica a Google que estás tratando de manipularlo.

Comprar enlaces en Fiverr

O de cualquier otra fuente para ese tema. Por lo general, cuando compras enlaces será desde sitios web de baja calidad que lo penalizarán.

No compres enlaces, confía en mí en lo que os digo. Lee la sección bonus al final de este capítulo para ver qué le sucede a alguien que sí lo hace.

Contratación y SEO

Mucha gente quizás esté en desacuerdo conmigo, pero durante mis 8 años de marketing online nunca he tenido una buena experiencia con una empresa de SEO. La mayoría de las veces mi experiencia fue negativa, y en algunas veces solo neutral. No puedes subcontratar SEO porque significa que estás externalizando la parte más importante de tu negocio: tu conocimiento profesional. Una vez dicho esto, si quieres puedes utilizar la ayuda de los consultores SEO, pero nunca dejes que nadie escriba algo por ti en un campo que no entienden.

Enlaces de Spamming a tu sitio web en otros sitios web: no vayas por los foros y sitios web que agregan enlaces a tu sitio web sin tener nada que ver con el tema de ese foro o web. Si estás comentando en el post **CoinDesk** Entonces eso está bien, pero si estás en un blog de nutrición que no hay necesidad de añadir un enlace a tu página web Bitcoin, no es relevante y que probablemente no va a ser aprobado por el administrador del sitio web.

Cómo analizar enlaces a su sitio web

Hablé mucho sobre backlinks pero nunca te mostré cómo puedes analizarlos o incluso encontrar qué enlaces apuntan a tu sitio (o al sitio de tu competidor). Estas son algunas de las mejores herramientas gratuitas que puede usar para analizar los vínculos de retroceso:

☐ Open site explorer-
http://www.yosoymarketing.com/opensiteexplorer/

☐ Ahrefs- https://ahrefs.com

☐ Majestic https://majestic.com/

Cada una de estas herramientas es diferente y, por supuesto, todas tienen una versión de pago. Pero si metes tu dominio en cualquiera de ellos, podrás ver quién ya está enlazando a su sitio y tal vez obtener algunas ideas sobre cómo obtener enlaces similares. Otra gran táctica es poner el sitio de web de tu competidor en una de estas herramientas y espiar cómo él recibe los backlinks. Tal vez también puedas conseguir enlaces de los mismos dominios.

ESTUDIOS DE CASOS DE SEO REALES DE 66BITCOINS

¿Como sé que el SEO puede ser un poco abrumador?, decidí darte una sección extra con algunos ejemplos de la vida real de cómo implemento las tácticas de SEO en mi sitio web, que puedes copiar y pegar. Hay tanto que puedes hacer con SEO que no hay manera de que podamos cubrir todo esto en este libro, pero estos simples estudios de casos ejemplifican cómo poner en práctica lo que has aprendido.

TREZOR vs. Libro mayor caso-estudio

Un estudio muy interesante que me gustaría compartir con ustedes es cómo promociono TREZOR y Ledger, ambas billeteras de hardware de Bitcoin, al mismo tiempo.

TREZOR es un producto bastante sólido con un gran equipo detrás, así que me atrajo automáticamente para promocionarlo. Dado que casi no hay vendedores afiliados en Bitcoin (todavía), pensé que implementaría mi técnica "X vs Y" para obtener algo de tráfico. Comencé comprobando si la gente realmente intentaba comprar TREZOR con alguna alternativa.

¡Bingo!

Google completó automáticamente **"TREZOR vs. Ledger"**. Cuando examiné la competencia, no vi ninguna reseña que comparara específicamente los dos. Esto, por supuesto, fue un signo de *"vamos a por ello"* para que comenzara a escribir mi post. Escribí mi reseña (puedes leerla en mi web) y me aseguré de optimizar el título para decir "TREZOR vs. Leger". Me aseguré de que mi reseña fuera lo suficientemente larga (en este caso, solo tenía unas 1000 palabras) y de que mencioné varias veces TREZOR y Ledger. Lo envié a algunos sitios web que se vincularían a mi reseña, como Reddit, grupos de Bitcoin en Facebook, Google + y Bitcoin para que Google pueda "encontrarlo". Después de unas horas, mi revisión apareció en Google en la 3ª página. Unos días más tarde, mi reseña ascendió a los gráficos de Google hasta que alcanzó su posición actual en el n. ° 2 justo después de Reddit y por delante de **Coindesk**.

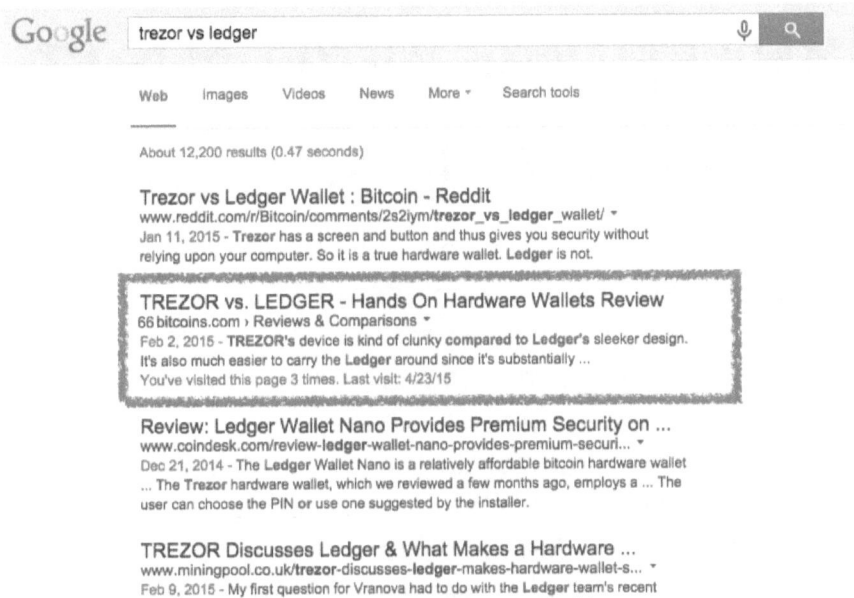

Ahora, por supuesto, mi sitio web tenía cierta "autoridad" o respectabilidad cuando escribí esta reseña y esa es una de las razones por las que se movió tan rápido, pero si encuentras ese KW del que nadie está escribiendo, puedes hacer lo mismo, incluso si tu web es completamente nueva. En realidad, fui superado por varios sitios web que hicieron lo mismo unos meses después. Esto se debe a que Google siempre prefiere el contenido nuevo y fresco, por lo que todavía tienes tu oportunidad.

MARKETING DE AUTORIDAD: MI PROPIO TRUCO DE SEO PRIVADO

Empecé a buscar métodos alternativos de SEO a finales de 2013 cuando mi sitio web cayó desde la posición n. ° 3 en la primera página en Google por mis KW orientados hasta el comienzo de la segunda página. Debido a este importante cambio de clasificación (básicamente perdí el 50% de mi tráfico) tuve que encontrar otras formas de seguir atrayendo tráfico a mi web. Esto me llevó a la idea de **Marketing de Autoridad.** El concepto principal de Marketing de Autoridad es que usas sitios web de autoridad para clasificar tus KW y no su propio sitio web. Déjame explicarte que en lugar de querer clasificar en la posición # 1 para un KW específico, debes tener tantos listados como sea posible en la primera página. Así que pasas de contar tus clasificaciones a contar tus listados. Básicamente estás diversificando tu riesgo, ya que si uno de estos resultados se reduce, todavía tiene una gran cantidad de SERP (página de resultados del motor de búsqueda).

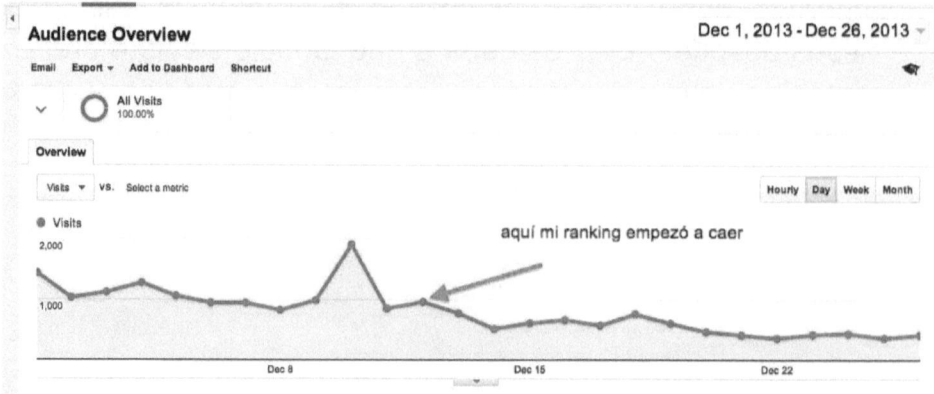

¿Pero cómo puedo obtener múltiples listados en el mismo SERP? Buena pregunta, aquí es donde entra en juego Authority Marketing. Dado que puede ser difícil tener el rango de tu sitio web varias veces en el mismo SERP, puedes usar sitios web de autoridad que estén dirigidos a los mismos KW. Esto funciona increíblemente bien porque:

1. Google valora estos sitios web, los indexa casi de inmediato y prefiere mostrarlos en la parte superior de los SERP.

2. La gente normalmente no utiliza otros sitios web para clasificar sus KW, por lo que no hay mucha competencia.

Entonces, ¿cómo se implementan las tácticas de Marketing de Autoridad?

Paso 1: identifica los sitios web de las autoridades en tu nicho

Necesitas encontrar webs que tengan una autoridad de alto rango y que te permitan publicar en ellos. Por ejemplo, Reddit, Quora y Stack Overflow tienen un alto rango de autoridad y te permitirán publicar en ellos como usuario. Por supuesto, algunos de ellos tendrán limitaciones para publicar, o ganar una cantidad mínima de reputación en el sitio, etc. Para Bitcoin, también sería Stack Exchange, BitcoinTalk, etc.

Paso 2: publique en los sitios web de autoridad utilizando su KW deseado. Ahora es el momento de usar estos sitios web de autoridad y conquistar la primera página en Google. Escribe un post o pregunta que se dirija al KW deseado. Una cosa importante a tener en cuenta aquí es que todo lo que escribas debe ser de contenido de calidad. Estos sitios web generalmente monitorizan nuevos posts y si algo es SPAM y no agrega valor, se eliminará instantáneamente.

Así que puede ser cualquier cosa, desde escribir un post en **BitcoinTalk** con tus KW en el título hasta hacer una pregunta en **StackExchange** con sus KW en la pregunta.

Paso 3: enlace a tu sitio web desde el sitio web de autoridad. Después de que el post/ pregunta se indexe, querrás asegurarte de que enlaza tu sitio web también, de modo que ganes nuevos visitantes. Este es un paso diferente ya que no siempre se debe hacer inicialmente. A veces, para obtener tracción en tu post / pregunta, querrás agregar el mejor contenido que pueda encontrar. Solo después de que su contenido haya alcanzado la primera página en Google, le gustaría editarlo y quizás agregar un enlace a su sitio. De esta manera, no parece que la única razón por la que subes el post es promocionando tu propio sitio web.

Google + ... el arma secreta que casi nadie usa ...

Una de las mejores tácticas que he encontrado es enviar enlaces en Google+. Dado que Google realmente desea promocionar su propia red, le dan un valor agregado a los enlaces que se envían allí. Entonces, si no estás usando Google+, comienza ahora.

Y ahora para un estudio de casos reales y en vivo

Permítanme darles un breve ejemplo de cómo utilicé este método para clasificar para el KW ***"Bitcoin pricer ticker".*** Sabía que no tenía ninguna posibilidad de clasificar para este KW con mi sitio web principal inicialmente, decidí usar el marketing de autoridad. Creé un plugin de WordPress llamado "Bitcoin Price Ticker Widget" que le permite colocar un ticker de precio en su sitio web de WP. Esto me llevó tres días y $ 200 en Elance. Luego envié este complemento a WordPress.org y ... ¡viola!

Estoy en la primera página de Google para este KW en 30 minutos. Hoy, casi un año y medio después, ese ticker todavía está en la primera página.

CÓMO FUI PENALIZADO POR GOOGLE

En esta última sección, voy a mostrarte un ejemplo de lo que NO debes hacer en SEO, por lo que no repetirás los mismos errores que cometí. Cuando comencé con 66Bitcoins, utilicé algunos enlaces de baja calidad para que mi sitio obtuviera una posición más alta en Google. Por supuesto, este error volvió a atormentarme ocho meses después cuando recibí un correo electrónico de Google que decía que habían tomado un "manual de acción" contra mi sitio, lo que significa que recibí una sanción de Google. Cuando miré dentro de Google Search Tool (WMT) vi esta notificación:

Para aquellos de nosotros que no somos expertos en SEO, la acción manual significa que alguien hizo cambios en el algoritmo de Google manualmente para evitar manipular su motor de búsqueda. En resumen, me jodieron manualmente. Si quieres leer más acerca de las sanciones de Google y su significado, puede hacerlo aquí.

https://support.google.com/webmasters/answer/2604824?hl=es

No tengo que decir que no estaba muy contento con este castigo.

Específicamente porque durante los últimos cuatro meses, más o menos, no había estado lidiando con ninguna empresa de SEO dudosa ni con proyectos de creación de enlaces Fiverr; de hecho, estaba creando contenido original y de calidad. Antes de ir más lejos, si aún no ha instalado WMT en su sitio ¡HÁZLO AHORA! Probablemente sea una de las herramientas más útiles que puede usar al analizar su sitio.

https://www.google.com/webmasters/#?modal_active=none

¿Por qué Google tomó medidas contra mi?

No puedo decirlo con certeza, pero mi suposición sería:

1. Mi creación de enlaces de baja calidad había vuelto para atormentarme. Al principio, utilicé algunas compañías de SEO de baja calidad que aparentemente traían buenos resultados a corto plazo pero malos resultados a largo plazo.

2. Mi Bitcoin Ticker Widget, que fue un gran éxito, tenía un enlace de texto "DoFollow o Sígueme" a pie de página en el que Google no está de acuerdo. Dado que el widget se instaló en cientos de sitios web (cada uno con docenas de páginas), obtuve miles de backlinks que parecían no ser naturales. En mi defensa, debería decir que la mayoría de los sitios web, si no todos, estaban relacionados con Bitcoin.

¿Cómo eliminas esa penalización de Google?

Bueno, si has seguido el consejo y has usado marketing de autoridad, lo primero que debes hacer es no preocuparte: tu negocio no se fue al carajo. Sin embargo, si tu única táctica para conseguir tráfico a tu sitio web es a través de Google, entonces puedes empezar a preocuparte.

No puedo enfatizar cuán importante es no usar solo una fuente de tráfico para tu sitio web. El proceso que estoy por describir es bastante largo y tedioso y no se garantiza que funcione siempre, pero probablemente valga la pena el esfuerzo empleado en ello. Lo que hay que recordar es que Google está dispuesto a darte una segunda oportunidad, pero debes demostrar que te la has ganado.

¡¡Importante !!!

Antes de comenzar este proceso, ¡crea una hoja de Excel que documente todo lo que haces! ¿Qué URL llevan a su sitio, si son spam o no, quién es la persona de contacto, cuándo te contactó, cuál fue tu respuesta, etc.? Necesitarás esta hoja cuando termines el proceso para demostrar tus esfuerzos a Google y que no eres un robot. Ten en cuenta que este proceso puede terminar haciéndote daño al final, ya que podrías estar eliminando enlaces de calidad por error. Es por eso que recomiendo usar un profesional que sepa lo que está haciendo.

Paso 1: tiempo para limpiar ...

El primer paso sería deshacerse de todos sus enlaces de spam. Hay varias maneras en que esto se puede hacer:

☐ Contrata una empresa de "eliminación de enlace" como LinkDelete o Removeem. Hay muchas más compañías como estas, ya que esto parece ser una tendencia creciente, por lo que puede realizar su propia investigación en línea.

☐ Contrata a un contratista independiente para que elimine estos enlaces por ti: mediante Upwork o Elance puede publicar una publicación de trabajo de eliminación de enlaces. Este es el método que utilicé porque me gusta tener una persona trabajando en mi proyecto y no una empresa.

☐ Házlo tu mismo: si tienes tiempo y no tienes el dinero, esta sería la mejor opción.

Ten en cuenta que el proceso se puede demorar entre dos semanas y dos meses, dependiendo de la cantidad de backlinks que tengas en tu web. Cada enlace / dominio de referencia debe evaluarse para determinar si es legítimo o no deseado. Si no tiene el conocimiento para hacerlo usted mismo, te recomiendo que contrates a un profesional. Si quieres hacerlo tu mismo, deberás averiguar quién se vincula a tu sitio mediante WMT y comenzar a contactarlos uno por uno. Así es como se encuentra esto desde el Webmaster de Google

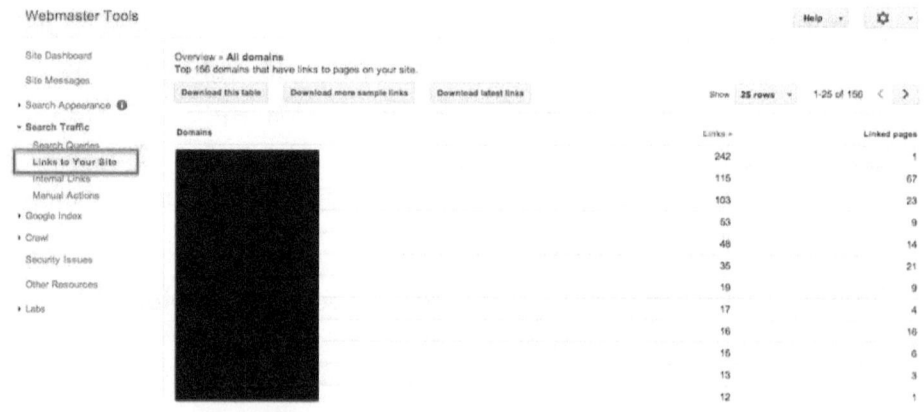

Herramientas del dashboard:

Cuando contactes a cada webmaster, deberá solicitar que elimine el enlace a su sitio web. Si no responden, se recomienda tratar de contactarlos hasta tres veces.

En mi caso, además de utilizar un profesional para eliminar los enlaces, también hice otras dos medidas:

1.He cambiado el enlace de pie de página en mi Bitcoin Ticker Widget un "nofollow- no seguir" y lo hizo un enlace de imagen en lugar del enlace de texto - al parecer de esta manera que no manipula el algoritmo de búsqueda de Google.

2.He descontinuado por completo mi viejo dominio 66bitcoins.com que tenía la mayor parte de los enlaces de spam que apuntan a ella (ya que me he mudado de dominio de cola a 66bitcoins.net y redirigido todos los enlaces antiguos de dominio a la nueva). De esta manera me deshice de muchos enlaces con solo hacer clic en un botón.

Paso 2: eliminando el desastre que se queda

Después de que hayas intentado llegar a todos los webmasters tres veces y eliminar tantos enlaces malos como sea posible, aún te quedan varios enlaces malos. Esto se debe al hecho de que algunos webmasters no responden, no se pudo encontrar ninguna información de contacto, etc. Los enlaces defectuosos restantes deben ser rechazados mediante el uso de la herramienta Google Disavow también ubicada dentro del WMT.

Existe un formato específico de archivo que se puede enviar a la herramienta de desautorización y es importante seguir las instrucciones cuidadosamente. NO coloque todos sus enlaces de retroceso en la herramienta de desautorización y envíela a Google. No mostrará su compromiso de volver al buen camino y su solicitud de reconsideración probablemente será rechazada. Tenga en cuenta que existe una opción para desautorizar URL específicas o dominios completos según lo que necesite.

Paso 3: enviar una solicitud de revisión

Después de haber hecho los primeros dos pasos, es hora de enviar la solicitud de reconsideración.

La solicitud solo explica por qué crees que mereces ser readmitido. Puede y debe incluir lo siguiente:

☐ ¿Por qué crees que te penalizaron en primer lugar?

☐ ¿Qué has aprendido de esa penalización?

☐ ¿Qué has hecho para poner las cosas en su sitio (eliminar enlaces, agregar la etiqueta "nofollow-no seguir", dominios eliminados, etc.).

☐ Un enlace a una hoja de cálculo de Google Docs que detalla tu actividad (con quién comunicaste, cuántas veces, cuál fue la respuesta).

Cualquier otra cosa que creas que pueda ser relevante.

Recuerda que habrá una persona detrás del ordenador que lea esta solicitud y repasará todo, así que hazlo bien. La solicitud era de tres párrafos, pero supongo que difiere según el caso.

Paso 4: Reza

Ahora esperamos y cruzamos los dedos. Ten en cuenta que incluso si lo rechazan, puedes volver a enviar una solicitud. Esto tendrá que hacerse después de que evalúes y comprendas el motivo del rechazo y luego ya está.

☆ **Reconsideration request for http://66bitcoins.com/: Manual spam action revoked**

We received a reconsideration request from a site owner for http://66bitcoins.com/.

Previously the webspam team had taken action on your site because we believed it violated our quality guidelines. After reviewing your reconsideration request, we have revoked this action.

You can use the Manual Actions page in Webmaster Tools to view actions currently applied to your site. It may take some time before recent updates to your site's status are reflected on this page and in our search results.

Of course, there may be other issues with your site that could affect its ranking. Google determines the order of search results using a series of computer programs known as algorithms. We make hundreds of changes to our search algorithms each year, and we employ more than 200 different signals when ranking pages. As our algorithms change and as the web (including your site) changes, some fluctuation in ranking will happen from time to time as we make updates to present the best results to our users.

If your site continues to have trouble in our search results, please see our Help Center for help with diagnosing the issue.

Thank you for helping us to maintain the quality of search results for our users.

Básicamente están diciendo que han revocado la acción manual tomada en mi web. No puedo decirte cómo me sentí de aliviado y tranquilo. Espero que tengas los mismos resultados, y recuerda: es mejor evitar hacer tonterías y luego tener que lidiar con todo este proceso más tarde ...

DEBERES: IMPLEMENTAR TÁCTICAS DE SEO

Wow ... ¡Un montón de información que aprender! Ahora intentemos poner esto en acción:

+ Lleva a cabo la investigación de KW- palabras clave (explicada en detalle en el Capítulo 9) y decida qué KW quieres promover a través de SEO. Si estás usando WordPress, instala el plugin WordPress SEO de Yoast y léete el tutorial.

+ Crea páginas dedicadas para los KW que desee promocionar con contenido atractivo y de más de 1000 palabras. Asegúrate de optimizar el título, la descripción y las etiquetas de titulares utilizando el complemento Yoast en estas páginas.

+ Instala el complemento de caché total W3 para acelerar su sitio.

+ Instale las Herramientas para webmasters de Google en su sitio web.

+ Asegúrate de que tu web esté bien optimizado para cargar en menos de 2 segundos. Pruébalo con Pingdom.

+ Piensa en webs que pueden querer vincular tu web y contactarlos. Ya sea que se trate de un invitado de blog o de cualquier otro tipo de acuerdo que quieras alcanzar, asegúrate de hacer amigos y socios.

+ Usa cualquiera o todos los "trucos" mencionados en este capítulo para obtener tráfico natural y orgánico adicional. Recomiendo probar la táctica "X contra Y".

+ Usa BuzzSummo y descubre qué contenido ya funciona bien en las webs de tus competidores. Escribe contenido similar en tu propio blog.

ATRAE TRÁFICO DE BITCOIN DESDE REDDIT

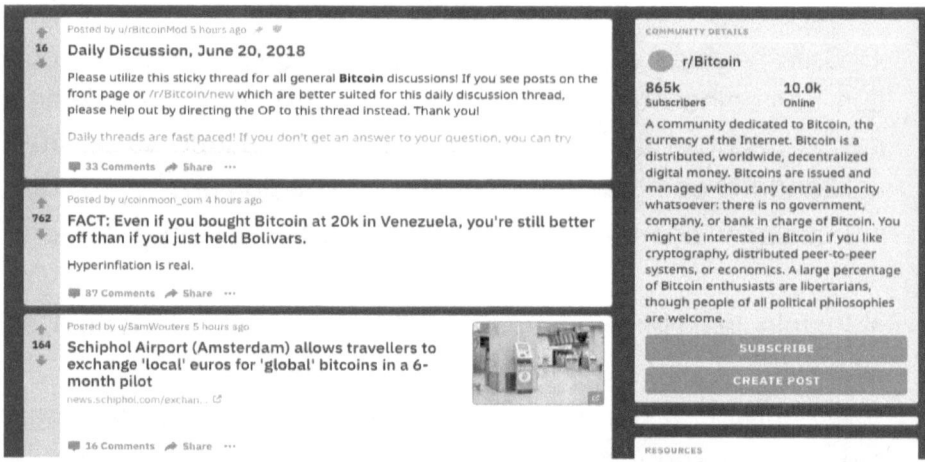

En la actualidad, no hay muchos lugares en la Web para que los usuarios de Bitcoin puedan pasar el rato. Una de las técnicas más potentes para obtener usuarios gratuitos es familiarizarse con estos "*hangouts*" y forjarse una reputación. Reddit es uno de los principales puntos de tráfico para los usuarios de Bitcoin.

r / Bitcoin: una mina de oro inexplorada

https://www.reddit.com/r/Bitcoin

Reddit, para aquellos de vosotros que todavía no lo sabeis, es una plataforma de noticias sociales. En pocas palabras, es una plataforma de votación para contenido de toda la web con la opción de agregar su propio contenido también. El contenido que se vota mucho llega hasta la cima y se queda allí, y el contenido que no es tan bueno desaparece en minutos. El resultado: una fuente de noticias increíble, casi imparcial para la todos.

Reddit es actualmente el sitio web número 25 en Internet según Alexa y está creciendo en popularidad en todo el mundo.

Entonces, ¿por qué deberías usar Reddit?

Bueno, buena pregunta. Las tres razones principales por las que debe usar Reddit son:

1. Te dará enlaces de un dominio de calidad premium y eso es bueno para SEO.

2. Te llevará a la primera página en Google en cuestión de horas si estás en un nicho de baja competencia como Bitcoin.

3. Puedes obtener cantidades MASIVAS de tráfico si lo usas correctamente.

Solo para enfatizar la cantidad de tráfico que puedes atraer de Reddit, aquí hay una captura de pantalla de los análisis de mi sitio web después de haber publicado una de mis publicaciones en Reddit.

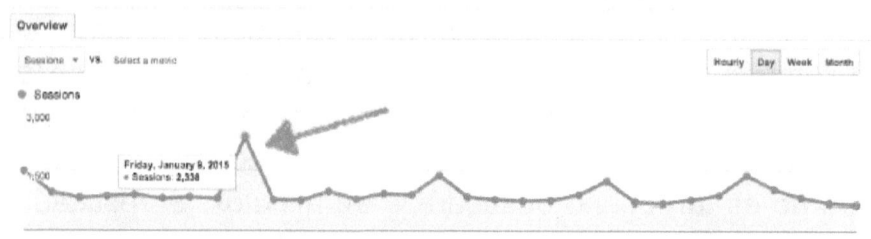

Casi doblé mi tráfico en menos de un día. Mis compañeros me dicen que, cuando llegaron al puesto número 1 en un subreddit específico (lo abordaremos más adelante), ¡habian recibido casi 30,000 visitantes únicos por día!

SubReddits

Reddit está construido a partir de diferentes subsecciones, o subreddits. Para cada tema hay uno o varios subreddits. Si tomo por ejemplo, el subreddit utilizo sobre todo, que es r / Bitcoin (así es como se formatean subreddits) Luego también hay r / bitcoinbeginners, r / bitcoinUK etc ... lo que significa que un tema puede tener subreddits similares y es su misión entienda qué subreddit es más adecuado para su contenido. Al elegir un subreddit, asegúrate de saber cuántos suscriptores tiene. Por ejemplo, unos pocos cientos de suscriptores se consideran relativamente subreddit. Varios miles se consideran medios, y decenas de miles es un subreddit grande. r / Bitcoin se considera bastante grande y actualmente es el número 198 de todos los subreddits disponibles.

Usuarios de Reddit

Los usuarios de Reddit generalmente son personas que buscan mantenerse informadas sobre un tema específico. Considera tu subreddit como un foro de expertos sobre el tema. Esto significa que si les posteas un artículo de SEO de $ 5 que compraste en Upwork, desaparecerá en poco tiempo. Además, según mi experiencia, los usuarios de Reddit valoran los hechos sobre las opiniones. Esto significa que un post sobre los "mejores 5 widgets de cotización de bitcoin" probablemente funcione mejor que una publicación sobre "Por qué fallará Bitcoin". Aún así, esto no quiere decir que no deba enviar mensajes de opinión, pero le explicaré más sobre eso en un minuto.

https://www.youtube.com/watch?v=RUyizIyYn0o

Cada usuario tiene "Link Karma- vínculo kármico" que se basa en los votos de los enlaces que ha enviado y "Comment Karma" en función de los comentarios que ha respondido. Tenga en cuenta que esto no significa que puede crear cientos de usuarios y votar sus propias publicaciones. Reddit usa un sistema de clasificación sofisticado, que identifica "votos de valores bajos" y los compara con el voto opuesto. Esto significa que si tratas de engañarte para llegar a la cima, solo perderás el ranking más rápido. Nuevamente, la calidad importa en esta web.

Posts vs. Enlaces

Una vez que empieces a usar Reddit, notarás que es mucho más fácil obtener votos para los posts que para los enlaces. Esto es por varias razones:

☐ El post es un contenido que mantiene al usuario dentro de Reddit. Esto hace que sea más fácil hacer clic en el botón de votación hacia arriba sin la necesidad de volver a hacer clic en Reddit.

☐ Todos los enlaces en las publicaciones son enlaces "NoFollow", lo que hace que las publicaciones sean mucho menos atractivas para los spammers SEO.

☐ Un post es contenido escrito por el usuario mismo y no por un sitio web de un tercero como un enlace. Esta podría ser la razón por la que las personas facilitan las publicaciones mucho más que en los enlaces.

Reglas de Reddit

Cada subreddit tiene reglas diferentes. Por ejemplo, el subreddit r / emprendedor no le permitirá publicar un enlace a menos que tenga más de 90 puntos Link Karma.

El subreddit r / Java no le permitirá publicar un enlace si ya lo ha publicado en un grupo relacionado (por ejemplo, Scala), así que asegúrese de familiarizarse con cada una de las reglas del subreddit. En general, no puede enviar un enlace que alguien ya haya enviado dentro del mismo subreddit (pero puede enviarlo en otro diferente)

Reddit gold

Dado que Reddit es "para todos", permite comprar una membresía de oro que se llama Reddit gold, lo que ayuda a respaldar a la comunidad de Reddit. Esto no te da mucho en términos de marketing, pero ayuda a validar su perfil. Por lo tanto, si puede sospechar que solo está en Reddit para promocionar sus propios enlaces (lo cual puede ser cierto), los tranquiliza a los que menos le está devolviendo a la comunidad. Estoy suscrito personalmente a este servicio, porque creo que a largo plazo me daría una mejor exposición a mis enlaces.

Vayamos al grano

Ahora que hemos repasado los conceptos básicos de cómo funciona Reddit, Hablemos de algunos consejos, trucos y mejores prácticas que puede utilizar cuando se utiliza el Bitcoin Reddit el canal de comercialización. Hablaré principalmente sobre la presentación de enlaces por dos razones:

A. Enviar un enlace es probablemente la mejor manera de dirigir el tráfico a una URL específica.

B. Los enlaces enviados a Reddit, sorprendentemente son enlaces "DoFollow" que ayudan a tu esfuerzos de SEO.

Regla n. ° 1: utiliza todo el enlace de inmobiliarias que te dean.

Cuando envías un enlace a Reddit, debe meter lo siguiente:

☐ Título de la URL

☐ La URL en sí misma

☐ Un subreddit para publicar la URL

Asegúrate de aprovecharlos al máximo.

Título: esta es probablemente la parte más importante. Es por eso que nunca debes usar la opción "Sugerir título". El título debe ser atractivo, hacer que la gente quiera hacer clic en él y seguir relacionado con el contenido actual. ¡Recuerda! tu audiencia no tolerará trucos de marketing baratos. Piensa interesante y elegantemente. Usa números para diferenciarte de otros títulos.

Aquí hay un buen ejemplo para un título:

↑
1
↓

Bit2me convierte tus bitcoins a euros para que los saques en más de 10.000 cajeros en España xataka.com/empres... ⮺
r/es Posted by u/ddmfive 2 years ago

💬 1 Comment ↱ Share ⋯

La URL en sí misma: no hay mucho que decir al respecto, solo mete la URL tal como está.

Tu subreddit seleccionado: la mayoría de las veces no se limitará a publicar su URL en solo un subreddit. Habiendo dicho eso, no publicaría ningún enlace en más de dos subreddits principales de su audiencia relevante. Reddit también evitará que vuelva a publicar sus enlaces una y otra vez en algún momento.

La clave para recordar es "No abuse del sistema". Piensa en dar el valor actual. Si cree que este enlace será relevante para dos o incluso tres subredes diferentes, publíquelo allí también. Pero tomemos Bitcoin nuevamente, por ejemplo. Sé que la mayoría de mi audiencia está suscrita a r / bitcoin y los novatos probablemente también estén suscritos a r / bitcoinbeginners. Así que podría publicar una publicación general sobre el futuro de Bitcoin en ambos subreddits, pero si publicara algo sobre el nivel de entrada, solo lo publicaría en r / bitcoinbeginners.

La foto - Lo sé, lo sé, nunca he mencionado una foto antes. Pero al igual que una publicación en Facebook, cuando publica un enlace a Reddit y tiene una imagen en esa URL, normalmente pones la primera imagen de la página y la colocarás como una miniatura. Esta es una gran ventaja para tu CTR si usa esto correctamente.

Lo que suelo hacer es crear un Meme específico para cada una de mis publicaciones y me aseguro de poner ese Meme como la primera imagen de la página. Esto crea una miniatura de ese Meme, que las personas normalmente identifican pero no pueden leer (debido a su tamaño), lo que hace que hagan clic en el enlace.

Además, si publica un enlace a YouTube en Reddit, los usuarios podrán ver el video desde Reddit, lo que probablemente lo ayudará a obtener más votos.

Regla n. ° 2 - Siempre prueba tu contenido para la mejor audiencia adecuada

Hemos hablado sobre el hecho de que la mayoría de las veces podrá publicar su enlace en diferentes subreddits. Use esto para probar qué enlaces funcionan mejor con qué público. Lleve un registro de la cantidad de votos ascendentes / descendentes que obtuvo para sus enlaces anteriores (solo uso una hoja de Excel simple) y la próxima vez que tenga varias opciones donde enviar un enlace, elija con prudencia.

Regla n. ° 3: no todas las URL se crean iguales

Cada vez que publivcas un enlace a Reddit, la URL aparecerá a tu derecha. Esto tiene varios impactos:

Si la URL tiene un "carácter fraudulento", menos personas harán clic en ella. Por ejemplo, cuando comencé, mi nombre de dominio era Bitcoin66paypal.com, ya que quería enseñarle a la gente sobre la compra de Bitcoins con PayPal y necesitaba obtener mejores resultados de SEO. Una vez dicho esto, ese nombre de dominio no es el más confiable que puedes elegir para un subreddit de gente conocedora de Bitcoin. No es elegante y tiene un marketing de afiliación escrito por todas partes. Esto me dio un momento muy difícil para hacer que la gente hiciera click en mis enlaces. Algunas personas incluso hicieron comentarios sobre el dominio sin hacer click en el enlace.

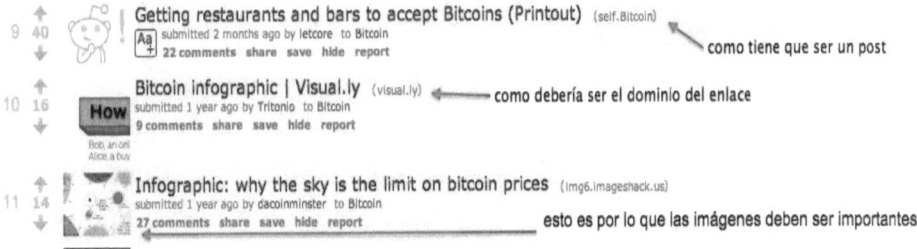

Reddit tiene una forma sofisticada de filtrar las URL abusadas. Supongo que rastrea el historial en un subreddit específico para esa URL y, si es pobre, no verás mucho. De nuevo, esto nos enseña a no abusar del sistema y solo postear cosas que agreguen valor a la comunidad.

Así que ten en cuenta que probablemente obtendrás mayor cantidad de tráfico al principio cuando Reddit aún no reconozca tu dominio y, a medida que pase el tiempo, se hará más difícil (pero es posible) obtener la misma cantidad de tráfico ...

Regla # 4 - No existe un troll malo

A veces, cuando publicas un enlace a Reddit, aparecen algunos trolls o personas que comentan cosas malas sobre tu enlace. No te preocupes esto es realmente bueno, ya que Reddit tiene en cuenta la cantidad de comentarios cuando calcula cómo clasificar la publicación en el subreddit. Lo importante es mantener a tu audiencia comprometida. Así que asegúrese de responder a los comentarios que recibe.

Patrocina Reddits

Reddit permite a los usuarios publicar enlaces patrocinados en la parte superior de un subreddit. Esta es una herramienta increíble para generar tráfico adicional a bajo costo (se estima en $ 0.04 por clic). No voy a examinar esta herramienta en detalle en esta sección, pero aquí están las principales cosas a tener en cuenta al usarla.

El hecho de que estés pagando para estar en la cima no significa que puedas poner lo que quieras allí: mientras más personas hagas clic y más voten en tu enlace, Reddit preferirá mostrar tu post patrocinado sobre otras. Utiliza este método para las publicaciones urgentes en las que desea asegurarse de estar en la parte superior del subreddit sin la necesidad de contar con los votos de los usuarios. Este método no sustituye el envío orgánico de enlaces, sino que lo complementa para fines específicos. Pero más sobre eso en una publicación diferente.

Reddit es una mina de oro sin explorar

Para concluir, Reddit es la Craigslist del marketing de contenidos. Tiene un diseño desagradable (no optimizado para dispositivos móviles, incluso el más mínimo), una interfaz de usuario mediocre y toneladas de tráfico. Si entiendes cómo usarlo correctamente, estarás muy por delante del juego de marketing de contenidos en tu nicho de mercado. Pero no cometa el error de faltarle el respeto a la sociedad Reddit solo porque tiene una interfaz anticuada. Asegúrese de agregar valor a la comunidad y le devolverán valor. Reddit es probablemente la mayor fuente de tráfico para los usuarios de Bitcoin.

Herramientas para explorar Reddit

Lista de Reddit

Te da una lista de todos los diferentes subredes y los clasifica de acuerdo al tamaño. También puedes buscar palabras clave como "bitcoin" y ver muchas otras subredes relevantes.

Métricas Reddit

Muestra estadísticas detalladas sobre cada subreddit. Tasa de crecimiento del usuario, hitos, etc. No es tan útil como la Lista de Reddit, pero es genial para explorar. Un ejemplo para usar este sitio es crear una infografía sobre r / Bitcoin.

Filtros Reddit

Si buscas los mejores posts en un subreddit para pillar ideas sobre lo que funciona bien, puedes usar los filtros incorporados de Reddit. Simplemente vaya a su subreddit, seleccione "superior" o "controvertido" y luego simplemente eliges mostrar "todo el tiempo". Ahora puedes ver qué tipos de historias funcionan bien en el subreddit específico.

TRUCOS PARA USAR REDDIT

RedditLater

Una herramienta para programar envíos de enlaces a Reddit en un momento posterior. También ofrece un excelente análisis de cuáles son los mejores momentos para postear.

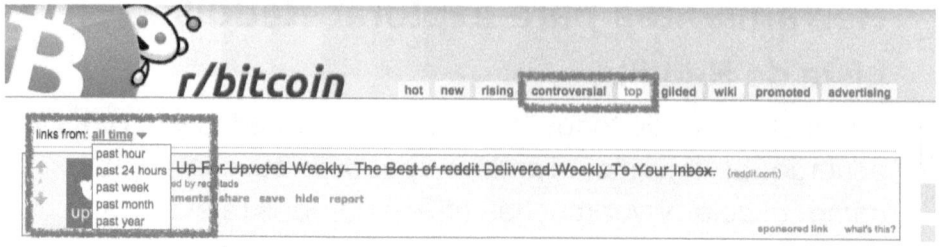

1. Abre una cuenta de Reddit.

2. Comienza a buscar las subredes relevantes a través de las listas de Reddit y Reddit metrics.

3. Encuentra las mejores historias en el último mes para r / Bitcoin o posts similares de economía o inmobiliaria. Piensa si puedes escribir historias similares que funcionen bien.

4. **Utiliza RedditLater** para analizar cuál es la mejor hora del día para postear en sus subreddits elegidos.

5. Publica al menos un enlace a r / Bitcoin y rastrea cuánto trafico trae; No te olvides de las reglas sobre el uso de toda tu propiedad inmobiliaria.

TRUCOS EN REDES SOCIALES DE BITCOIN O CRIPTOS

Además de Reddit, hay algunas redes sociales y foros adicionales de Bitcoin que pueden generar tráfico de calidad. En lugar de mapear cada grupo de Bitcoin, prefiero centrarme en el 20% que tiene el 80% del tráfico para que no pierda el tiempo persiguiendo grupos más pequeños.

Usando diferentes redes sociales

Bitcoin en Facebook

Este es el mayor grupo de Bitcoin en Facebook. No puedo decir mucho sobre este grupo, ya que no es tan activo, pero se puede obtener un buen tráfico al publicar sus cosas allí. Cuando publiques en FB, asegúrate de optimizar las diferentes partes de su publicación, como elegir la mejor imagen, darle a tu post un título interesante y también cambiar la descripción si es necesario. Asegúrate de nunca compartir un enlace en un grupo FB sin escribir algo al respecto. Esta puede ser su opinión general sobre el enlace o un breve resumen, pero publicar algo sin escribir nada simplemente parece spam. Las fotos se derivan del enlace que posteas. Si no hay fotos en el enlace, ninguna aparecerá en FB. Por lo tanto, si está enlazando a una de sus publicaciones, asegúrese de tener al menos una foto, de modo que sea más notorio en FB. El título y la descripción de la publicación se pueden cambiar haciendo clic en ellos.

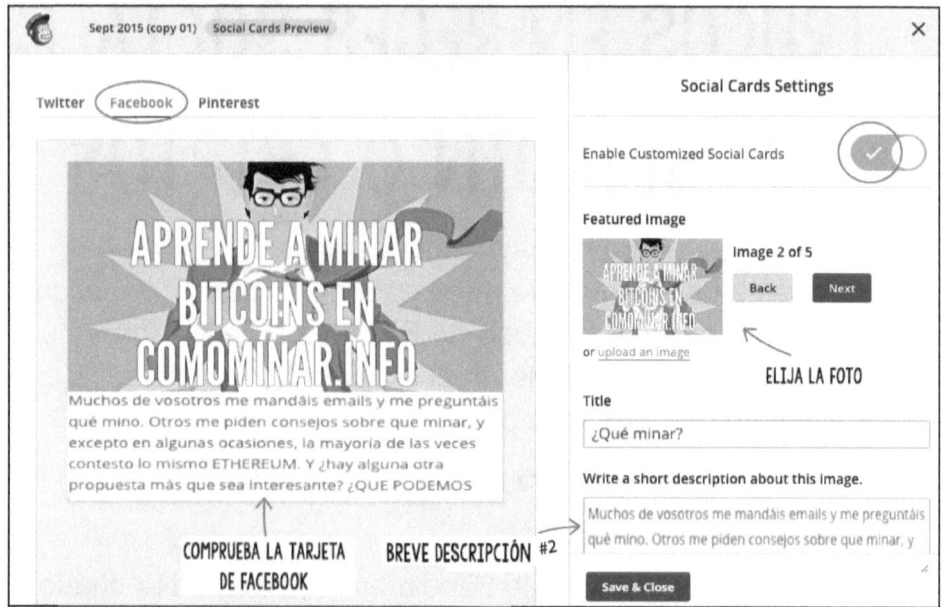

Por defecto, toma el título original del post y las primeras oraciones de la publicación como una descripción, usa también lo que se empieza a llamar card o tarjeta que se pueda customizar en diversos colores y con letra clara. Puedes escribir lo que quieras y hacer que el enlace parezca más "atractivo". Abajo un post con card o tarjeta de Facebook atractivo que usé en una campaña.

Bitcoin en Google+

Hay muchas cosas que se puede hacer en Google+. La comunidad de Google+ de Bitcoin es una comunidad activa con muchos bitcoiners. A diferencia del grupo FB, puedes obtener mejores comentarios en esta comunidad. Publicar en Google+ también es excelente para tus esfuerzos de SEO. A veces, tus publicaciones pueden llegar a la primera página de Google poco después de su publicación (¿recuerdas el marketing de autoridad?).

Google+ también muestra los mismos elementos que FB y debes asegurarte de optimizarlos al máximo. Esto significa elegir la mejor foto y escribir algo sobre el enlace que compartes.

BitcoinTalk

El mayor foro de Bitcoin sobre Bitcoin. En los últimos años, BitcoinTalk se ha convertido en un lugar para que muchos nuevos Bitcoiners hagan preguntas sobre Bitcoin. Aunque no es tan bueno como fuente de tráfico, puede ayudarlo a obtener comentarios sobre su producto. También es una herramienta increíble para Marketing de la Autoridad, como se explica en el Capítulo 11. Ten en cuenta que desde que BitcoinTalk lanzó sus campañas de firmas, comenzaron a aparecer muchos comentarios de spam. Una campaña de firmas es cuando las personas publican anuncios de productos dentro de su firma de perfil y obtienen una recompensa por ello. Cuantas más publicaciones y respuestas tengas, mayor será la recompensa. Es por eso que muchas veces tendrás comentarios inútiles como "gracias" o "gran post". Intenta filtrar estos y centrarse en los comentarios de verdad.

Twitter

Hay muchos líderes de opinión de Bitcoin en Twitter. Si bien publicar en tu propio perfil de Twitter puedes obtener cierta exposición relevante, es mucho mejor lograr que uno de estos líderes emita un Tweet acerca de ti. Para encontrar líderes de opinión relevantes, puedes utilizar la herramienta de búsqueda de **FollowerWonk**

https://moz.com/followerwonk/bio/ para Twitter.

Simplemente ingrese la palabra "Bitcoin" en el cuadro de búsqueda y ordene los resultados por suscriptores. Verás que las personas más influyentes están en Twitter, que también están en Bitcoin.

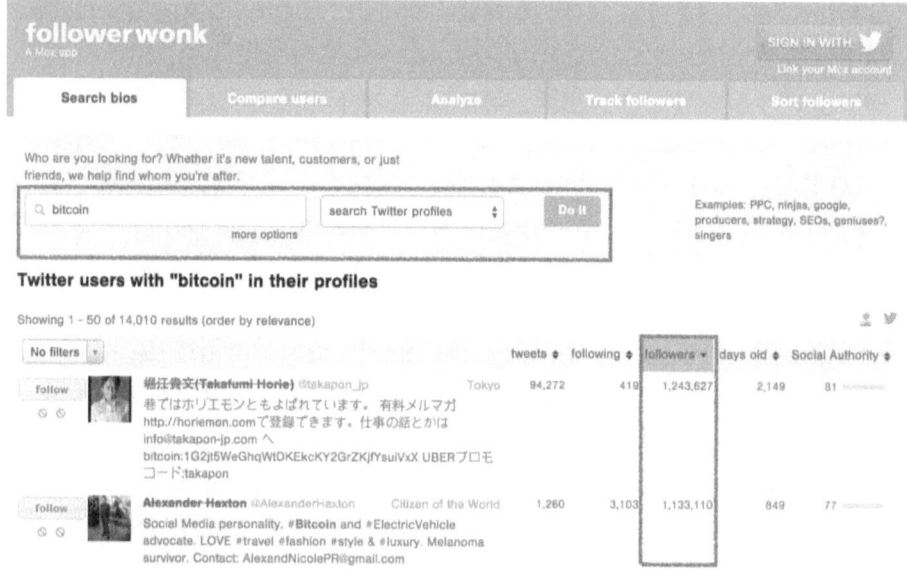

LinkedIn

En el momento de escribir este libro, solo hay uno principal en el grupo de LinkedIn Bitcoin. Según mi propia experiencia, LinkedIn no es una gran fuente de tráfico, pero es posible que quieras comprobarlo por ti mismo.

Mención personal

- No importa dónde publiques, siempre debes intentar incorporar menciones personales si es posible. Por ejemplo, si escribes un post sobre Coinbase y la comparte en el grupo Bitcoin FB, asegúrese de agregar una mención personal de @ coinbase. Twitter sigue el mismo esquema de escritura, mientras que Google+ requerirá el signo "+" y el nombre de la persona / empresa. Cuando agregas una mención personal, suceden dos cosas. En primer lugar, el post o twit obtienes mucha más visibilidad ya que también los fanáticos de la marca o la persona que mencionas se exponen a ella.

Este de abajo es un buen ejemplo,

Tikebit™ @tikebit · Jun 18

¡Empieza la semana, Feliz Lunes!
Si aún no conoces Tikebit, hemos creado un método para comprar #bitcoin, #litecoin, #ethereum y #bitcoincash con dinero en efectivo a través de un recibo canjeable.

Mas info: tikebit.com

#criptomonedas #españa

En segundo lugar, consigues la atención de la marca o persona y pueden compartir o retuitear tu publicación, lo que te brinda aún más exposición. Por lo tanto, recuerda el averiguar para cada post si hay alguna compañía o persona clave con la que puedas etiquetarla. No abuses de este método ni menciones a las personas por el solo hecho de mencionarlos. Esa es la forma más rápida de etiquetarse uno como spammer y las personas simplemente ignorarán sus post.

USAR AFILIADOS O AFFILIATES

Uno de los métodos más útiles para hacer que la gente compre su producto o se registre en su servicio es a través de programas de afiliación. Si has leído la parimera parte del libro alrededor del Capítulo 3, probablemente ya sepas cuáles son. Asi que, no muchas compañías de Bitcoin usan programas de afiliados hoy en día. Aunque https://biggico.com/ es una de ellas. No necesitas tener muchos conocimientos técnicos para configurar un programa de afiliados. Puede utilizar su propio software de afiliación, comprar un producto de software de afiliación "de fábrica" o registrarse como anunciante en una red de afiliados. Yo personalmente prefiero este último ya que es el más rápido y fácil de hacer, también lo libera de todo tipo de problemas de mantenimiento y contracargos. Por ejemplo, también he configurado un programa de afiliación para este libro. En lugar de tratar de ocuparme de todo, me registré en Clickbank, la red de afiliados más grande de la red para productos de información. Clickbank https://www.clickbank.com/ ahora se ocupa de todo: rastrea el tráfico de mis afiliados, sus ventas, se ocupa de los pagos de mis clientes e incluso los reembolsos. Lo único que me costó fue $ 50 para configurar el producto y alrededor del 7,5% en las tarifas de transacción. Puede pensar que esas son muchas tarifas, y en realidad tienes razón. Pero queremos comenzar despacito, ¿verdad? Entonces, si veo que una gran parte de mis ventas proviene de afiliados, puedo considerar el mudarme a un programa de afiliación autohospedado.

Pero hasta entonces, **¿por qué debería siquiera preocuparme por eso?** Lamentablemente, hoy en día no hay muchas redes de afiliados de Bitcoin dedicada (¿alguien dijo "oportunidad de negocio"?). Entonces, para encontrar la red de afiliados adecuada para tu producto, te sugiero que use Clickbank o biggico.com para obtener productos de información etc. Si tienes un producto físico, hay varias redes que veremos pero no he tenido ninguna experiencia directa con ellos:

http://www.cj.com/

https://rakutenmarketing.com/affiliate

http://shareasale.com/

Puedes encontrar una lista completa de redes adicionales para 2017-18 aquí https://mthink.com/top-20-affiliate-networks-2017/. Cuando trabajes con afiliados, asegúrate de que valga la pena. Por ejemplo, regalo el 70% de la venta del precio como una comisión afiliada con los click de este libro en su formato eBook. Lo hago porque los ingresos de los afiliados son básicamente "ventas gratuitas", no me cuesta nada incorporarlos. Y como se trata de un producto de información que no tiene ningún costo de fabricación recurrente, puedo permitirme una comisión de afiliación tan alta. Por supuesto, si se tratase de un producto físico no podría regalar mucho, ya que tendría más gastos en cada producto fabricado y me gustaría obtener algunos ingresos. Recuerda, los afiliados solo reciben un pago si dan resultados reales, por lo que básicamente se trata de una situación en la que todos salen ganando.

PONTE A HACER AMIGOS Y POSTEAR EN LAS REDES

+Abre una cuenta en cada una de las redes sociales descritas arriba (Google+, FB, Twitter, LinkedIn).

+ Publica tu primer enlace en cada uno, asegúrate de agregar una mención personal si es posible.

+ Opcional: considera la posibilidad de configurar un programa de afiliados para tu producto.

EL MARKETING DE EMAIL: EL DINERO ESTÁ EN LA LISTA

Probablemente, la herramienta de marketing más poderosa desde la concepción de Internet hasta hoy fue y sigue siendo el correo electrónico. Antes de comenzar quiero dejar algo en claro: cuando hablo de marketing por correo electrónico, no me refiero a enviar spam a las personas con correo electrónico molesto. Estoy hablando del preguntar por la dirección de correo electrónico de tus visitantes para que puedas crear una relación con él por correo electrónico y tal vez incluso lograr que compre tu producto. La principal diferencia aquí es que el usuario acepta dejarme enviarle cosas y no es ilegal.

El CAN-SPAM act23 y la protección de datos de 2018 de la EU describen exactamente lo que necesita hacer para que se considere que cumple con la ley cuando envía correos electrónicos, pero no necesita leer todo el documento, se lo explicaré más adelante.. .

Sé que muchas personas no se preocupan por el correo electrónico, pero hay algunas razones por las que el marketing por correo electrónico es tan poderoso.

1. **Todo el mundo revisa su correo electrónico:** a diferencia de Facebook, Twitter o cualquier otra forma de marketing, el correo electrónico es algo que tiene el 100% de sus clientes potenciales. Más de 4 mil millones de personas en todo el mundo tienen cuentas de correo electrónico en comparación con 1,23 mil millones de usuarios de Facebook.

2. **Todos pueden ver tu correo electrónico.** En Facebook, por ejemplo, solo el 35% de tus amigos o fans de la página pueden ver tu publicación26. Con el correo electrónico, su mensaje se entrega el 100% del tiempo. Claro, puede caer en la carpeta SPAM o en la pestaña de promociones en Google, pero también hablaremos de eso.

3. **Puedes personalizar tu correo electrónico para que se dirijan a tu usuario personalmente.** Si también tiene un nombre asociado a una dirección de correo electrónico, puede enviar correos electrónicos personalizados superdestinados, una función que no está disponible en ningún otro medio.

4. Los correos electrónicos se pueden rastrear al igual que cualquier otra forma de publicidad. Cuántas personas abrieron el correo electrónico, hicieron clic en el enlace dentro de ellos o lo marcaron como SPAM. Todo se puede rastrear.

Hazlo correctamente, el email marketing no sólo te puede conseguir ventas sino que también va a hacwr crecer tu marca, las personas se sienten que tienen una conexión personal con alguien del otro lado y no es "simplemente una tienda online".Hay un viejo refrán, "el dinero está en la lista." Esta frase anterior a la comercialización del Internet, cuando la gente que hemos recoger direcciones de origen actuales y el envío de correo postal en octubre (es decir, cartas regulares). No mucho ha cambiado desde entonces, excepto que el hecho de enviar correo se ha vuelto mucho más fácil.

Los correos electrónicos se pueden usar para muchas partes de su negocio, y aquí hay solo algunos ejemplos:

- Notificar a los clientes sobre los cambios
- Solicitar comentarios de sus clientes
- Educar a sus usuarios sobre Bitcoin o su producto
- Realización de soporte en línea para su producto
- Ayudar a los usuarios a superar el proceso de integración: la incorporación es el proceso desde el inicio de sesión hasta el primer uso actual del producto.
- Conocer mejor a tus clientes

Aquí hay algunos ejemplos de 66Bitcoins El primer ejemplo es cómo uso el correo electrónico para educar a los suscriptores de mi blog. Cada vez que publico un nuevo post informativo o importante en el blog, me aseguro de que lo sepan.

SELECCIÓN DE UN PROVEEDOR DE SOFTWARE DE EMAIL

En este capítulo, te guiaré paso a paso sobre lo que tienes que hacer para crear una campaña exitosa de marketing por correo electrónico. El primer paso será seleccionar un proveedor de software de email. Mira, si vas a tratar con listas de correo electrónico, necesitas un software que cumple esto:

☐ Recopilación de direcciones de correo electrónico y otra información.

☐ Enviar correos electrónicos de acuerdo a la configuración deseada.

☐ Estadísticas de seguimiento sobre los correos electrónicos enviados.

☐ Administrar a tus suscriptores o usuarios (eliminar cancelaciones de suscripción, notificar quejas, etc.)

Ahora sé que algunos estareis pensando: ***"Solo puedo usar la cuenta de Gmail para esto, no necesito pagar dinero"***.

Mal.

Si envías múltiples correos electrónicos (también conocidos como difusiones o explosiones) desde tu dirección de Gmail, sucederá una de estas dos cosas. O bien todos los correos electrónicos que envíe llegarán a la carpeta SPAM de tus suscriptores o cerrarán tu cuenta. Los proveedores de software de correo electrónico tienen servidores específicos que les permiten enviar grandes cantidades de correos electrónicos simultáneamente y aún llegar a los suscriptores de manera efectiva.

Esa es también la razón por la que constantemente se aseguran de que tu no seas solo otro spammer que envía basura-junkmail. La integridad de su servidor depende de eso. Los dos proveedores de software de correo electrónico más populares que existen hoy en día son **Aweber** y **Mailchimp.** Puedes elegir cualquiera de los dos, pero aquí hay algunas cosas a tener en cuenta:

1. **Mailchimp te permitirá comenzar con hasta 2,000 suscriptores** completamente gratis, sin tarjeta de crédito requerida. Aweber te dará una de prueba de 30 días pero comenzará a cobrarte $ 19 / m después de eso.

2. **Mailchimp no permite el envío de enlaces de afiliados.** Entonces, si planeas convertirte en un afiliado de Bitcoin, te sugiero que vayas con Aweber (eso es lo que hago).

Si crees que estas dos compañías no son adecuadas, existen otras excelentes alternativas como **GetResponse** e **iContact**, que también tienen una gran reputación.

Crea tus primeros formularios web usando AIDA

Una vez que te registres en cualquiera de las compañías, tienen algunos tutoriales muy informativos sobre cómo crear tu primera lista y formulario de correo electrónico. Como quiero tratar con más cosas relacionadas con el Bitcoin y el marketing, no voy a ver cómo configurar estos formularios, sino que les explico las pautas generales. Como un formulario web es como cualquier otro material de marketing, vamos a utilizar la fórmula AIDA para crearlo.

Atención: apariencia y ubicación del formulario

Hay varias formas de que las personas noten su formulario de participación. El más básico es su diseño. Hazlo en colores que contrasten el sitio web o en un diseño diferente al del resto del sitio.

A través de tu proveedor de servicios de correo electrónico, podrás diseñar un formulario en cierta medida. Si crees que quieres formas más atractivas, siempre puedes usar software de terceros. Por ejemplo, si usas WordPress para su sitio web, te recomiendo usar Thrive Leads. Este software le permite diseñar impresionantes formularios web y también tiene muchas más características que utilizo regularmente. Otras excelentes opciones son OptinMonster y SumoMe. También la colocación del formulario es algo que debes considerar al tratar de llamar la atención de tus visitantes. Estas son las opciones disponibles:

Barra superior: una barra con una sola frase que solicita el correo electrónico de tu visitante. Se debe permitir que se cierre para que no moleste a los usuarios que no están interesados.

El ejemplo anterior es de **Thrive Leads**, pero también hay muchos proveedores gratuitos de barra superior que puedes pillar como Aweber o Mailchimp. Algunos buenos ejemplos son HelloBar y ManyContacts.

Barra lateral: pon un formulario de captura de correo electrónico en tu barra lateral para que esté siempre visible cuando los visitantes lean su publicación. Algunos complementos también te permitirán hacer que el formulario de aceptación sea "adhesivo", por lo que se desplazará hacia abajo en la barra lateral a medida que el usuario lo lea.

Buscar

Nombre de usuario o dirección de correo

Contraseña

☐ Recuérdame

Acceder

Registrarse

¿Olvidaste tu contraseña?

Orden de las GPU en los PCIe de la placa base Asrock H110 Pro Btc

MOBO | 0 Comments

Este es el orden así que puedes guiarte de esta manera. Siempre tenemos varias preguntas en mente, pero una de ellas es para esta placa base la Asrok H110 Pro Btc que además es ultra fácil de configurar, o ni si quiera hay que configurar nada, pero ¿Y el orden de las...

leer más

En el ejemplo anterior, puede ver cómo el diseño es diferente del resto del sitio web, por lo que se destaca más.

En la parte inferior de una publicación o post: probablemente sea el lugar más efectivo para colocar un formulario de suscripción, ya que un usuario que llega al final de una publicación probablemente lea tu artículo y le interese lo que tienes que decir.

Step 4 – Buy Bitcoins with Paypal instantly!

Once your card is connected you can now but Bitcoins and your Paypal balance will be the first to be used in this purchase. You can also sell Bitcoins and withdraw the dollar balance back to your card.

I want to thank my reader Chadwick for brining this to my attention. This is definitely one great hack which will allow many people to buy more Bitcoins. Personally I can't use this hack since I don't live in the US but I've already confirmed on a recent Reddit post that this actually work. Good luck!

Stay updated, get 0.1mBitcoin free!

Your primary email address   **SEND ME THE COINS!**

Pop ups: sé que muchos podeis llegar a odiar los anuncios popups, pero si las hacen correctamente, las ventanas emergentes pueden ser muy efectivas. Por supuesto, puedes arriesgarte a que la gente se moleste y salga de tu web, pero veo que mi "intención de salida" aparece como uno de mis formatos de suscripción de conversión más altos.

Un intento de popup de salida es una ventana emergente que aparece solo después de que el usuario mueve su cursor fuera de la ventana o popup del sitio web. Es una especie de "último grito para el registro", pero me parece muy eficaz. Esto se puede hacer a través de complementos como Thrive Leads o Optin Monster. Sin embargo, siempre debes probar por ti mismo qué tan efectivo es. Probablemente hayas notado que utilizo tantos formularios de aceptación como sea posible en mi sitio y estoy empujando los límites entre eficaz y molesto. Pero esa es una decisión que tomé después de probar varias alternativas y presentar el mejor curso de acción posible. Solo sirve para mostrarle cómo se enfoca el correo electrónico 66Bitcoins.

Interés: todo está en el título

Esta no es la primera ni la segunda vez que hablamos de titulares. Los formularios de participación también necesitan titulares interesantes o, de lo contrario, nadie los leerá ni los cumplirá. Asegúrate de tener un título breve y atractivo usando las reglas que hemos aprendido al principio de esta parte.

Deseo: motivar a los usuarios con un incentivo

En algunos formularios de suscripción, como la barra lateral, tiene más espacio disponible para texto adicional. Debe usar este espacio para crear deseos de suscribirse. Uno de los métodos más comunes para hacer esto aparte de explicar el WIFM (lo que me ofrece) parte de su boletín informativo, ofrece algún tipo de incentivo para quien quiera que esté suscribiendo.

En 66Bitcoins, ofrecía 0.1milliBitcoin a cada nuevo suscriptor y lo hacía como un paso educativo. Después de todo, soy una web educativa sobre Bitcoin, **¿por qué no dejar que la gente experimente su primera transacción de Bitcoin o ahora que es muy difícil intentar con garlicoin o monero o Eos gratis?** Por supuesto que esto no me costaba casi nada, ya que 0.1mBitcoin era alrededor de 3 centavos de dólar, y teniendo en cuenta Que no todos los abonados siguen las instrucciones sobre cómo obtener estas monedas, terminaba pagando alrededor de $ 1 por cada 100 suscriptores que era un muy buen precio. Ahora como un bitcoin son 10 mil dólares ya no lo puedo hacer, entonces ofrexco nuevas monedas que salen al mercado. Tu puedes hacer lo mismo. Esto requiere un poco de trabajo manual ya que tengo que enviar manualmente las monedas a cada suscriptor.

Pero es por eso que contraté a un profesional independiente de Upwork que hace esto por $ 80 al mes. Recibo alrededor de 1000 suscriptores cada mes y me cuesta $ 10 + $ 80 = $ 90. Es una cantidad bastante pequeña para pagar clientes potenciales calificados.

"Pero algunas personas se inscriben solo para conseguir la pasta o el dinero, por lo que no son suscriptores reales"

Eso es verdad. Pero dado que sigo todas mis tarifas abiertas y hago click en las tasas en mi correo electrónico, puedo decir con sinceridad que las tasas de participación en la lista siguen creciendo. Si la mayoría de las personas estuviera dispuesta a recibir este dinero, vería muchos suscriptores pero no suficiente participación. Este no es el caso aquí, así que debo suponer que la mayoría de las personas también están genuinamente interesadas en el blog. Siempre puede copiar este método y ofrecer criptomonedas gratis también. La desventaja de usar esto es que se obtiene una gran cantidad de spammers que intentan engañarte para que le dés dinero gratis, así que debes estar pendiente de ello. ¡Estate al loro!

Coindesk, por ejemplo, da un informe de industria gratuito a cambio de tu dirección de correo electrónico. Últimamente han eliminado la solicitud de una dirección de correo electrónico y la están dando totalmente gratis. Supongo que entendían que las personas que leen este informe ya son suscriptores de coindesk y probablemente estén perdiendo el alcance y no obtengan más suscriptores de esto. **Circle solía regalar $ 50 en Bitcoins** para quienes se registraban para su servicio. Esto, por supuesto, requiere más que solo una dirección de correo electrónico, pero le muestra el poder de los incentivos.

Acción: breve y convincente

La última parte del formulario es la llamada a la acción. En el caso de los formularios de inclusión, hay varias llamadas a la acción, ya que el usuario debe ingresar sus datos personales y luego hacer clic en el botón Enviar. Como regla general, mientras menos información solicites, mayor será tu tasa de conversión para sus formularios de suscripción. Por ejemplo, en 66Bitcoins solo solicito su correo electrónico y nada más. En cuanto al **botón Enviar**, asegúrate de que describes el beneficio de la acción y no solo dice "enviar" o "registrarse". Volviendo al ejemplo de Coinbase desde el comienzo del libro, eche un vistazo al texto en su botón CTA: Si has visto mis propios formularios de suscripción de antes, verías que la CTA es **"¡Envíeme las monedas!"-justo al registrarse.** Esto tiene un gran impacto en la forma en que las personas reaccionan a tu formulario, ya que responde a la pregunta básica de lo que hay para mí. Lo último que quizás desees considerar es agregar a tu formulario una declaración de cancelación de suscripción / spam. Me gusta abordar las dudas del potencial suscriptor al agregar una breve declaración bajo el botón CTA que dice: "Odio el SPAM tanto como a ti, puedes darte de baja en cualquier momento con un solo click".

⊘ Pagos rápidos y baratos a cualquier lugar del mundo

⊘ Adquiera artículos y servicios en línea

⊘ Funciones avanzadas de seguridad

Nombre de pila

Apellido

Correo electrónico

Elegir una contraseña

☐ No soy un robot
reCAPTCHA
Privacidad - Condiciones

☐ Certifico que tengo 18 años de edad y acepto los Contrato de usuario y la Política de privacidad.

REGISTRARSE

¡TIENES TU PRIMER SUSCRIPTOR DE EMAIL! AHORA QUÉ?

Explica lo que vas a ofrecer a continuación

La mayoría de los proveedores de servicios de email requieren que utilices un proceso de confirmación de aceptación. Esto significa que sus suscriptores tendrán que hacer clic en la confirmación de correo electrónico dentro de su enlace de correo electrónico para confirmar que fueron realmente los que se registraron. Puede imaginarse que algunas personas no completarán este proceso y, por lo tanto, perderán suscriptores.

Una de las mejores cosas que puede hacer es crear una página detallada de "agradecimiento" que explique el proceso exacto de lo que debe suceder a continuación. Aquí hay un ejemplo de 66Bitcoins:

Hola Martina,

¡Gracias por suscribirte a la Newsletter de Media Markt!

Para completar tu registro, pulsa sobre el siguiente enlace:

CONFIRMA TU REGISTRO AQUÍ

Si no has solicitado personalmente el envío de la Newsletter, por favor ignora este correo.

Para evitar que la Newsletter de www.66bitcoins.com considerada como spam o correo basura, por favor incluye la dirección ▬▬▬▬▬▬▬▬▬ en tu agenda.

Si quieres cambiar tus datos personales o darte de baja clica en este link.

Un saludo,
  colin

Como puedes ver, hice un esfuerzo adicional e incluso publiqué una captura de pantalla de cómo se ve el correo electrónico y el enlace. En esta página, es posible que también desees contarles a tus suscriptores qué pueden esperar de ti:

cuántas veces les enviarás correo electrónicos, el hecho de que nunca compartirás su información y cómo pueden darse de baja si lo desean.

Personaliza tu confirmación de correo electrónico

Es posible y aconseja personalizar la confirmación de tu correo electrónico. Intente que el título suene más interesante que "Se requiere confirmación", que es el título predeterminado en la mayoría de los proveedores de servicios de correo electrónico.

Seguimiento inmediato

Asegúrate de enviar algo a tus suscriptores desde el momento en que se registran. Esto podría ser simplemente un simple correo electrónico de agradecimiento o el incentivo que les prometió.

La idea es acostumbrarlos a abrir su correo electrónico mientras aún tenga impulso. Es por eso que los incentivos son tan efectivos ya que las personas buscan activamente su correo electrónico en su bandeja de entrada.

Cómo comunicarse con tus suscriptores

Deberás decidir el formato de comunicación antes de enviar el primer correo electrónico, estas son algunas de las opciones a considerar.

Emisión VS. Seguimiento

Una transmisión de correo electrónico (AKA explosión de correo electrónico- email blast) es cuando envías a todos tus suscriptores un correo electrónico al mismo tiempo. Esto es útil si tienes una actualización sensible al tiempo. Por otro lado, un correo electrónico de seguimiento es un correo electrónico que se sincroniza desde el último correo electrónico enviado. Por ejemplo, puedes configurar una serie de correos electrónicos para llegar a cada nuevo suscriptor una vez cada dos días enseñándoles algo nuevo sobre Bitcoin o criptomonedas. Los seguimientos son una buena opción para una serie educativa de correos electrónicos. Si vas a utilizar esta opción, asegúrate de preparar todo el flujo de correos electrónicos por adelantado.

Promociónl vs. Enfoque personal

Si has leído correos electrónicos de **66Bitcoins**, probablemente ya sabes que los envío con un enfoque muy personal. Una vez dicho esto, es posible que desee adoptar el enfoque promocional, que incluye una plantilla de correo electrónico más diseñada. Intento hacer que mis correos electrónicos sean lo más simples posible, ya que creo que el enfoque personal te brinda lectores más ávidos.

Además, los estudios han demostrado que su prospecto necesitará al menos siete mensajes de comunicación de usted antes de decidir comprar algo, por lo que no es necesario bombardearlos con ofertas desde el primer día.

HTML VS. Texto sin formato

Cuando formatees los correos electrónicos, tendrás la opción de usar HTML o texto sin formato. HTML te permite crear diseños de excelente apariencia y también seguir la tasa de apertura y el porcentaje de clicks del correo electrónico. El texto simple se parece a un correo electrónico normal que le enviarías a un amigo y hace un buen trabajo al evitar la carpeta SPAM o la pestaña de promociones en Gmail. A menudo, uso los correos electrónicos HTML porque quiero tener un seguimiento, pero los formato como correos electrónicos de texto plano para que no se vean demasiado promocionales.

[cuanta gente compra en que tiempo tu producto]

http://www.businessinsider.com/how-many-contacts-does-it-take-before-someone-buys-your-product-2011-7?IR=T

Optimizar la tasa de quejas por correo electrónico

La última tasa que tienes que optimizar es la tasa de quejas. Cada vez que un usuario hace clic en "marcar como correo no deseado" en uno de sus correos electrónicos, recibe un reclamo marcado en el tablero de su proveedor de servicios de correo electrónico. Desea mantener esta tasa al mínimo y así es cómo hacerlo:

No envíes con demasiada frecuencia: a menos que sus suscriptores esperen obtener una serie de correos electrónicos diarios, no envíe más de dos veces por semana, idealmente una vez a la semana.

Recuérdeles a los lectores quién eres: créelo o no, pero las personas realmente no recuerdan quién eres, aunque se hayan suscrito a la lista de correo electrónico. Comienzo cada correo electrónico con "Hola, soy Colin de 66Bitcoins", para que entiendan quién les está hablando. Después de un tiempo se acostumbrarán a recibir los correos electrónicos.

Recuérdales por qué reciben este correo electrónico. Cuántas veces te has encontrado mirando un email y preguntándote: "¿Por qué recibo esto?" Eso es exactamente lo que quieres evitar que les suceda a los lectores. En la parte inferior de cada correo electrónico, agrega un párrafo que les recuerde por qué reciben este correo electrónico. También puedes considerar el poner esto en la parte superior.

…

te estamos enviando este correo de 66bitcoins.com porque …

…

Dales una salida simple: asegúrate de tener un enlace claro de "cancelación de suscripción" en la parte inferior de cada correo electrónico. Si las personas no pueden encontrarlo, simplemente presionarán el botón "SPAM".

Cumple con tu palabra: si prometiste algún tipo de "intercambio o regalo" para nuevos suscriptores, asegúrate de entregarlo. Me tomo muy en serio el envío de nuestras criptos y Bitcoins de cortesía, y si descubro que alguien no los recibió, se lo solucionó de inmediato.

Aprende de los trolls: un troll de Internet es una persona que siembra la discordia en Internet comenzando discusiones o molestando a las personas, publicando mensajes incendiarios con el intento deliberado de provocar una respuesta emocional.

Acepta el hecho de que no importa lo que hagas, algunas personas son simplemente **enemigos o haters.**

Te enviarán correos electrónicos desagradables, te maldecirán y escribirán todo tipo de cosas malas. En lugar de tomarlo personalmente, intenta usar uno de dos métodos. **Primero, desarma negatividad con amabilidad.** Nunca arremeter contra tus lectores, no te hará ningún bien. En el peor, solo ignóralos. Pero si intentas ser amable a cambio, descubrirás que la gente realmente se sentirá mal, te insultaron en primer lugar. **Segundo, intenta aprender de estos "trolls".** Una vez que elimines el insulto personal, puedes encontrar algunos comentarios valiosos de lo que tienen que decir, así que siga escuchando.

TRUCOS DE LISTA EMAIL: GANA 1,000 SUSCRIPTORES EN UNA SEMANA

Este es uno de los trucos que utilizo muy a menudo para aumentar el número de suscriptores de la lista de correo electrónico que obtengo. Una vez al mes tendré algún tipo de obsequio, pero con un giro. Aquí hay un desglose de cómo se hace:

1. **Elijo un producto muy atractivo**, por ejemplo, una entrada a InsideBitcoins o una billetera de hardware Bitcoin como TREZOR. Como sé que no todos querrían este premio, también les permito a los concursantes recibir el valor del regalo en Bitcoins.

2. **Configuré el sorteo con el complemento de regalo KingSumo**. Este es un plugin pago de WordPress que básicamente se encarga de cada aspecto del regalo para usted.

3. **Me aseguro de promocionar mi sorteo** en los canales sociales relevantes como se explica en el Capítulo 15.

Si deseas una demostración completa de cómo se hace, puedes leer esta excelente publicación de blog de Josh Earl, que es en realidad la forma en que descubrí este plugin.

https://www.smartpassiveincome.com/what-i-learned-from-growing-my-email-list-3418-nearly-200k-in-just-11-days

Para que entiendas el potencial de esto, en el último sorteo que realicé obtuve más de 1,000 suscriptores válidos por $ 50 de regalo y todo en una semana.

La razón por la cual estos obsequios son tan potentes es porque permiten que otros concursantes aumenten sus posibilidades de ganar al atraer a más concursantes. Así que, básicamente, cada competidor se convierte en una especie de afiliado para tu concurso, lo que hace que sea bastante fácil hacerse viral. Tuve un hombre que trajo otras 150 personas a bordo, y no tuve que hacer nada.

Consejos adicionales sobre email marketing

Antes de terminar este capítulo, me gustaría compartir algunos consejos finales sobre el marketing de email:

☐ NUNCA te ocupes de comprar o vender direcciones de correo electrónico. Esta es una mala práctica y volverá y te joderá más adelante.

☐ Asegúrate de rastrear y probar todo, no solo confíes en mi palabra (aunque puedes usarme como punto de referencia).

☐ Asegúrate de enviar correos electrónicos regularmente. No sirve de nada recopilar correos electrónicos y no enviar nada. Si haces esto, una vez que decidas enviarlo, te sorprenderá de cuán baja es tu tasa de apertura y cuántas personas lo marcan como SPAM. Las personas tienen recuerdos a corto plazo cuando se trata de suscribirse online, asegúrate de mantenerlos comprometidos.

☐ Escribir correos electrónicos que te gustaría leer, asegúrate de enviar un correo electrónico de prueba antes de cada transmisión y pregúntate: "¿Abriría este correo electrónico? ¿Me gustaría leer esto?

☐ Para usuarios avanzados, si desea realizar un seguimiento de sus campañas de marketing por correo electrónico en Google Analytics, use esta guía…

https://www.smartinsights.com/email-marketing/email-marketing-analytics/email-campaign-tracking-with-google-analytics/

CONFIGURAR TU LISTA DE EMAIL CON ÉXITO

En los **deberes** de este capítulo repasaremos todo lo que hemos aprendido y lo pondremos en práctica:

1. Regístrate con un proveedor de servicios de correo electrónico. Sugiero Mailchimp, pero si estás tratando con el marketing de afiliación, utiliza Aweber.

2. Crea algún tipo de incentivo para que tus usuarios se registren. Esta podría ser una breve guía, un informe de la industria, Bitcoins gratuitos o cualquier otra cosa que considere relevante para tu público objetivo.

3. Configura la primera lista y formulario web. Cada proveedor de servicios de correo electrónico tendrá sus propios tutoriales sobre cómo hacer esto.

4. Comienza a recopilar correos electrónicos colocando el formulario de correo electrónico en su sitio web. Idealmente, le gustaría poner múltiples versiones en él a través de Thrive Leads o Optin Monster (pop-up, barra superior, después de la publicación, etc.).

5. Asegúrate de crear una página de agradecimiento personalizada para suscriptores, explicándoles lo que sucederá a continuación.

6. Crea un correo electrónico de bienvenida para tus suscriptores. Decide qué tipo de comunicación vas a utilizar, formal o personal.

7. Continúa probando, rastreando y optimizando mensajes de email marketing.

CONCLUSIONES FINALES ANTES DE DESPEDIRNOS

Si has llegado hasta aquí, eso quiere decir que vas a tener éxito. No muchas personas siguen un proceso tan extenso. Me llevó casi 8 años aprender lo que he tratado de transmitir con este libro y otros dos años de practicarlo en la industria de Bitcoin y la criptomoneda.

Sin duda, tu y yo todavía tenemos mucho que aprender sobre la industria del Bitcoin y el marketing online, pero espero que este libro sea un trampolín lo suficientemente bueno para comenzar tu ya más corto camino hacia el éxito. Bitcoin todavía está en su infancia y tienes un largo camino por recorrer.

En dos o tres años a partir de ahora, este ecosistema estará en auge y los que se reservaron su lugar a tiempo en el juego cosecharán sus recompensas. No tengo dudas al respecto; esa es también la razón por la que todavía estoy en este juego. Además ya ves, que lo explico es que sin comprar un solo bitcoin podrás hacer dinero en el mundo del bitcoin.

Estoy seguro que con menos de 100$ y un equipo de andar por casa puedes hacer lo mismo que he hecho con 66bitcoins yo. No dudes en enviarnos tu email a http://www.66bitcoins.com o simplemente déjanos un mensaje.

Si has disfrutado de este libro, me encataría que lo compartieses con tus amigos o incluso animarte a comenzar a promocionarlo tú mismo como afiliado. Además, si me puedes enviar tu testimonio, significaría un montón para nosotros.

Nos vemos pronto...

GLOSARIO

Pruebas A / B: comparando dos versiones de una página web para ver cuál funciona mejor. Compara dos páginas web mostrando las dos versiones (llamémoslas A y B) a visitantes similares al mismo tiempo. ¡El que da una mejor tasa de conversión, gana!

Grupos de anuncios: un grupo de KW en una campaña de AdWords que terminará mostrando el mismo anuncio. Los KW dentro de un grupo de anuncios deben estar estrechamente relacionados.

Clasificación del anuncio: el resultado de su puntuación de calidad X es su CPC máximo.

Conjunto de anuncios: grupo S de anuncios que comparten el mismo presupuesto diario o de por vida, el calendario, el tipo de oferta, la información sobre ofertas y los datos de segmentación en anuncios de Facebook.

Enlace de afiliado: también se puede llamar enlaces de referencia, enlaces de referencia, enlaces de hop y aff. Un enlace de afiliado generalmente se verá como la URL normal más una etiqueta para representar su ID de afiliado específico. Esta etiqueta se utiliza para rastrear a los clientes que traje que realmente hicieron a la venta.

Marketing afiliado: un tipo de marketing basado en el desempeño en el cual un afiliado de recompensas de negocios por cada visitante o cliente traído por los propios esfuerzos de marketing del afiliado.

Administrador de afiliado: una persona a cargo de los afiliados dentro de una red de afiliados o una marca. Es responsabilidad del gerente de afiliados atender las preguntas de afiliación, proporcionarles material publicitario, etc.

AIDA: la base de cualquier copia de marketing online. Representa la atención, el interés, el deseo, la acción.

Altcoins: otras monedas digitales, peer-to-peer han surgido para tratar de emular el éxito de Bitcoin.

Texto de anclaje: el texto visible y en el que se puede hacer clic en un enlace. Por lo general, esto le indicará a Google de qué trata el enlace, pero muchas veces un texto de anclaje puede ser simplemente "leer esta publicación" o "hacer clic aquí".

Mineros ASIC - Mineros de Circuitos Integrados de Aplicación Específica. Equipos de minería de gran potencia diseñados solo para la minería de Bitcoins.

Backlinks - Enlaces que enlazan a su sitio desde otros sitios web.

B2C - De empresa a consumidor. Cuando proporciona servicios a los consumidores.

B2B - Business to business. Cuando proporciona servicios a otras empresas.

Opciones binarias: una forma de negociación en la que puede predecir si el precio de Bitcoin aumentará o disminuirá en un período de tiempo determinado. Si tiene razón, gana la recompensa de la opción; si es incorrecta, pierde su inversión.

Bitcoin: una moneda digital descentralizada. Es decir, una moneda ONLINE que no está controlada por una entidad en particular.

Bitcoin 2.0 - La descentralización de negocios previamente centralizados

Dirección de Bitcoin: consulte "Clave pública".

Cliente de Bitcoin: el programa que utiliza para acceder y enviar sus Bitcoins.

Bitcoin Faucet: un sitio que ofrece a sus usuarios Bitcoins gratis.

Bitcoin Miners: gente con computadoras poderosas (equipos de minería) que se aseguran de que todos sigan las reglas establecidas por el protocolo de Bitcoin. Se les paga a Bitcoin Bounty por sus servicios.

Protocolo de Bitcoin: las reglas que cumple la red Bitcoin también. Por ejemplo, cuántos Bitcoins se generan cada vez que se crea un nuevo bloque.

Cartera Bitcoin: cualquier lugar donde almacene la combinación de una clave pública y privada.

Blue Ocean - Un espacio donde casi no hay competencia, nadie que "te coma vivo" como un tiburón. Los espacios con competencia extrema se consideran océanos rojos.

Blockchain: un archivo que mantiene un registro de todas las transacciones de Bitcoin realizadas.

Broad match: Concordancia amplia: en Adwords, cuando usa la concordancia amplia, sus anuncios se ejecutan automáticamente con variaciones relevantes de sus palabras clave, incluso si estos términos no están en sus listas de palabras clave. La concordancia amplia es el tipo de concordancia predeterminado que se le asignan a todas sus palabras clave si no especifica otro tipo de concordancia (coincidencia exacta, frase coincidente o concordancia negativa).

El sistema Google AdWords ejecuta automáticamente sus anuncios con variaciones relevantes de sus palabras clave, incluidos sinónimos, formas en singular y plural, posibles errores ortográficos, tachaduras (como piso y piso), búsquedas relacionadas y otras variaciones relevantes.

CFD - Una forma de comercio en whichis predecir si el precio de Bitcoin aumentará o disminuirá en un cierto periodo de tiempo.

CMS - Sistema de gestión de contenido.

Marketing de contenidos: una forma bonita de decir: "Cree un contenido excelente para que las personas lo compartan y promocionen por usted".

Cookies - Una cookie es una pequeña pieza de información enviada desde un sitio web y almacenado en el navegador web del usuario mientras el usuario está navegando por el sitio web que.

Longitud / período de la cookie: la cantidad de tiempo que una cookie durará en el navegador de otra persona.

CPA - Costo por adquisición. Se le paga solo si un usuario se registra en un servicio (generalmente requiere el pago del usuario).

CPC: costo por clic. Un modelo de pago para publicidad.

CPL - Costo por lead. Se le paga si el usuario deja sus datos de contacto con el anunciante.

CPS - Costo para la venta. Se le paga solo si el visitante se convierte en una venta.

CTA - Llamada a la acción.

CTR: porcentaje de clics. ¿Cuántos clics recibió dividido por cuántas veces se mostró su anuncio?

Red de Display: la red a cargo de todos los anuncios que se muestran en sitios web con anuncios de Google.

DKI - Inserción dinámica de palabras clave. Una forma de decirle a Google que inserte su KW dentro de su anuncio. Si el KW no encaja porque es demasiado largo, aparecerá en su lugar el KW predeterminado.

Porcentaje de rebote del correo electrónico-BOUNCE RATE: porcentaje de correos electrónicos que no se pudieron entregar, principalmente debido a una dirección de correo electrónico que no es válida.

Email blast/Explosión de correo electrónico: también conocida como emisión de correo electrónico. Esto es cuando envías a todos tus suscriptores un correo electrónico simultáneamente.

Heat Map/Mapa puntos sensibles o calientes: el mapa de puntos calientes muestra dónde los usuarios miran y hacen clic más.

Minería en el hogar: la práctica de minar Bitcoins en el hogar.

Pago híbrido: un pago combinado de reparto de ingresos y CPA.

Imps - Impresiones. La cantidad de veces que se ha mostrado su anuncio.

KW - Palabra clave o frase clave. Estas palabras o frases son lo que apuntaremos a Google Adwords para que nuestros anuncios aparezcan.

Lead: información de contacto de un cliente relevante.

Metodología Lean: esta metodología se deriva del sistema de producción de Toyota y es más popular entre las empresas que desean penetrar rápidamente en el mercado y probar si sus ideas son viables para los negocios. La metodología Lean nos dice que básicamente construyamos un MVP, lo probemos, lo midamos y aprendamos de nuestros errores. En pocas palabras: construir - medir - aprender.

Encubrimiento de enlace: un método para "ocultar" sus enlaces de afiliado para que las personas no sepan que usted trabaja como afiliado de un producto.

Cola larga: frases largas que generalmente tienen un volumen de búsqueda más bajo pero están muy enfocadas y suelen ser menos costosas de pujar.

LSI: indexación semántica latente. Significa que Google también busca KW relacionados con su contenido. Entonces, si, por ejemplo, apunté al KW "comprar Bitcoins", trataría de incorporar dentro de mi contenido KW similares como "intercambio de Bitcoin" y "obtener bitcoins".

Plataforma de minería: una poderosa computadora utilizada para la minería de Bitcoins.

Grupo minero: un grupo de mineros que minan bitcoins juntos para superar la creciente dificultad de la minería de Bitcoin.

MVP: producto viable mínimo. Es la forma más básica de su producto que se enfoca en hacer una cosa que agrega valor a su cliente y lo hace bien.

Incorporación: el proceso desde el registro hasta el primer uso actual del producto.

Formulario de inclusión: el formulario que se coloca en un sitio web para capturar los datos personales del visitante con fines de marketing por correo electrónico.

Page views/Visitas a la página: cuántas veces se han mostrado o visitado las páginas de su sitio web. Una sola persona que visite su sitio web tres veces en el mismo día se considerará como un usuario único que generó tres egap de evasión.

Persona: las personas son personajes de ficción creados para representar los diferentes tipos de usuarios que podrían usar un sitio, marca o producto de forma similar.

Concordancia de frase: en Adwords con frase de concordancia, puede mostrar su anuncio a los clientes que buscan su palabra clave exacta y variantes cercanas de su palabra clave exacta, con palabras adicionales antes o después. Con la coincidencia de frase, su anuncio puede aparecer cuando las personas buscan su frase exacta, incluso si incluyen una o más palabras antes o después de ella.

PRIVATE KEY/Clave privada: consulta "Clave secreta".

PPC - Pago por clic. Una forma de publicidad en la que solo paga cuando las personas hacen clic en sus anuncios.

Clave pública: también conocida como dirección de Bitcoin. Esta es una larga cadena de caracteres y números que se pueden mostrar en público para recibir bitcoins de personas. Se crea a partir de su clave privada, pero no puede regresar a ella.

Tire de marketing: marketing a clientes que buscan activamente una solución a un problema.

Push marketing - Marketing para clientes que no están buscando activamente una solución a un problema. Mucho menos efectivo que el marketing de extracción.

QS - Nivel de calidad. Un puntaje otorgado a cada palabra clave en su campaña de Adwords que se determina según la correlación entre su KW, su anuncio y su página de destino. CTR también afecta al QS.

Pagos recurrentes: le pagan cada vez que realiza una compra adicional.

Remarketing: también conocido como Retageting. La práctica de "etiquetar" a las personas que visitaron su sitio y luego mostrarlas a su anuncio en diferentes sitios web que visitan en la web.

Reparto de ingresos: usted y el anunciante dividen las ganancias de lo que cobra el cliente.

Satoshi: el alias de la persona que inventó Bitcoin. También la cantidad más pequeña de Bitcoin disponible. 1 Satoshi = 0.000000001BTC.

Red de búsqueda: a cargo de todos los anuncios patrocinados que ve cuando busca en el motor de búsqueda de Google.

Secret key/Clave secreta: también conocida como clave privada. Esta es una larga cadena de caracteres y números que es el "código" de tus Bitcoins actuales. Debe mantenerse en secreto en todo momento, ya que cualquiera que sepa esto puede obtener sus Bitcoins.

SEO - Optimización de motores de búsqueda. La práctica de obtener una clasificación en los resultados orgánicos de Google para una palabra clave específica.

SERP - Página de resultados del motor de búsqueda.

Cola corta: son frases cortas que generalmente tienen un alto volumen de búsqueda, pero también son muy costosas de pujar y no están muy enfocadas. Un ejemplo para Bitcoin short tail KW puede ser "comprar bitcoins" o "bitcoin mining".

Puntos de adhesión: los puntos conflictivos son factores que obstaculizan la venta. Un punto de fricción puede ser un precio alto o una marca desconocida.

Análisis FODA - Significa fortalezas, debilidades, oportunidades y amenazas. Este es un análisis muy común en el mundo de los negocios hoy en día.

UGC: contenido generado por el usuario.

Uniques: cada usuario único es igual a una persona que visita su sitio. Incluso si esta persona visitó su sitio web tres veces en el mismo día, aún se considerará como un usuario único.

Etiqueta blanca/white label: la práctica de comprar el producto de otra empresa y luego comercializarlo como propio.

WIFM - ¿Qué hay para mí? La pregunta que hace cada visitante de su sitio cuando lee su copia de ventas.

WMT: Herramientas para webmasters de Google.

BitCoin *n.*

bit•co•in [signo: ₿; abr.: BTC, XBT] *es una criptomoneda, sistema de pago y mercancía Nota 1. El término se aplica también al protocolo y a la red P2P que lo sustenta, y de forma común se denomina como una moneda digital. Concebida en 2009, se desconoce la identidad última de su creador o creadores, apareciendo con el seudónimo de Satoshi Nakamoto. Se sustenta en la tecnología blockchain, semejante a un gran libro contable, público y distribuido, en el que queda reflejado el histórico de todas las transacciones, en lo que se conoce como cadena de bloques , difícilmente falsificable.*

Mining o Minería *n.*

Mi•ning *La minería de bitcoins significa que el usuario no tiene que gastar dinero o moneda en inversión y puede obtener fracciones o bitcoins o criptomonedas. Se necesita un equipo de computación bastante básico, un ordenador, una aplicación y un GPU básico; y es el proceso mediante el que se generan los bloques de la cadena de bloques, blockchains lo que constituye la manera de procesar y verificar las transacciones. Agregar un bloque a la cadena de bloques es difícil, requiriéndose tiempo y potencia de procesamiento del ordenador para conseguirlo.*

Wallet o Monedero de papel *n.*

Wa•llet• *Se llama* **monedero de papel** *a una manera de guardar bitcoins que consiste en apuntar las direcciones de Bitcoin y las claves privadas asociadas directamente en un pedazo de papel. Si se hace correctamente y el papel se guarda con seguridad y haciendo más de una copia, los monederos de papel son una de las formas más seguras de almacenar bitcoins. Una clave privada Bitcoin puede representarse mediante varios formatos alternativos. El más habitual consta de una secuencia de letras y números con una longitud máxima de 51 caracteres. Monederos digitales incluyen Jaxx o Bitcoin wallet por ejemplo online.*

BlockChain *n.*

Block•cha•in *es una base de datos distribuida, formada por cadenas de bloques diseñadas para evitar su modificación una vez que un dato ha sido publicado usando un sellado de tiempo confiable y enlazando a un bloque anterior. Por esta razón es especialmente adecuada para almacenar de forma creciente datos ordenados en el tiempo y sin posibilidad de modificación ni revisión. Este enfoque tiene diferentes aspectos: 1.* **Almacenamiento de datos 2. Transmisión de datos 3. Confirmación de datos***.*

GPU *n.*

Graphics processor unit (Unidad de procesamiento gráfico). Las Gpu, también conocidas como *"Tarjetas de video"*, es un hardware creado como periférico para nuestras computadoras, y incrementar el rendimiento en juegos, programas de edición de vídeo o diseño. Es necesario tener ya un PC o Mac para añadir una Gpu. Las Gpu de hoy en día poseen unidades de procesamiento muy potentes. Estas unidades de procesamiento son las que nosotros usaremos para resolver los algoritmos que el minado implica y así recibir nuestra recompensa en criptomoneda.

ASIC n.

Application-specific integrated circuit (Circuito integrado para aplicaciones especificas). *Como su nombre lo indica, el ASIC es un equipo creado para una función específica, en este caso es minar una criptomoneda y no desempeñara ningún otro propósito. !Ojo! mientras Bitcoin es favorable a ASIC, hay otras muchas nuevas criptomonedas resistentes a este tipo de circuito integrado de minado de Bitcoin. Webdollar, Garlicoin, Tron y otras monedas digitales son duras con ASIC.*

CPU *n.*

Central Processing Unit Cuando en 2009 se generó el primer bloque de Bitcoin, el nivel de dificultad para minar bitcoins era muy bajo. Cualquier ordenador podía minar bitcoins sin mayor complicación. Es lo que se conoce como minería CPU (Central Processing Unit o Unidad Central de Procesamiento, en castellano).La minería CPU era tan simple como descargarse un programa de minado y ejecutar el código que permitía que los mineros calcularan el algoritmo SHA 256 dos veces y comprobaran si el resultado era un bloque válido. Este tipo de minería es ahora imposible, dado que e*l nivel de dificultad ha ido creciendo de manera constante* según ha ido creciendo la red Bitcoin. Solo para hacernos una idea, con el nivel de dificultad de minado actual, un PC de escritorio de alta gama puede calcular 20 millones de hashes por segundo (MH/s). A esa velocidad tardaría más de 100.000 años de promedio en encontrar un bloque en la actualidad.

LISTA DE MONEDAS MINABLES CON CPU

Las monedas con un muy bajo valor de fracciones como garlicoin o webdollar se pueden minar todavía con CPU. Hay muchas Altcoins minables aún con CPU, que a la larga serán buenas y abajo incluímos algunas. Si no tienes muchos medios o dinero puedes minar ahora ya con tu viejo laptop u ordenador.

Coin	♦ Symbol ♦	Algorithm	♦ Exchanges	♦ GPU Advantage
Aeon	AEON	CryptoNight	Poloniex, Swaphole	1
Bytecoin	BCN	CryptoNight	Poloniex, HitBTC	1
Ducknote	XDN	CryptoNight	Poloniex, Bittrex	1
Fantomcoin	FCN	CryptoNight	Poloniex, Bittrex	1
Monero	XMR	CryptoNight	Poloniex, Bittrex, MintPal	1
QuazarCoin	QCN	CryptoNight	Poloniex, Bittrex, Swaphole	1
GroestlCoin	GRS	Groestl	Poloniex, MintPal	5.3
Darkcoin	DRK	X11	MintPal, Poloniex, Bter	9.2
Givecoin	GIVE	X11	Bittrex	9.2
Global Denomination	GDN	X11	Poloniex, Bittrex, AllCrypt	9.2
Hirocoin	HIRO	X11	MintPal, Poloniex, Bittrex	9.2

Name(Tag) Algorithm	Block Time Block Reward Last Block	Difficulty NetHash	Est. Rewards Est. Rewards 24h	Exchange Rate	Market Cap Volume	Rev. BTC Rev. 24h	Rev. $ Profit	Profitability Current | 24h 3 days | 7 days
Sumokoin(SUMO) CryptoNight	BT: 4m 10s BR: 32.00 LB: 55.923	**631,851,795** 2.45 Mh/s 3.4%	0.2363 0.2443	0.00010841 (Cryptopia) 1.7%	$787,465 **2.16 BTC**	0.00003 0.00003	**$0.11** **$0.11**	3% | 3% 2% | 2%
Monero(XMR) CryptoNight	BT: 2m 4s BR: 6.25 LB: 1.412.854	**30,307,148,669** 244.41 Mh/s -4.2%	0.0010 0.0009	0.02215000 (HitBTC) 6.5%	$1.435.224.452 **2,749.64 BTC**	0.00002 0.00002	**$0.09** **$0.09**	3% | 2% 3% | 3%
Nicehash-CryptoNight CryptoNight	BT: - BR: - LB: -	* 27.07 Mh/s 16.5%	0.00002 0.00002	0.35750000 (Nicehash) 6.5%	- **8.22 BTC**	0.00002 0.00002	**$0.08** **$0.08**	2% | 2% 2% | 2%
Karbowanec(KRB) CryptoNight	BT: 4m 4s BR: 21.14 LB: 154.840	**152,479,258** 624.91 kh/s 17.7%	0.6467 0.7619	0.00002262 (Cryptopia) 0.0%	$430,808 **0.26 BTC**	0.00001 0.00002	**$0.07** **$0.07**	2% | 2% 2% | 2%
Bytecoin(BCN) CryptoNight	BT: 1m 53s BR: 4.630.88 LB: 1.367.847	**464,145,728** 4.11 Mh/s 7.1%	46.5471 49.8468	0.00000029 (HitBTC) -0.3%	$228,568.102 **121.38 BTC**	0.00001 0.00001	**$0.06** **$0.06**	2% | 2% 2% | 2%
DigitalNote(XDN) CryptoNight	BT: 3m 40s BR: 150.00 LB: 434.864	**636,609,563** 2.35 Mh/s 7.4%	1.3042 1.4012	0.00000051 (HitBTC) -1.5%	$14,856.127 **570.07 BTC**	0.00000 0.00000	**$0.00** **$0.00**	0% | 0% 0% | 0%

Token *n.*

Tou•Ken• *Criptomonedas y tokens no son el mismo criptoactivo. En muchos medios de comunicación se utilizan de forma indistinta las palabras "token" y "criptomoneda", debido a que las criptomonedas no dejan de ser una modalidad de token. En principio, la palabra "token" en inglés define a objetos similares a las monedas que dan derecho a disfrutar de una cantidad determinada de bienes o servicios, creados por el distribuidor de dichos bienes o servicios. Por poner un ejemplo cercano, las fichas que en la feria se intercambian por subir a una atracción o por adquirir ciertos bienes dentro de la misma. Los primeros tokens creados en el mundo de las criptomonedas fueron los "colored coins", bitcoins a los que se les introducía un código específico que los "inutilizaba" con la finalidad de que representaran a un activo del mundo real, de forma que ese activo pudiera ser transmitido dentro de la blockchain, y también que dicho activo pudiese transmitirse a varios intervinientes.*

*Trezor o Hardware Wallet **n.***

Tre•sor• *Monedero o Billetera offline.* Se conectan al ordenador por cable USB o al teléfono móvil por cable OTG y el software que usas de monedero, siempre que necesites hacer una transacción, la mandará preparada (a falta de ser firmada) al dispositivo hardware por el cable. *La seguridad es uno de los aspectos más importantes que todo portador de criptomonedas debe tener en cuenta a la hora de adquirir, almacenar y utilizar tus criptos o BTC. Ser inmunes a los variados tipos de virus informáticos que puedan infectar tu ordenador y robar copias de los monederos o inclusive gastar los bitcoins de un monedero que no tengas debidamente cifrado. Sencilla y guiada configuración. Fácil utilización y realización de copias de seguridad. No es necesario importar las claves para poder tener acceso a las criptos. Los propios monederos ofrecidos online se sincronizan de instantáneamente con tu hardware wallet. Suelen ser open source. Puedes protegerlos con una contraseña adicional para evitar que puedan usarlo si lo pierdes.*

*CoinBase **n.***

Co•in•ba•se {en español base de moneda} *Coinbase es un intercambio de divisas digital con sede en San Francisco, California. Intercambian intercambios de Bitcoin (□), Bitcoin Cash, Ethereum (Ξ), Litecoin (Ł) y otros activos digitales con monedas fiduciarias en 32 países, [9] y transacciones de bitcoin y almacenamiento en 190 países en todo el mundo. Coinbase fue fundada en julio de 2011 por Brian Armstrong y Fred Ehrsam.*

*Pool de Minería **n.***

Pul•de•Min•e•ría *La pool de minería es un grupo formado por muchos mineros que de forma colectiva utilizan todos los recursos y minan juntos con el objetivo de generar poder de hashing combinado. Ser parte de una pool de minería incrementa las probabilidades de minar más rápido un bloque, como también la probabilidad de resolver un bloque, es directamente proporcional a los recursos del ordenador que se esté utilizando. La minería de Bitcoin está creada con un menor riesgo por dichas piscinas de minería.*

Casa de Intercambio-Exchange *n.*

eks•che•insh• {*sitio de trading* } *es un servicio que le permite a los usuarios comprar y vender bitcoins entre ellos de manera eficiente. Los más populares hasta el momento son MtGox, CryptoXChange, Bitfloor, Cavirtex (Bitcoin por dólares canadienses) e Intersango (Bitcoin por Libras esterlinas). Es importante aclarar que las transacciones realizadas dentro de la misma plataforma de trading no se graban en la cadena de bloques; vale decir que, en rigor, los bitcoins recién quedan en posesión de sus dueños cuando son retirados de allí.*

Proof of Work *n.*

Pruf•ov•werk• {**en español prueba de función o trabajo**}*: cada máquina compite con el resto para resolver un problema criptográfico y añadir su bloque a la cadena de bloques. Es un problema tipo de prueba y error (fuerza bruta), algo así como un Sudoku (cuesta mucho de hacer, pero es fácil verificarlo). La dificultad del problema se mide en hashes/s (número de combinaciones/s), y se regula automáticamente cada 2016 bloques (aprox. 2 semanas) con la potencia computacional de la red.*

Esto se hace para evitar un hackeo del double spending. Un atacante entraría en una carrera con el resto de nodos para romper la integridad de la cadena de bloques. Lo que lo hace difícilmente hackeable.

Reward *n.*

Recompensa en inglés *Agregar un bloque a la cadena de bloques es difícil, requiriéndose tiempo y potencia de procesamiento del ordenador para conseguirlo. Entonces, ¿qué incentivo tendría alguien para realizar el esfuerzo de generar un bloque? La respuesta es que la persona que gestiona la producción de un bloque consigue una recompensa. Dicha recompensa es doble: Por una parte, el productor consigue una gratificación de un número determinado de bitcoins, acordado por la red. Por otra parte, cualquier comisión que pudiera estar presente en las transacciones que se incluyan en el bloque, podrá ser reclamada por el productor de dicho bloque.*

La recompensa es dividida entre los participantes basados en su nivel de contribución. La ganancia generada por cada minero es estable pero menor, porque la comisión de transacción no se cobra y la cuota adicional es cargada por el operador del pool minero para compensar los gastos incurridos.

Proof of Stake **(PoS) n.**

Pruf•ov•steik• {en español Prueba de Participación en Criptomonedas}:El concepto de **Proof of Stake** *(PoS) indica que una persona puede extraer o validar transacciones en bloque según cuántas monedas tenga. Esto significa que cuanto más Criptomonedas sea propiedad de un minero, más poder minero tiene.*

Proof of Capacity **(Poc) n.**

Pruf•ov•kepasiti• {en español Prueba de capacidad}:*El concepto de **Proof of capacity o Proof-of-space (PoSpace)**es un medio para mostrar que uno tiene un interés legítimo en un servicio al asignar una cantidad no trivial de memoria o espacio en disco para resolver un desafío presentado por el proveedor del servicio de criptomoneda.*

Proof of Burn**(PoB) n.**

Pruf•ov•beern• {en español Prueba de trabajo sin trabajo}:*Lo importante que hay que entender es que la potencia computacional en si misma no es importante para prevenir un ataque. Lo importante es **el costo** de la potencia (electricidad, equipos, etc). **Debe ser costoso** para un atacante de adquirir la potencia para minar varios bloques en cadena. De esta manera, el derecho de minar bloques en el mecanismo Proof of Work está relacionado con un costo para el minero. **Cuánto más paga** para los equipos (mineros) y la electricidad que son necesarios para resolver los rompecabezas criptográficos, **más chances tiene** de añadir bloques a la cadena. Ahora ¿este efecto, no se puede conseguir de una manera más "directa", sin necesitar el complejo proceso de minería? Podemos imitar el costo de los mineros si los nodos simplemente tienen que "destruir" o "quemar" dinero, si quieren ganarse el derecho de minar bloques.*

El Proot ot Burn funciona como un proceso de "minería virtual": Cuando quemas monedas compras un equipo de minería virtual. Cuánto más dinero quemas, más potente es tu equipo. Cada equipo virtual de da el derecho de minar por un largo período, como los mineros de verdad. Pero gradualmente pierden competitividad - tal como los equipos de minería que quedan obsoletas por el avance tecnológico.

Proof of Elapse Time (PoB) n.

Pruf•ov•llaps•Taim• {**en español La prueba del tiempo transcurrido}**: *está diseñada para crear un modelo de consenso justo, que se centra principalmente en la eficiencia. Gira en torno a la distribución de elecciones de líderes en la mayor cantidad posible de participantes de la red. Tiene que ver con la eficiencia energética y gastar menos dinero en el futuro cercano. Volviendo a los tiempos de las CPU, en lugar de GPU o ASIC, sería bastante interesante verlo pronto en criptomoneda. Nivelar el campo de juego tendría algunos resultados interesantes, eso es seguro.*

ICONOS DE CRIPTO-MONEDAS ONLINE

BTC.com
Armory
Bitcoin Wallet
Bitcoin Knots

Copay
Electrum
breadwallet
Bitcoin Core

Airbitz
mSIGNA
Bither
Simple Bitcoin

DESCENTRALIZADO

MONEDERO BITCOIN

MINAR CRIPTO

CRIPTOS ALT.

CLAVE DIGITAL

BLOCKCHAIN

CRIPTO A PAYPAL

ANONIMIDAD

P=₿

SE ACEPTA BITCOIN

CALCULADORA

LIBRO DE TRANSACCIONES (LEDGER) PERSONALES QUE VAN AL LIBRO DE CUENTAS (BLOCKCHAIN)

LIBRO DE TRANSACCIONES (LEDGER) PERSONALES QUE VAN AL LIBRO DE CUENTAS (BLOCKCHAIN)

CRIPTOS SUBEN

MONEDERO CRIPTOS DESCENTRALIZADO

BITCOIN VS DOLLAR BITCOIN VS ETHEREUM BITCOIN VS GOLD

ENCRIPCIÓN

ENCRIPTADO

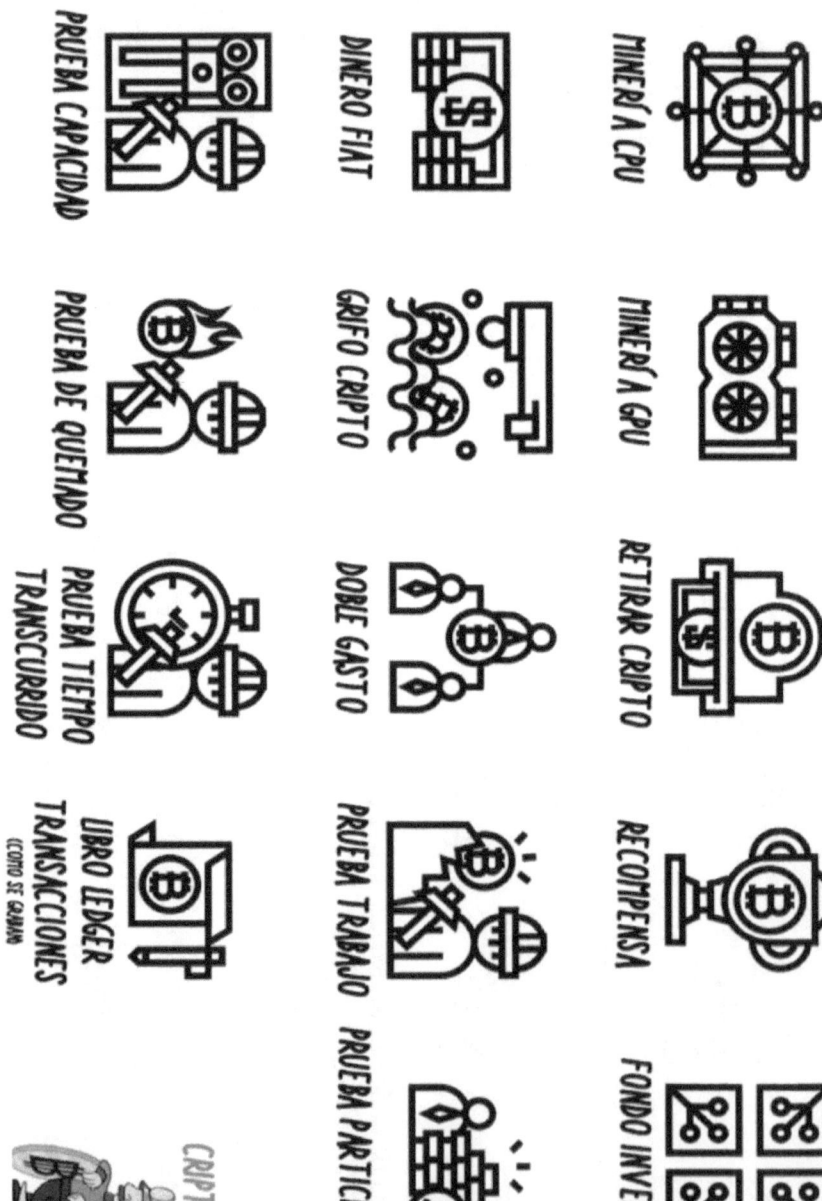

PRUEBA CAPACIDAD

DINERO FIAT

MINERÍA CPU

PRUEBA DE QUEMADO

GRIFO CRIPTO

MINERÍA GPU

PRUEBA TIEMPO TRANSCURRIDO

DOBLE GASTO

RETIRAR CRIPTO

LIBRO LEDGER TRANSACCIONES (COMO SE GRABAN)

PRUEBA TRABAJO

RECOMPENSA

CRIPTOPÍA

PRUEBA PARTICIPACIÓN

FONDO INVERSIÓN

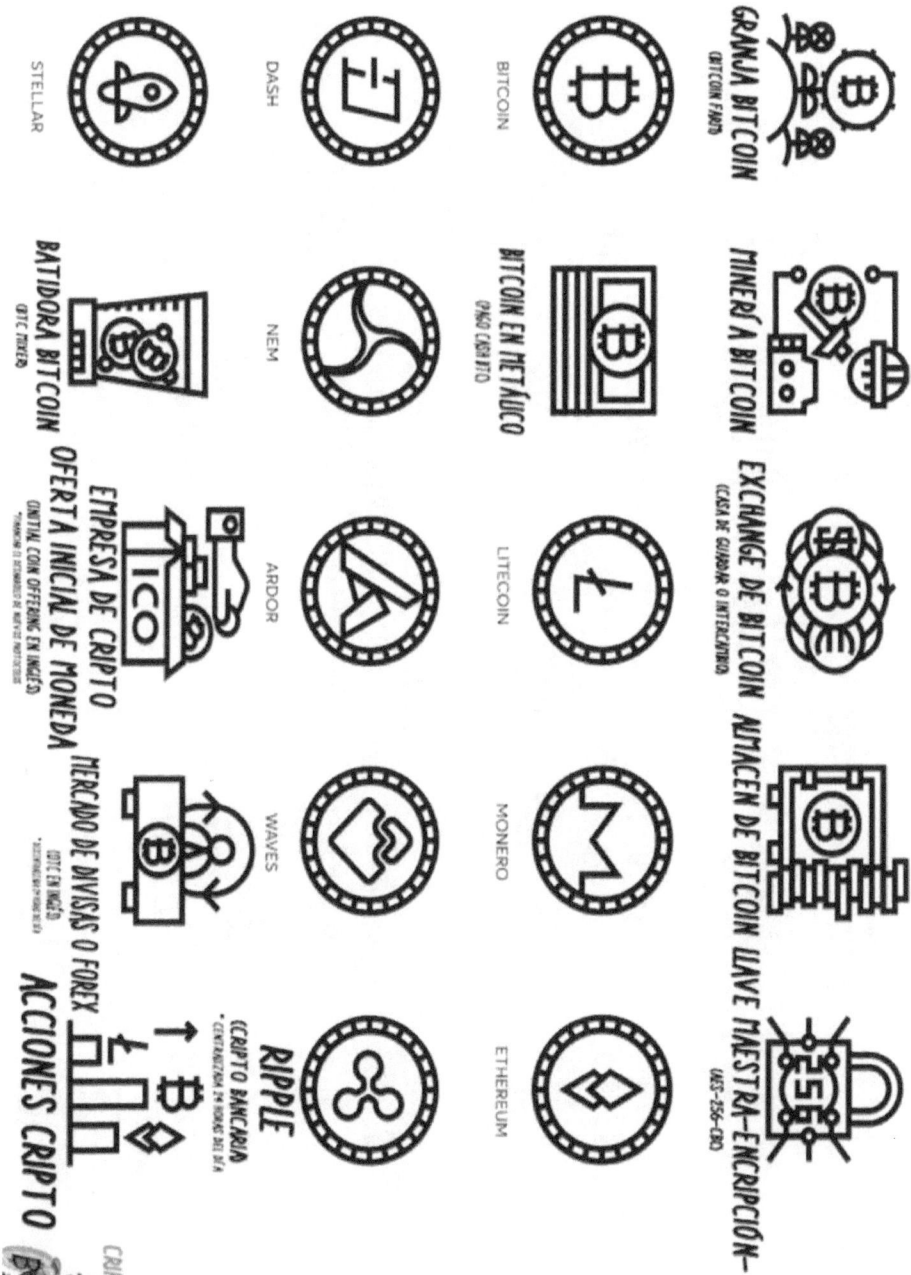

STELLAR

DASH

BITCOIN

GRANJA BITCOIN
CRYPTOCOIN FARMS

BATIDORA BITCOIN
GTC MIXER

NEM

BITCOIN EN METÁLICO
COINGO CASH BTC

MINERÍA BITCOIN

OFERTA INICIAL DE MONEDA
EMPRESA DE CRIPTO
(INITIAL COIN OFFERING EN INGLÉS)
*FINANCIA EL DESARROLLO DE NUEVOS PROYECTOS

ARDOR

LITECOIN

EXCHANGE DE BITCOIN
(CASA DE GUARDAR O INTERCAMBIO)

ALMACEN DE BITCOIN

MERCADO DE DIVISAS O FOREX
(FDTC EN INGLÉS)
*INTERCAMBIO DE DIVISAS POR BTC

WAVES

MONERO

LLAVE MAESTRA-ENCRIPCIÓN-
(AES-256-CBC)

ACCIONES CRIPTO

RIPPLE
CRIPTO BANCARIA
(CENTRALIZADA EN MANOS DEL BANCO)

MERCADO DE DIVISAS

ETHEREUM

CRIPTOPÍA

SE ACCEPTA ETHEREUM

P2P

MULTI-FIRMA

ÍNDICE DE HASHES (HASH RATE)

MINERÍA ETHEREUM

CONTRATO INTELIGENTE (SMART CONTRACT)

HALVING MITAD RECOMPENSA BITCOIN

FIRMA CRIPTOGRÁFICA

BILLETERA ETHEREUM

PROTOCOLO MODULAR DE CONSENSO

SELLADO DE TIEMPO TSA (TIME STAMP)

HARDWARE DE MINADO

SE ACCEPTA LITECOIN

PAPEL BLANCO

PEDIR UN ESTRATO DE CUENTA CRIPTO (ORDERED RECORDS)

MINERÍA DE LA NUBE (CLOUD MINING)

PAGA CON BITCOIN

NODOS

BLOQUE DE ETHEREUM (ETH BLOCKCHAIN)

SISTEMA DE PAGO TECNOLÓGICO

CRIPTOPÍA

BIBLIOGRAFIA Y FUENTES CITADAS

CRYPTOASSETS: THE INNOVATIVE INVESTOR'S GUIDE TO BITCOIN AND BEYOND -- UNABRIDGED
JACK TATAR (AUTHOR), CHRIS BURNISKE (AUTHOR), 2017

DIGITAL GOLD: BITCOIN AND THE INSIDE STORY OF THE MISFITS AND MILLIONAIRES TRYING TO
REINVENT MONEY -- NATHANIEL POPPER (AUTHOR), HARPERAUDIO (PUBLISHER) ©2015
NATHANIEL POPPER (P)2015 HARPERCOLLINS PUBLISHERS

THE INTERNET OF MONEY --ANDREAS M. ANTONOPOULOS (AUTHOR), MERKLE BLOOM LLC
(PUBLISHER) 2014

THE AGE OF CRYPTOCURRENCY: HOW BITCOIN AND DIGITAL MONEY ARE CHALLENGING THE
GLOBAL ECONOMIC ORDER -- MICHAEL J. CASEY (AUTHOR), PAUL VIGNA (AUTHOR),
©2015 PAUL VIGNA AND MICHAEL J. CASEY (P)2015 GILDAN MEDIA LLC

ETHEREUM: THE DEFINITIVE QUICK & EASY BLUEPRINT TO UNDERSTAND AND PROFIT WITH
ETHEREUM, BITCOIN AND OTHER CRYPTOCURRENCIES -- VICTOR FINCH (AUTHOR, PUBLISHER)
©2017 VICTOR FINCH (P)2016 VICTOR FINCH

FILM (WOLF OF WALL STREET) EL LOBO DE WALL STREET (2H 59MIN)
DIRECTOR:MARTIN SCORSESE ACTORES:LEONARDO DICAPRIO, JONAH HILL, MARGOT ROBBIE...,
EE.UU., ENERO 2014
WWW.YOUOWEUS.CO.UK
WWW.NANOPOOL.ORG
WWW.SIMPLEXCC.COM
WWW.EXODUS.IO
BUY.BITCOIN.COM
WWW.SHAPESHIFT.IO
CHANGELLY.COM
HITBTC.COM
UPHOLD.COM
EXMO.COM
COMOMINAR.INFO
COINMAMA.COM
WWW.COINMARKETCAP.COM
WWW.COINCLARITY.COM/ICO/
WWW.JAXX.IO
WWW.HAVEIBEENPWNED.COM
WWW.CRYPTOCOMPARE.COM
SIMPLEMINING.NET
WWW.WALLET.TREZOR.IO
WWW.ETHEREUM.ORG/TOKEN

Apóyanos en Criptopía y en nuestro canal de
66BITCOINS.COM o WWW.COLINRIVAS.COM